［宋］葉士龍 編　［明］成化六年刊

新編晦庵先生語録類要

上

江蘇大學出版社
JIANGSU UNIVERSITY PRESS
鎮江

圖書在版編目（CIP）數據

新編晦庵先生語録類要：全二册 /（宋）葉士龍編
.—影印本.—鎮江：江蘇大學出版社，2018.5
ISBN 978-7-5684-0822-6

Ⅰ.①新… Ⅱ.①葉… Ⅲ.①朱熹（1130-1200）—
語録 Ⅳ.①B244.7

中國版本圖書館 CIP 數據核字（2018）第 092198 號

新編晦庵先生語録類要（全二册）

編　　者/［宋］葉士龍
責任編輯/徐子理　董國軍
出版發行/江蘇大學出版社
地　　址/江蘇省鎮江市夢溪園巷 30 號（郵編：212003）
電　　話/0511-84446464（傳真）
網　　址/http://press.ujs.edu.cn
印　　刷/北京虎彩文化傳播有限公司
開　　本/850mm×1168mm　1/16
總 印 張/50.75
總 字 數/186 千字
版　　次/2018 年 5 月第 1 版　2018 年 5 月第 1 次印刷
書　　號/ISBN 978-7-5684-0822-6
定　　價/1800.00 元（全二册）

出版説明

人是一種會思想的動物，無論是爲了適應環境，克服生存的困難，抑或爲了生活得更有意義，思想皆不可或缺。在一般的中文習慣中，思想的涵義比『哲學』更寬泛，這種語用習慣的差异，也影響到學者對學術視野的選擇。一般而論，思想史的範圍也較哲學史爲廣闊，雖然很少得到清晰地界定，但它不失爲一種有效的學術視野。

在近代中國學術史上，思想史研究的興起與哲學史大約同時。一九〇二年三月，梁任公在其創辦的《新民叢報》上連續發表了《論中國學術思想變遷之大勢》系列論文，這可能是最早由國人撰著發表的思想史論文。而第一本由國人撰寫的中国古代哲學通史，則爲一九一六年謝無量的《中國哲學史》。這兩本早期著述有其學術史的意義，但其中對學科的性質與研究方法等多無明確的説明。事實上，無論是學者的闡述，還是其實際的操作，在思想史與哲學史之間都不易劃出清晰的界限，直到當代也仍然如此。抛開細節不論，就語用習慣及有關實踐而言，思想史表徵一種對歷史文化廣闊而深入的關照，其研究方法，關注的問題，都較哲學史爲多元，史料基礎也不可同日而語。尤其是在郭沫若、侯外廬等人建立起來的研究傳統中，思想史有明確的社會史取向，或因其與傳統的文史之學有親和性，以至在今天，這種思路仍然很有生命力。

文獻發掘向來是思想史研究的基本環節。爲了促進有關研究，我們選輯多種文本編爲『中國古代思想史珍本文獻叢刊』。全編選目包括經典文本，如儒、道二家的經解，重要思想家作品的早期刻本，和某些并不廣泛受到關注的作家文集的舊刻本。本編中也選録了數種反映古代民俗信仰的文獻，如《關聖帝君聖跡圖志》等。這些文本在傳統的學術視野中，多以爲不登大雅之堂，在今日視之，或者正因其反映了古代社會一般的信仰氛圍，而有重要的文本價值。此外，本編也著意收録了數種通常被視爲藝術史史料的文本，如《寶綸堂集》、《徐文長文集》等，我們認爲對思想史關注而言，範圍與深度同樣重要。

選輯本編，也有文獻學上的意圖。中國古代有悠久的文獻學傳統，大量古籍文本的傳刻與整理造就了古代中國輝煌的古籍文化。本編收録的這些刻本不僅是古代學術發生、衍變的物質證據，也是古代古籍文化的重要部分。本編所收録的全部作品皆爲彩版影印，最大限度地保存了文獻的細節。其中有部分殘卷，視具體情況，或者補配，或者一仍其舊。本編的選目受制於編者的認識與底本資源，或者有不妥、不備之處，希望讀者不吝指正。

目録（十八卷）

上册

下册

昔我文公講道於滄洲之上四方朋友輻輳焉而學者非一人所講者非一事見有淺深之不同故答之語皆因其材而開曉之無非發明斯道之旨趣而於其

求之於身也讀是書者能以
昔人之所疑便為今日之所問
能以先生之所答便為今日之所
教存之於心體之於身驗之於
事則不待面命耳提而能自得

之矣吾友葉君雲史讀之久之訣錄而取其會於心者編為一書名曰格言是為者以自得之矣然又慮其法博而覽者之未易解也又為立目各以類相從設不待

心思智慮而暗述目睫之間今又得
鋟版以廣其傳其為人謀者至矣
帙讀者毋以為易覽易知而能實
用其力焉則是書其亦庶幾矣盍而
歲戊戌仲秋新安朱之澤識

朱子語録格言序

語録格言十九卷文公遺書而龍泉葉君雲叟所集也葉君家龍泉後從考亭則文公已卒從三山黄公勉齋以學初李公貫之集朱門弟子所記刊于池陽是時學禁方開抄録未備李公蜀人未嘗登文公之門疑其裒集有所未盡則以

質之勉齋而鶴山魏公别以黄子
洪所録爲定歸語類建安楊與立
以所見聞則爲語略或以其人或
以其事或以其書凡文公之至言
閎論所爲闡端發鑰思過半矣然
勉齋與趙致道不能不滿於語録
一書則以其從遊有早晚聞道有
先後記録有詳畧甚欲更定之而

鶴山之病者嘗與輔漢卿度周卿
言以爲長好速由徑之心滋入耳
出口之弊有如文公所與張宣公
議論者然則爲是書也其能無此
患乎以遂觀之雲叟之從勉齋日
久亢文公言行知之詳者莫若勉
齋則其記錄之也亦必無張本之
所竊議事各有所謂意各有所主

朱張造道已有本末惟欲其用力
愈深則發言愈密今文公之書所
以垂教來世者譬猶登泰山而涉
羊腸泛巨海而舟瀟湘不此之由
將焉從哉故為勉齋者不嫌於畧
為雲叟者不厭乎詳及其得之也
高山大川無不在吾目睫矣獨其
第十九卷以及兵事故不得備錄

靈公問陳夫子曰軍旅之事未之學也譙天授學於曩氏因夢八陣圖悟井田法而郭先生非之雲叟之不取者蓋有為也孔子曰必也臨事而懼好謀而成者也孟子曰天下之人牧未有不嗜殺人者也有則民皆引領而望之兵不可以易言也不得已

己居則曰吾不知也如或知爾則
何以哉願以此足務言之闕淳祐
甲辰季春下澣叓易王遂書

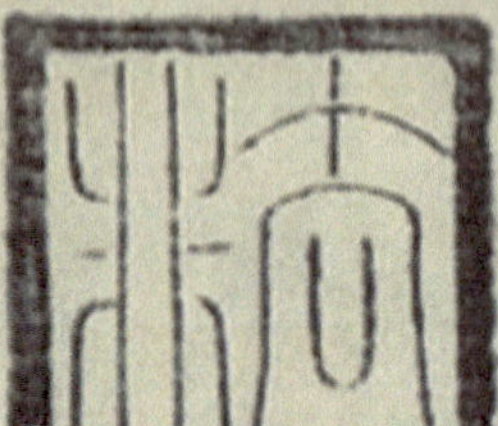

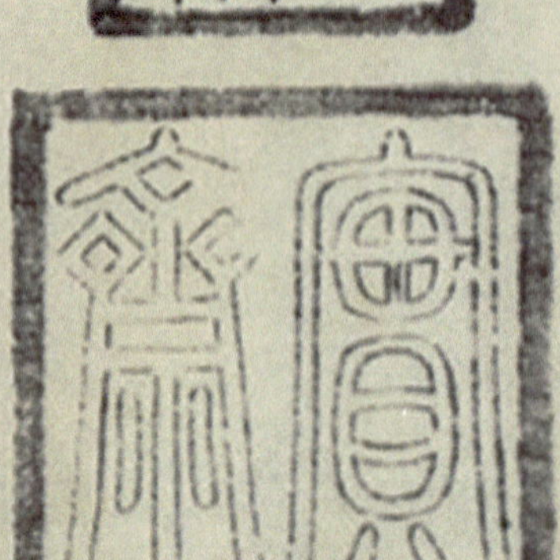

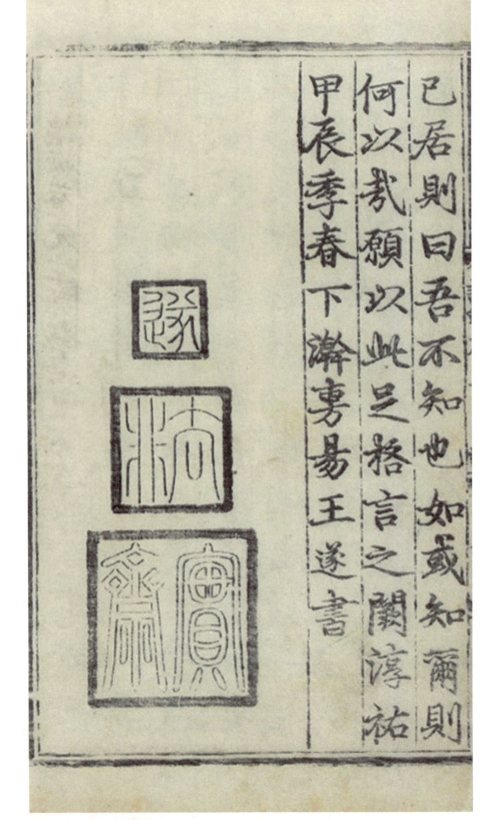

新編晦菴先生語録類要目録

後學括蒼葉 士龍 編次

◎

語録荅問弟子姓氏

董銖　竇從周丹陽人

金去僞　李季札

萬人傑興國人號止齋　楊道夫浦城人

徐寓字居父　林恪

石洪慶　徐容

甘節 臨川人 字吉父

黃義剛 臨川人 字去私

龔蓋卿

廖謙

孫自脩

潘履孫

林夔孫 福州人

陳埴

錢木之

曾祖道

沈僴 溫州人 字莊仲

陳淳 漳州人 字安卿

陳芝字廷秀　饒餗字廷老

閭丘次孟　楊至字至之

鍾唐傑　黎季成

魯可幾　鄭仲履

李德之　周伯壽

周介字公謹　郭友仁

李儒用　輔廣字漢卿

廖德明南劍人字子晦號槎溪　余大雅

陳文蔚信州人號克齋　李閎祖邵武人字守約

李方子邵武人號果齋　葉賀孫溫州人字味道

潘時舉字子善　晏淵四川人號蓮蕩

右四十四人

晦菴先生語録類要卷第一

勉齋黄先生門人括蒼葉士龍編次

太極 其詳已見周子圖義

文公曰無極而太極只是説無形而有理所謂太極只二氣五行之理非别有物為太極也

又曰無極而太極正謂無此形而有此道理耳

太極者不離陰陽而為言亦不雜陰陽而為言

太極非是别為一物即陰陽而在陰陽即五行而在五行即萬物而在萬物只是一箇理而已因其極致故曰太極以理言之不可謂之有以物言之不可謂之無

◎

問太極而有動靜是靜先而動後否文公曰一動一靜循環無端無靜而不動無動而不靜譬諸鼻息無時不噓無時不吸噓盡則生吸吸盡則生噓理自如此

文公曰某嘗謂太極是箇藏頭底動時在陽未動時又屬陰了

無極之真二五之精妙合而凝此數句甚妙是氣與理合而成性也

太極中全是具一箇善若三百八十四爻中有善有惡皆陰陽變化以後方有

或問太極動而生陽靜而生陰見得理先而氣後

文公曰雖是如此然不須如此理會二者有則
皆有又問未有一物之時如何曰是有天下公
共之理未有一物所具之理

太極者本然之妙也動靜者所乘之機也太極理
也動靜氣也氣行則理亦行二者常相依而未
嘗相離也太極猶人也動靜猶馬也馬所以載
人人所以乘馬馬之一出一入人亦與之出入
蓋一動一靜而太極之妙未嘗不在焉此太極
二五行所以妙合而凝也

天地之間只有動靜兩端循環不已更無餘事此
之謂易而其動其靜則必有所以動靜之理焉

則所謂太極者也

聖人謂之太極者所以指天地萬物之根也周子因之而又謂之無極者所以著無聲無臭之妙也

或問太極動而生陽靜而生陰曰不是動後方始生陽蓋才動便屬陽靜便屬陰動而生陽其初本是靜靜之上又須有動所謂動靜無始今且自動而生陽處看去

陰陽無處無之橫看則左陽而右陰豎看則上陽而下陰仰手為陽覆手為陰向明處為陽背明處為陰正蒙曰陰陽之氣循環迭至聚散相盪

升降相求絪緼相揉相兼相制欲一之不能盖謂是也

未動即是靜未靜又只是動未動又只是靜伊川謂動靜無端陰陽無始惟知道者識之

太極是性動靜陰陽是心金木水火土是仁義禮智信化生萬物是萬事

陰陽做一箇看亦得做兩箇看亦得做兩箇看是分陰分陽兩儀立焉做一箇看只是箇消長

大而天地萬物小而起居飲食皆太極陰陽之理也

陽變陰合初生水火水火氣也流動閃爍其體尚

虛其成形猶未定次生木金則確然有定形矣
水火初是自生木金則資乎土五金之屬皆從
土中旋生出來
今說太極動而生陽是把眼前箇動斬截說起如
今日一晝過了便是夜夜過便是明日晝即今
晝以前又有夜了昨夜以前又有晝了如今要
說時日也只從今日子時起其實子以前豈是
無子
文公曰太極圖得通書而始明
問曰太極動而生陽是有這動之理便能生陽否
曰有這動之理便能動而生陽有這靜之理便

能靜而生陰既動則理又在動之中既靜則理
又在靜之中又問曰動靜是氣也理爲氣之主
便能如此否曰是也既有理遂有氣既有氣則
理在乎氣之中周子謂五殊二實二本則一一
實萬分萬一各正小大有定自下推而上去五
行只是二氣二氣又只是一理自上推而下来
只是這一箇理萬物分之以爲體萬物之中又
各具一理所謂乾道變化各正性命然總又只
是一箇理這理處處皆混淪如一粒粟生爲苗
苗便生花花便結實又成粟還復本形一穗有
百粒每粒箇箇完全又將這百粒去種一粒又

各成百粒生生只管不已初間只是這一粒分
去物物各有理總只是一理

命

文公曰命之正者出於理命之變者出於氣質要
之皆天之所付予孟子曰莫之致而至者命也
但當自盡其道則所值之命皆正命也

或問不知命與知天命之命如何曰不同知天命
謂知其理之所自來譬之於水人皆知其爲水
聖人則知其發源處如不知命却是死生壽夭
貧富貴賤之命也然孟子又說當順受其正若
一切任其自然而立乎巖墻之下則又非其正

也文公問言上古天地之氣其極清明者生爲聖人若臨天下又享富貴又皆享上壽及至後世多反其常羲問生一孔子終身不遇壽止七十有餘其稟清明者多夭折暴横者多得志舊看史傳見盜賊之爲君長者欲其速死只是不死爲其全得壽考之氣也

人生而靜以上不容說乃天命之本體也

或問遺書論命處注云聖人非不知命然於人事不得不盡如何又公曰人固有命只是不可不順受其正如知命者不立巖牆之下是也若謂其有命去蹈水火巖牆之下立萬一覆壓却是專言

命不得人事盡處便是命

陳淳問命字有專以理言有專以氣言者曰也都相離不得蓋天非氣無以命於人人非氣無以受天所命

問顧諟天之明命古註謂常目在之天命至微恐不可目在之說只是顧其發見處文公曰只是見得長長在面前立則見其參於前在輿則見其倚於衡豈是有物可見

問命不是道也文公曰到無可奈何始言命如云道之將行也與命也道之將廢也與命也此為子服景伯說如曰有命焉是為彌子瑕說聖人

用之則行舍之則藏未嘗說
說命如下一等人不知有、
猶自去計較中人以上便、
不消得言命

晦庵先生語録類要卷第一

到無可奈何處何須
亇又一等人知有命
又於命到得聖人便

◎

晦菴先生語録類要卷第二

勉齋黄先生門人括蒼葉士龍編次

心

鄭子上以書來云去冬問人心道心先生云此心之靈其覺於理者道心也其覺於欲者人心也可學竊尋中庸序以人心出於形氣道心本於性命盖覺於理謂性命覺於欲謂形氣近思所謂道心常爲一身之主而人心每聽命焉始知向來專以人心可以有道心而不可以有人心爲不[illegible]心出於形氣如何去得但人於性命之[illegible]而專爲形氣所使則流於人欲爾如其

也之理則雖人心之用無非道心孟子所
以形色天性皆以此余大雅云前輩多云道
心是天性之心人心是人欲之心今如此互取
之如何文公曰既是人心如此不好則須絕滅
此身而後道心始明且舜何不先說道心後說
人心人心是此身有知覺有嗜欲者如所謂我
欲仁從心所欲性之欲也感於物而動此豈能
無但為物誘而至於陷溺則為害爾故聖人以
為此人心有知覺嗜欲然無所主宰則流而忘
反不可據以為安故曰危道心則是義理之心
可以為人心之主宰而人心據以為準者也且

以飲食言之凡飢渴而欲飲食以充其飽且足者皆人心也然必有義理存焉有可以食者有不可以食者如子路食於孔悝之類此不可食者又如父之慈其子子之孝其父常人皆能之此道心之正也苟父一虐其子則子必狠然悖其父此人心所以危也惟舜則不然雖其父欲殺之而舜之孝則未嘗替此道心也故當使人心以聽道心之區處方可然此道心知難出於人心之間微而難見故必須精之一之而後中可執然此又非有兩心也只是義理與人欲之辨而[illegible]子靜云舜若以人心爲全不好則須說不

好使人去之今止說危危者不可據以爲安耳言精者欲其精察而不爲所雜也此言亦自是

人心操則存舍則亡須是常存得造次顛沛必於是不可有一毫間斷於未發之前須是得這虛明之本體分曉及至應事接物時只以此處之自然有个界限節制湊着那天然恰好處

心與理一不是理在面前爲一物理便在心之中心包蓄不住隨事而發恰如寺中藏除了經函裏面點燈四方八面皆如此光明燦爛

心只是一个心非是以一个心治一个心所謂存所謂收只是喚醒

人須是將那不錯底心去驗他那錯底心不錯底
是本心錯底是失其本心
人心於應事時只如那無事時方好
惻隱羞惡是已發處人須是於未發時有工夫始
得
膽欲大而心欲小戰戰兢兢如臨深淵方能爲赳
赳武夫公侯干城之事
今學者只就冊子上鑽却不就本原處理會只成
講論文字與自家身心全無干涉須是身做根
柢
又[illegible]謂廖子晦曰正合做切己工夫只管說外邊

文字上走支離雜擾不濟事孔子曰操則存舍則亡孟子曰學問之道無他求其放心而已須如此做家計程子曰心要在腔子裏不可驚外此个心須是管着他始得須有一本原須將操存工夫做本然後逐段逐義去看方有益須有倫序行有餘力則以學文志於道據於德依於仁游於藝今只就冊子上理會所以每每不相似又云正要克己上做工夫

心要在腔殼子裏心要有主宰繼自今便截斷胷中膠擾敬以窮理

學者須敬守此心不可急迫當栽培深厚涵泳於

其間然後可以自得今且要收斂此心常提撕
省察且如說時事逐人說幾件若只管說有甚
是處須截斷了提撕此心令在此遇事接物皆
然截斷二字最緊要
今日學者不長進只是心不在焉嘗記少年時在
同安夜聞鐘聲其一聲未絕而此心已自走作
因此警懼乃知為學須要專心致志
人有一正念自是分曉又從旁別生一小念漸漸
放閑去不可不察
文公解物皆然心為甚曰人心應物其輕重長短
之難齊而不可不度以本然之權度何謂本然

之權度曰本然之權度亦只是此心此心本然萬理皆具應物之時須子細看合如何便是本然之權度也如齊王見牛而不忍之心見此合權度處及至興甲兵危士臣搆怨於諸侯又却忍爲之便是不合權度處失其本心

學者請益文公曰大要只在求放心此心流縱無所收拾將甚處做管轄其他用工總閑慢要須先就自心者立得定決定不雜自然光明四達照用有餘凡所謂是非美惡不難辨矣況天理人欲決不兩立須從天理上行方見大凡人心若勤緊收拾莫令寬縱逐物安有不得其正者

若真个提得緊雖半月見驗可也

此一个心須每日提撕令常醒覺頃刻放寬便隨物流轉無復收拾

靜坐非是要如坐禪入定斷絶思慮只收斂此心莫令走作閑思慮則此心湛然無事自然專一及其有事則隨事而應事已則復湛然矣不要因一事而惹出三件兩件如此則雜然無頭項何以得他專一

或問求放心愈求愈昏亂文公曰即求者便是賢心也知求則心在矣今以已在之心復求心即是有兩心矣雖曰譬之雞犬雞犬却須尋求乃

得此心却不待究轉尋求即覺其失覺處即心何更求為此事用力極不多只欲常常惺覺莫令放失爾然功成却應事接物觀書察理事事賴他如推車子初推亦用些力車既行後自家却賴他以行又曰吾輩却要得此心主宰得定方賴此做事業所以明道説聖賢千言萬語只欲將已放之心收拾入身來自能尋向上去今且就心上做得主定方驗得聖賢之言有歸着自然有契如中庸所謂尊德性致廣大極高明蓋此心本自如此廣大但為物欲隔塞故其廣大有虧本自高明但為物欲係累故於高明有

敝若能常自省察警覺則高明廣大者常自若
非有所增損之也其道問學盡精微道中庸等
工夫皆自此做盡有商量也
大凡氣俗不必問心平則氣自和惟心麄一事學
者之通病横渠云顔子未至聖人處猶是心麄
一息不存即為麄病要在精思明辨使理明義
精而操存涵養無須臾無毫髮間斷則天理常
存人欲消去其庶幾矣哉
學者因言人心不可狹小其待人物不可先分厚
薄有所别異文公曰惟君子為能通天下之志
放令規模寬闊使人人各盡其情多少快活

今世之人心不在軀殼裏如何讀得聖人書盖是
杜撰鑿空說元與他不相似
有人問焦先生為學之道焦曰某只是先立其大
者文公謂以此觀之他之學亦自有要卓然竪
起自心便是立所謂敬以直內也孟子又說學
問之道無他求其放心而已求放心非是心放
出去又討一个心求他如人睡着覺來睡是他
自睡覺是他自覺只是要常惺惺趙昌父曰學
者只緣斷續處多文公曰只要學一个不斷續
問精一文公曰精是精別此二者一是守之固也
顏子擇中庸處便是精得一善服膺弗失處便

是一伊川云惟精惟一所以至之允執厥中所
以行之此說甚好
問蘇季明問伊川喜怒哀樂未發之前下靜字下
動字曰謂之靜則可靜中須有物始得所謂靜
中有物莫是喜怒哀樂雖未形而含喜怒哀樂
之理否文公曰喜怒哀樂乃是感物而有猶鏡
中之影鏡未照物安得有影曰然則靜中有物
乃鏡之光明否曰却說得近似只是比類夫靜
中有物者只是知覺又問曰伊川云纔說知覺
便是動曰此恐伊川說得太過如知得寒覺得
暖是知覺一个物事今未曾知覺甚事但有知

覺在何妨其為靜不成靜坐但只是瞌睡

問心要在腔子裏曰人一个心終日放在那裏去得幾時在這裏孟子所以只管教人求放心今人終日放去一个身恰似个無梢工底船流東流西船上都不知某嘗謂人未讀書且先收拾得身心在這裏然後可以讀書求義理而今硬捉在這裏讀書心飛揚那裏去如何會長進

大抵且須收斂身心在這裏便已有八九分了却看道理有窒礙處却於這處理會為學且要專一理會這一件便且理會這一件若行時心只在行上坐時心只在坐上

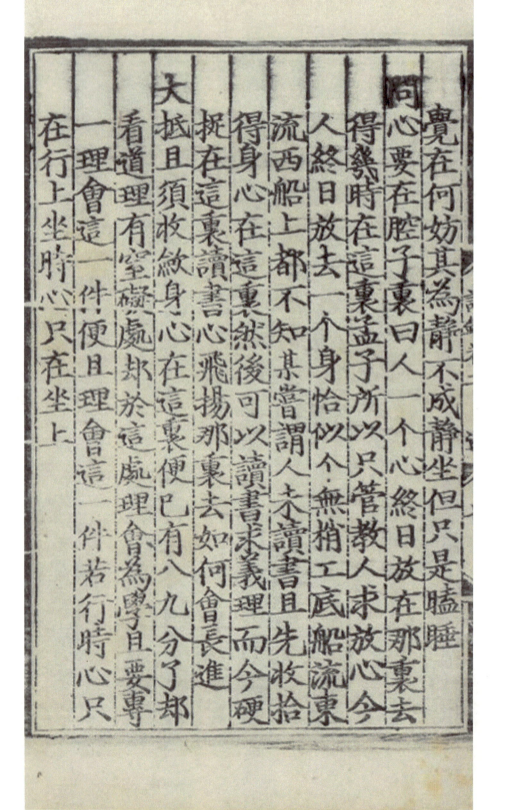

心寬平便大不要先有私意隔礙便大心大則自然不急迫如有禍亂之來亦未須驚恐或有所獲亦未要便歡喜少間未必不禍更轉爲福福更轉爲禍

或問心之神明妙衆理而宰萬物曰神是恁地精彩明是恁地光明 又曰心無事時都不見到得應事接物便在這裏事了又不見恁地神出鬼沒 又曰理是定在這裏心便是運用這理底須是知得到知若不到欲爲善也未肯爲與你爲善欲不爲惡也未肯便不與你不爲惡知得到了直是也飢渴之於飲食而今不讀書時

也須收斂身心教在這裏乃程夫子所謂敬也
整齊嚴肅雖只是恁地須是下工夫方見得
又曰只敬心便一
學者問近思錄一條有言未感時知何所寓曰操
則存舍則亡出入無時莫知其鄉怎生尋所寓
只有操之而已文公曰這處難說只爭一毫子
只是看來看去待自見得若未感時又更尋這
所寓便是有兩个物事所以道只有操而已只
操便是主宰在這裏如克己復禮不是克己復
禮三四个字排在這裏克復二字只是拖帶下
面二字要挑出天理人欲非禮勿視聽言動不

是非禮是一个物事禮又是一个物事勿又是一个物事只是勿便是个主宰若恁地操守勿令走作也只由他若不收斂一向放倒去也由他聖人只渾淪說在這裏使人自去看

今且收拾這心不爲事物所勝且如一日全不得去講明道理不得讀書只去應事也須使這心常常在這裏若不先去理會得這本領只管去就事上理會雖是理會得許多骨董只是添得許多雜亂許多驕吝某這說的定是恁地鮮孔子復生不能易其說這道理只一而已

明道謂聖賢欲人將已放之心約之使反復入身

來自能尋向上去下學而上達看下二句必不
至空守此心無所用也伊川謂心本善流入於
不善乃放也四端備於吾心心存然後能廣而
充之心放則頑冥莫覺流入於不善是失其本
心如向謂身死而不受今為妻妾之奉為之若
此類是失其本心又如心有忿懥恐懼好樂憂
患不得其正心不在焉亦是於二說未嘗相礙

心之為物實主於身其體則有仁義禮智之性其
用則有惻隱羞惡恭敬是非之情渾然在中隨
感而應以至皆有當然之則而自不容已所謂
理也然施之君臣則君臣義施之父子則父子

親施之兄弟則兄弟和施之夫婦則夫婦別都
只由這个心如今最要理會此心
許多言語雖隨處說得有淺深大小然而下工夫
只一般如存其心與持其志亦不甚爭存其心
語雖大却寬持其志語雖小却緊只持其志便
收斂只持其志便內外肅然又曰持其志是心
之方漲處便持着
問尹和靖說其心收斂不容一物曰這心都不着
一物便收斂故上文云今人入神祠當那時不
着得些子事只有一个恭敬此最親切今人若
能專一此心便收斂緊密都無些子空罅若這

事思量未了又走那邊去心便成兩路
蔡味道問初學心下恐空閑未得試驗之平日常
常看書否則思索義理其他邪妄不見來纔心
下稍空閑便要思量別所在去這當奈何文公
曰纔學閑便不閑纔要靜便不靜某向來亦如
此可將明道答横渠書看因舉其間非外是内
之說
學者須常存此心漸將義理只管去灌溉若卒作
未有進即且將見成底道理去看認來認去更
莫放著便即是自家底緣這道理不是外來物
事只是自家本來合有底只是常常要點檢如

人家中屋下合有許多家什必須常點檢過若
不如此被外人驀然掉將去也不知
心之官則思固是元有此思只恃其有此任他如
何卻不得須是去思方得思則得之不思則不
得也此最緊要下云先立乎其大者此即思也
心元有思須是自主張起來
盡心是凡事便須理會教十分周足無少欠缺漏
處方是盡存心非獨是初間工夫初間固是操
守存在這裏到存得熟後也只是存此存字無
終始只在這裏
今於日間空閑時收得此心在這裏這便是喜怒

哀樂未發之中便是渾然天理事物之來隨其是非便自見得分曉是底便是天理非底便是逆天理常常恁地收得這心在便如執權衡以度物

伊川曰萬理皆具於吾心須就自家身己做工夫方始應得萬物萬事所以大學說在明明德在新民

文公語黃先之病處數日諄諄告之曰自今最不猛省曰何用猛省見得這个是緊要便拽轉來如東邊不是便挈過西邊只甚夜來說得不力公領得猶未切若領會得切只眼下見不是便

一下打破沙瓶便了　今只看一个身心是誰
底是自家底是別人底若是自家底時今纔挈
轉便都是天理挈不轉便都是人欲要識許多
道理是為自家是為別人看許多善端是本來
自家固有是如今方從外面強取來附安身上
只恁地看便灑然分明未之思也夫何遠之有
才思便在這裏某嘗說孟子雞犬之喻甚切
雞犬有求而不得而心則無求而不得才思便
在這裏更不離步只便在這裏人多不思爾莊
子云其熱焦火其寒凝冰其疾俯仰之間而可
撫四海之外心之變化如此只怕人自不求如

傑紂盜跖自向那邊去不肯思他若才會思便又在這裏心體無窮盡做不好便換了從一面截生出來便是良心善性

昨夜與先之說思則得之才思便在這裏這失底已自過去了自家才思這道理便自生認得着莫令斷始得一節斷一節便不是今日恁地一節斷了明日又恁地一節斷只管斷了一向失去

汪長孺曰乾健坤順如何得有過不及答曰乾坤本一氣運於無形不能無過不及之差聖人有心以為之主故無過不及之失所以聖人能贊

◎

天地之化育天地之功有待於聖人
至危者無如人心所以曾子恁地戰戰兢兢如臨
深淵如履薄冰
或曰顏子多是靜處下工夫文公曰若如此說當
不遷怒不貳過時節此心須別有安頓處看公
此意只道是不應事接物方存得此心不知聖
人教人多是於動處說如云出門如見大賓使
民如承大祭又如告顏子克己復禮爲仁正是
於視聽言動處理會公意思只是要靜將心頓
在黑卒卒地此却是佛家之說人固有初學未
有執守應事紛雜暫於靜處少息只是略如此

然作个人事至須着應如何事至且說道待自
家去靜處當怒則怒當喜則喜更無定時只當
於此警省如何是合理如何是不合理如何要
將心頓在閑處得
操存舍亡只在瞬息之間不可不着精采也又曰
孟子求放心說得已是寬若居處恭執事敬二
說更無餘欠
伊川先生多說敬敬則此心不放事事都從此做
去因言此心至虛細而毫芒纖芥之萌便知便
覺六合之外莫不在此又如古初去今幾千萬
年若此念才發便到那裏這个神明不測至虛

至靈是甚次第然人莫不有此心多是但知有利欲被利欲將此心包了起居動作只知有甚可喜物事有甚可好物事一念才動便是這个物事

劉用之問舜孳孳爲善未接物時只主於敬便是爲善以此觀之聖人之道不是黙然無言聖人之心純亦不已雖無事時也常有个主宰在這裏固不是放肆亦不是如槁木死灰曰這便如夜來說只是有操而已一段如今且須常存个誠敬做主學問方有歸着如有个屋舍了零零碎碎方有頓處不然却似無家舍人雖有千金

之實亦無安頓處今日安頓在東邊草裏明日
放在西邊草裏終非已物
人心惟危道心惟微心只是一个心只是分别兩
邊說人心便成一邊道心便成一邊惟精惟一
允執厥中精是辨之明一是守之固既能辨之
明又能守之固斯得其中矣這中是無過不及
之中
延平先生嘗曰人之念慮若是顯然過惡萌動處
此却易見易除却惟於匹似閑底事爆起來纏
繞思念將去不能除此尤害事某向來亦是如
此

學者曰人心放之甚易然收之亦甚易文公曰收
之固易但恐不能得悠久存耳

潘子善曰前日侍坐深有得於先生醒之一字文
公曰若長醒在這裏然須看惻隱羞惡是非恭
敬之心所發處始得當一念之發必知是屬惻
隱耶羞惡耶是非耶恭敬耶須是見得十分明白
方有受用處

程子曰人心人欲也文公曰人欲也未全是不好
謂之危者危險欲墮未墮之間若無道心以御
之則一向入於邪惡又不止於危也問聖人亦
有人心不知亦危否文公曰聖人全是道心主

宰故其人心自是不危若只是人心也危故曰
惟聖罔念作狂
問赤子之心莫是發而未遠乎中亦可作未發時
看否曰赤子之心亦有未發時也有已發時今
欲將赤子之心專作未發看也不得赤子之心
方其未發時亦與老穉聖愚一同但其已發時
未有私欲故未遠乎中爾文公因問董銖曰伊
川說善觀者却於未發之時觀之尋常看得此
語如何銖曰此語有病若只於已發觀之恐無
未發時存養工夫文公曰諸公說求之於喜怒
哀樂未發之時伊川又說於已發處觀如此則

全無未發時放下底今且四平着他放下要得平帖湛然無一毫思慮及至事物來時隨宜應接當喜則喜當怒則怒當哀樂則哀樂喜怒哀樂過了此心湛然者還似未發時一般方是兩下工夫若只於已發處觀則是已發了又去尋已發展轉多了一層卻是反鑑看來此語只說得聖人之止如君止於仁臣止於敬是就事物上說理卻不曾說得未發時心後來伊川亦自以為未當錄曰此須是動靜兩下用工而主靜為本靜而存養方始動而精明文公曰只為諸公不曾說得箇中未發工夫如胡家兄弟說得

已發事太猛了錄曰先生中和舊說已發其義
張仁叟來說書多是捏合來說都不詳審乃是心
上病心不專靜純一故思慮不精明要須存養
此心令虛明專靜使道理從裏面流出便好先
生因令自去檢點一日間試看此心幾个時在
内幾个時在外小說中載趙康靖公以黑白豆
投甕中記善惡念之起善念起則投白豆惡念
起則投黑豆初時黑豆多白豆少已而白豆多
黑豆少久之則白豆亦少矣此是古人做工夫
處如此檢點則自見矣
學者為學未問真知與力行且要收拾此心令有

个頓放處若收斂都在義理上安頓無許多胡思亂想則久久自於物欲上輕於義理上重須是教義理心重於物欲如秤令有低昂即見得義理自端的自有欲罷不能之意其於物欲自無暇及之矣苟操舍存亡之間無所主宰縱說得幾行書亦何益

實從周初見先生先生問如何用心從周云收放心慕顔子克己氣象游判院舉從周常收放心常察忘與助長先生曰固是前輩煞曾講說差之毫釐繆以千里[illegible]之學者理會經書便流爲傳注理會史學[illegible]綱[illegible]利不然即入佛老最

怕差錯　又明八[illegible]心以道幾年何故向此從
周說先[illegible]不妄[illegible]心亨痛無所措身因閱西銘
見說乾父坤母終篇皆見說得是自此遂棄科
舉從周十年願見先生緣家事為累今家事盡
付妻子從周於世務絕無累又無功名之念正
是侍教誨之時先生云公已得操心之要　先
生又問畢竟如何用心從周曰仰慕顏子見其
氣象絕好如三月不違仁如得一善則拳拳服
膺如克己之目從周今只察私心欲去盡然亦
極難須剗不[illegible]六才着意又助長覺得甚難
先生曰只得[illegible]

收放心只是收物慾之心如理義之心卽良心郤不須收須就這上看教熟見得天理人慾分明心要精一方靜時須湛然在此不得困頓如鏡樣明遇事時方好心要收拾得緊如顏子請事斯語便直下承當

五峯先生說如齊宣王不忍觳觫之心乃良心敬夫說觀過知仁當察過心則知仁二說皆好然郤是尋良心與過心也不消得只此心常明不爲物蔽物來自見

問范純夫之女謂心豈有出入程先生聞之曰此女雖不識孟子郤能識心是否文公曰此一段

說話正要人看孟子舉孔子之言曰出入無時
莫知其鄉此則有說伊川言純夫女却能識心
心却都易識只是不識孟子之意
或問何以窒慾伊川曰思此莫是慾心一萌當思
禮義以勝之否文公曰然曰思與敬何如曰人
於敬上未有用力處且自思入庶幾有个巴攬
處思之一字於學者煞有力
或問存心文公曰非是别將事物存心如孔子曰
居處恭執事敬與人忠便是存心之法如說話
覺得不是便莫說如作事覺得不是便莫做亦
是存心之法

大學明明德一句當常常提撕須如此始有進步
處蓋其原自此發見人只一心爲本存得此心
於事物方知有脉絡貫通處
問伊川言滿腔子是惻隱之心如何文公曰此
身軀殼謂之腔子能於此身知有痛處見於應
接方知有个是與不是
問范純夫之女說心文公曰此是此女資質美心
定後見得他心無出入故如此說孟子却說得
大爲常人言之
心在外者要收向裏心在内者却推出去孟子云
學問求其放心四端擴而充之一部孟子皆是

此意大抵一收一放一闔一闢道理森然
虛靈自是心之本體非我心所能虛靈也耳目之
視聽所以視聽者即其心也豈有形象既有耳
目以視聽之則猶有形象也若心之虛靈何嘗
有物

學者云向見先生教童蜚卿於心上着工夫數日
來專一靜坐澄治此心文公曰若如此塊然而
無所事却如浮屠氏矣所謂存心者或讀書以
求義理或分別是非以求至當之歸只那所求
之心便是已存之心何俟塊然以處而後為存
耶

纔出門便千岐萬轍若不是自家有个主宰如何
則是

大凡人須是存得此心此心既存則雖不讀書亦
有長進處纔一放蕩則放下書冊便其中無一
點學問氣象

問仁之與心曰仁字是虛心字是實如水之有
冷字是虛水字是實學者須當於未發時加涵
養之功則所謂惻隱羞惡辭遜是非發而必中
方其未發此心之體寂然不動無可分別且只
混沌以涵養將去若必察其所謂四者之端則
既思便是已發

康節詩曰天向一中分造化人從心上起經綸多少平易

問曾子戰戰兢兢曰此只是戒謹恐懼常恐失之君子未死之前此心常恐保不得便見得人心至危且如一日之間內而思慮外而應接千變萬化劄眼中便走失了劄眼中便有千萬里之遠所謂人心惟危道心惟微只理會這个道理

石子餘告歸文公謂之曰今要下工夫切告且獨觀昭曠之原不須得枉用工夫鑽紙上語存得此中昭明條暢自覺無許多窒礙方取文字來看便見有味道理通透遇事則迎刃而解無許

◎

多病痛然此等語不欲對諸公說且教他自用
工夫撞來撞去自然撞着公既年高若不如此
下工夫恐悠悠歲月竟無所得
人精神飛揚心不在殼子裏面便害事
允執厥中只是个恰好底道理允信也是真个執
得堯告舜只這一句舜告禹又添人心道心精
一三句又較子細三句是允執厥中以前事是
舜教禹做工夫處堯告舜一句是舜已曉得那
三句了不須更告如論語後面說謹權量審法
度修廢官舉逸民之類皆是恰好當做底事這
便是執中處堯舜禹湯文武相傳治天下之大

法聖門所說也只是這个道理雖是聖人治天
下纖悉不止此然要處都不出此
聖賢千言萬語只是要不失其本心
大人之心通達萬變而純一無僞赤子之心未有
所知純一無僞
人能操存是心卓然而不亂亦自可與入道況加
之學問探討之功豈易量耶
心存時少亡時多存養得熟後臨事省察不費力
問張子曰由太虛有天之名由氣化有道之名合
虛與氣有性之名合性與知覺有心之名文公
曰本只是一个太虛漸漸細分說得密耳太虛

便是這四者之總統而不離乎四者而言由氣
化有道之名氣化是那陰陽造化寒暑晝夜雨
露雪霜山川木石金水火土皆是只這个便是
那太虛只是便雜那氣化說雖雜氣化而實不
離乎太虛未說到人物各具當然之理處合虛
與氣有性之名有這氣道理便隨在裏面無此
氣則道理無安頓處心之知覺乃是那氣之靈
靈底視聽聰明作為運用皆是有這知覺方運
用得這道理所以橫渠說人能弘道是心能盡
性非道弘人是性不能撿心邵子曰心者性之
郛郭此等語皆秦漢以下人道不到

文公曰心在羣妄自然退聽又曰有一分心向裏得一分力有兩分向裏得兩分力

又曰惟心無對 又曰今看世上萬物萬事都只是這一个心 又曰人常恭敬則心常明 又曰心是具情性者 又曰心者氣之精爽 又曰心以性為體 又曰心得其正方能知性之善 又曰人只有一个心若不降伏得他更做甚麽人

性

性是實理仁義禮智皆具 又曰性不是卓然一物可見者只是窮理格物自在其中不須求故

聖人罕言性

問物物具一太極則是理無不全文公曰謂之全亦可謂之偏亦可以理言之則無不全以氣言之則不能無偏故呂與叔謂物之性有近人之性者如猫相乳之類人之性有近物之性者如世上昏愚之人

問告子言生之謂性曰合下便錯了他只是說生處精神魂魄凡動用處只說得个形而下者

問人物之性一源何以異曰人之性論明暗物之性只是偏塞暗者可使之明塞者不可使之通也橫渠言凡物莫不有是性由通閉明塞所以

有人物之別
大抵言性便須見得是元受命於天其所禀賦自
有本根非若心可以一槩言也卻是漢儒如鄭
康成解天命之性云木神仁金神義等語卻有
意思非苟言者學者要體會親切
五峯胡氏說性本無善惡發然後有善惡孟子說
性善自是歎美之辭不與惡為對蓋其說始因
龜山問總老而答曰善則本然不與惡對言本
然猶可曰歎美之辭則大差了大率於大本處
看不分曉故其銳於關異端而不免自入一脚
也

龜山往來大學論廬山見常總總老亦南劍人與
龜山論性謂本然之善不與惡對後文定得其
説於龜山至今諸胡謂本然之善不與惡對與
惡為對者又自别有一善常總之言初未為失
若論本然之性只一味是善安得惡來人自去
壞了便是惡既有惡則與善為對今他却説有
兩樣善近來鄭子和九圖便是如此見識上面
畫一圈子寫性善字從此牽下兩邊有善有惡
人性雖同氣稟不能無偏重有得木氣重者則惻
隱之心常多而羞惡辭遜是非之心為其所塞
而不發有得金氣重者則羞惡之心常多則惻

隱辭遜是非之心爲其所塞而不發火水亦然
稟陰陽合德五性全備然後中正而爲聖人也
程子曰人生而靜以上不容說才說性時便已不
是性也凡人說性只是說繼之者善也孟子言
人性善是也夫所謂繼之者善也者猶水流而
就下也 文公曰此繼之者善也指發處而言之
也性之在人猶水之在山其清不可得而見也
流出而後見其清然後知其本清也所以孟子只
就見孺子入井皆有怵惕惻隱之心處指以示
人使知性之本善也易所謂繼之者善也在性
之先此所引繼之者善也在性之後蓋易以天

道之流行者言此以人性之發見者言惟天道流行如此所以人性發見亦如此後段所謂其體則謂之易其理則謂之道其明則謂之神其骨謂易在人便是心道在人便是性神在人便是情緣他本原如此所以生出來个个亦如此

一本

程子說性有本然之性有氣質之性人具此形體便是氣質之性才說性此性字是雜氣質與本來性說便已不是性這性字郤是本然性才說氣質底便不是本然底也人生而靜以下方有形體可說以上是未有形體如何說天命之性

若無氣質初無安頓處且如一勺之水非有物
盛之則水無歸着程子云論性不論氣不備論
氣不論性不明二之則不是所以發明聖賢千
古未盡之意甚爲有功秦漢以來傳記所載只
是說夢

伊川先生說話如今看來中間寧無小小不同只
是大綱體統說得極善如性即理也一語直自
孔子後惟是伊川說得盡這一句便是千萬世
說性之根基理是个公共底物事不解不善人
做不是自是失了性却不是壞了着修

文公曰韓愈之意人多看不出他初便說所以爲

性者五曰仁義禮智信所以為情者七喜怒哀樂愛惡欲下方說三品看其初語豈不知得性善他只欠數字使說得出黄嵩老云韓子欠說一个氣禀不同先生曰然程子曰論性不論氣不備論氣不論性不明若說性惡善惡混都只說得氣如孟子韓子之言便是不論氣所以不全　又曰韓子云何謂性仁義禮智信此語自是他已見之意但不可便說善了荀子只見氣之不好而不知理之皆善楊子是好許多思量安排方要把孟子性善之說為是又有不善之人方要把荀子性惡之說為是又自有好人故

説道善惡混温公便主張楊子而非孟子程子發明出來自今觀之可謂盡矣

仁義禮智性也性無形影可以摸索只是有這理耳惟情乃可得而見惻隱羞惡辭遜是非是也故孟子言性乃曰乃若其情則可以爲善矣蓋性無形影惟情可見觀其發處既善則知其性之本善必矣

吕氏言中即性也文公曰中是虚字所以狀性之體段與性即理也不同理是實字

問人生而静以上不容説一段曰人生而静以上即是人物未生時只可謂之理説性未得此所

謂在天曰命也才說性時便已不是性者言才謂之性便是人生以後此理已墮在形氣之中不全是性之本體矣故曰便已不是性也此所謂在人曰性也大抵人有此形氣則是理已具於形氣之中而謂之性才是說性便已涉乎有生而兼乎氣質不得為性之本體也然性之本體亦未嘗雜要人就此上面見得其本體元未嘗離亦未嘗雜耳凡人說性只是說繼之者善也者言性不可形容而善言性者不過即其發見之端而言之而性之理因可默識矣如孟子言性善與四端是也未有形氣渾然天理未有

降付故只謂之理已有形氣是理降而在人具於形氣之中方謂之性已涉乎氣矣便不能超然專說得理也程子曰天所賦為命物所受為性又曰在天曰命在人曰性是也

問孟子只言性善易繫辭却云一陰一陽之謂道繼之者善也成之者性也如此則性與善却是二事曰一陰一陽是總名繼之者善是二氣五行之事成之者性是氣化以後事

問近思録中說性似有兩種何也曰此說往往人都錯看了才說性便已不是人性本善而已才墮入氣質中便熏染得不好了雖熏染得不好

然本性却依舊在此全在學者著力今人却言
有本性有氣質之性此大害理

問性爲萬物一原曰所謂性者人物之所同得非惟已有是而人亦有是非惟人有是而物亦有是

問氣質之性曰天命之性非形質則無所寓然人之氣稟有清濁偏正之殊故天命之性亦有淺深厚薄之異要亦不可不謂之性　又問孟子言性與伊川言性如何文公曰不同孟子是剔出而言性之本伊川是兼氣質而言要之不可離也所以程子曰論性不論氣不備論氣不論

性不明而某於太極解亦云所謂太極者不離
乎陰陽而為言亦不雜乎陰陽而為言
伊川性即理也四字攧撲不破實自己上見得出
來其後諸公只聽得便說將去實不曾就已上
見得故多有差處
才說太極便帶着陰陽才說性便帶着氣不帶着
陰陽與氣太極與性那裏收附然要得分明又
不可不拆開說
黃直卿言五峯說性云好惡性也本是要說得高
反說得低了文公曰依舊是氣質上說某嘗要
與他改云所以好惡者性也

孟子亦言氣質之性如口之於味也之類是也

或問大學或問說仁義禮智之性添健順字如何

曰此健順只是那陰陽之性

學者問孟子有性焉有命焉一段文公甚喜以謂某四十歲方看透此段意思上云性也是氣禀之性有命焉是斷制人心欲其不敢過也下云命也蓋其所受氣禀亦有厚薄之不齊有性焉是充滿道心欲其無不及也

或問性者道之形體如何曰天之付與其理本不可見其總要却在此蓋人得之於天理無欠缺只是其理却無形象不於性上體認如何知得

程子曰其體謂之道其用謂之神而其理屬之人則謂之性其體屬之人則謂之心其用屬之人則謂之情

性相近以氣質言性善以理言

天之生此人如朝廷之命此官人之有此性如官之有此職朝廷所命之職無非使之行法治民豈有不善天之生此人無不與之以仁義禮智之理亦何有不善但欲生此物必須有氣然後此物有以聚而成質而氣之為物有清濁昏明之不同稟其清明之氣而無物欲之累則為聖稟其清明而未純全則未免微有物慾之累而

能克以去之則為賢稟其昏濁之氣又為物欲
之所蔽而不能去則為愚為不肖是皆氣稟物
欲之所為而性之善未嘗不同也堯舜之生所
受之性亦如是耳

問陰陽五行健順五常之性曰健是稟得那陽之
氣順是稟得那陰之氣五常是稟得那五行之
理人物皆稟得健順五常之性且如狗子會咬
人底便是稟得那健底性不咬人底便是稟得
那順底性又如草木直底是稟那健底弱底是
稟那順底

問惡專是氣稟如何明道說惡亦不可不謂之性

曰既是氣稟惡便也牽引得那性不好了蓋性只搭附在氣稟上既是氣稟不好便和那性壞了所以說濁者亦不可不謂之水水本是清却因人撓之故濁也

性是道之形體道是性之發用處性是那道之骨子見於行之謂道性是體道是用率性之謂道亦此義

生之謂氣生之理謂性又曰性只是此理

呂與叔曰蔽有淺深故爲昏明蔽有開塞故爲人物

性是天生成許多道理　心有善惡性無不善若

論氣質之性亦有不善

問氣質之說曰起於張程某以爲極有功於聖門有補於後學韓退之原性說得自是但不曾分明說是氣質孟子說性善但說得本原處下面亦不曾說得氣質之性所以亦費分疏荀楊說性惡善惡混至張程之說立諸子泯矣

心性情

性者心之理情者性之動心者性情之主

人於仁義禮智惻隱羞惡辭遜是非須當日夕體究令分曉精確此四者皆我所固有其初發時毫毛如也及推廣將去充廣其量則廣大無窮

故孟子曰知皆廣而充之且如人有當惻隱而不惻隱有當羞惡而不羞惡有當辭而不辭當遜而不遜是其所非而非其所是者皆失其本心此處皆當體察必有所以然也只此便是日用做工夫處

横渠曰心統性情者也邵堯夫亦云性者道之形體心者性之郛郭身者心之區宇物者身之舟車語極有理

横渠曰心御見聞不弘於性文公曰御字不可作止與當字禦有梏意心梏於見聞則反不弘於性耳

論心性情之別曰在天爲命禀於人爲性既發爲
情此其脉理甚實經是分明易曉唯心乃虛明
洞徹統前後而爲言耳據性上說寂然不動處
是心據情上說感而遂通處是心
捨心無以見性捨性無以見心故孟子言性每每
相隨說仁義禮智是性又言惻隱之心羞惡辭
遜是非之心
或謂喜怒哀懼愛惡慾是七情論來亦自性發只
是怒自羞惡發如喜愛慾都自惻隱發文公曰
哀懼也只是惻隱發盖懼亦是怵惕之甚者但
七情不可分配四端七情自於四端横貫過了

或問靜是性動是情文公曰大抵都生於心性字從心從生情字從心從青性是有此理且如天命之謂性要須天命个心了方是性

問心統情性如何曰統曰統是主宰如統百萬軍心是渾然底物性是有此理情是動處　又曰人受天地之中只有个性安然不動情則因物而感性是體情是用性靜而情動且如仁義禮智是性然又有說仁義之心這是性亦與心通說惻隱羞惡辭遜是非是情然又說道惻隱之心羞惡辭遜是非之心這是情亦與心通說這是性情皆主於心故恁地通說

問意者心之所發與性情如何文公曰意也與情相近問志也與情相近否曰只是心寂然不動方發出喚做意橫渠云志公而意私看這自說得好志便清意便濁志便剛意便柔志便有立作意思意便有潛竊意思且自子細看自見得意多是說私意志便說匹夫不可奪志

性是未動情是已動心包得已動未動蓋心之未動則為性心之已動則為情所謂心統性情是也欲是情發出來底心如水性猶水之靜情則水之流欲則水之波瀾但波瀾有好底有不好底如我欲仁是欲之好底欲之不好底則一向

◎

奔馳出去若波濤翻浪又大段不好底欲則滅
却天理如水之壅決無所不害孟子謂情可以
為善是說那情之正底從性中流出來者元無
不好也因問可欲之謂善之欲如何曰此不是
情欲之欲乃是可愛之意

學者問文公曰明道謂稟於天為性感為情動為
心伊川則曰自性之有形者謂之心自性之有
動者謂之情如二先生說則情與心皆自夫一
性之所發彼問性而對以情與心則不可謂不
切所問者然明道以動為心伊川以動為情兄
弟之說自不相侔不知今以動為心是耶動為

情是耶或曰情對性言靜者爲性動者爲情是說固然也今若以動爲情是則明道何得却云感爲情動爲心哉横渠云心統性情者也既是心統性情伊川何得却云自性之有形者謂之心自性之有動者謂之情耶如伊川所云却是性統心情者也不知以心統性情爲是耶性統心情爲是耶此心性情三者未有至當之論也又如伊川之論才亦與孟子言意不同孟子言才處有四如曰非才之罪又曰不能盡其才者也又曰非天之降才爾殊也又曰以爲未嘗有才焉孟子之意未嘗以才爲不善而伊川却云

才有善有不善顏先生啓發之文公曰近編近
思錄中一段云心一也有指體而言者注云寂
然不動是也有指用而言者注云感而遂通天
下之故是也夫寂然不動是性感而遂通是情
故橫渠云心統性情者也此說最為穩當如前
二程先生說恐是記錄者誤耳如明道云感為
情動為心感與動如何分別得若伊川云自性
而有形者謂之心某直理會他說不得以此知
門人記錄之誤也若孟子與伊川論才則皆是
孟子所謂才正是指本性而言性之發用無不
善處如人之有才事事做得出來一性之中萬

善完備發將出来後是才也如惻隱羞惡是心也能惻隱羞惡是才也至伊川謂才却是指氣質之性古人雖不曾見分明與人說考之經典却有此意如書言人惟萬物之靈亶聰明作元后與天乃錫王勇智之說皆此意也孔子謂性相近也習相遠也孟子辯告子生之謂性亦是說氣質之性近世被濂溪先生拈掇出来而横渠二程先生故有氣質之性之說此伊川論才所以云有善有不善者蓋主此而言也如韓愈所引越椒等事若不看箇氣質說如何說得通韓愈論性比之荀揚盡好將性分三品亦是分氣

質之性但欠一个氣字耳　又問旣是孔子掐
本性而言則孟子謂才無不善亦爲至論矣至
伊川却云孟子未暇與公都子一一與他辯者
何也曰此伊川一時被門人逼着且如此說了
伊川此等處亦多不必泥也
劉韜之問未發之前心性之別曰心有體用未發
之前是心之體已發之際乃心之用盖主宰運
用底便是心性便是會恁地做底理性則一定
在這裏到主宰運用却在心情只是幾个路子
隨這幾个路子恁地做去底却又是心
胡叔器問心性　如穀種否曰若以穀譬則穀種便

是心那爲衆爲穀爲禾爲稻底便是性康節曰心者性之郛郭包底是心發出不同底是性靈底是心實底是性靈便是那知覺處如向父母則有那孝出來向君則有義出來便是性如知道事親要孝事君要忠這便是心　又曰性便是那理心便是盛貯該載敷施發用底

問七情喜愛欲發於陽怒哀懼惡發於陰文公曰也是如此問怒如何屬陰曰怒必竟屬義義屬陰怒與惡皆羞惡之發所以屬陰愛與欲相似欲又較深分屬五行欲屬水喜屬火愛屬木惡與怒屬金哀與懼亦屬水

能盡得眞實具本然之全體是盡性能盡得虛靈知覺之妙用是盡心盡心就所知上說盡性就事物上說

孟子說性不曾說着性只說乃若其情則可以爲善看得情善則性之善可知

氣

文公曰有是理故生是氣又曰氣升降無時止息理只附氣惟氣有昏濁理亦隨而間隔

人氣便是天地之氣然就人身上透過如魚在水水入口出腮但天地公共之氣人不得而擅有之

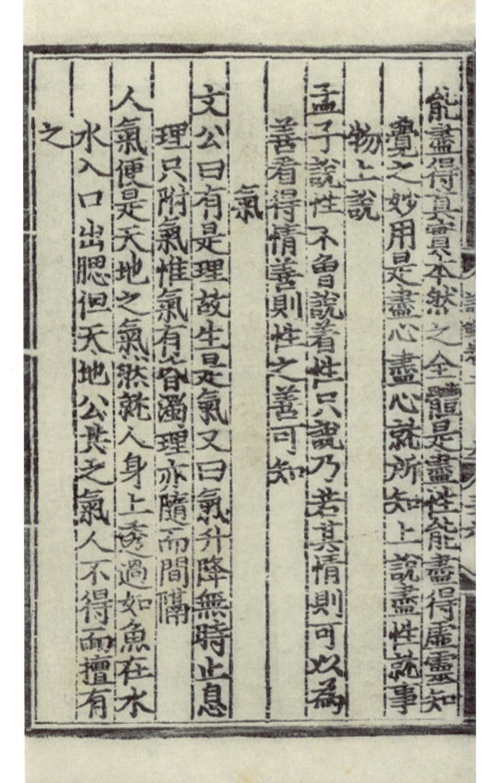

問浩然之氣與血氣如何曰只是一氣義理附在其中則為浩然之氣若不由義理而發則只為血氣然人所禀有盛衰之不同惟是養成浩然之氣則却與天地為一更無限量

人所禀之氣雖皆是天地之正氣但衮來衮去便有昏明厚薄之異蓋氣是有形之物才是有形便自有美有惡也

四端是理之發七情是氣之發

夜氣靜人心每日梏於事物斲喪戕賊所餘無幾惟夜靜庶可少存耳至夜氣之靜而猶不足以存則去禽獸不遠言人理都喪也前輩皆無明

說其因將孟子反覆熟讀每一段三五十過方看得出後看程子却說夜氣之所存者良知良能也與臆見合以此知觀書不可苟熟讀深思道理自見這存字是个保養護衛底意思

文公因舉酒云未嘗見有衰底聖賢

凡一事須有兩端是底即天理之公非底即人欲之私須事事與剖判到極處即克治充廣工夫隨事著見然人之氣稟有偏所見亦往往不同如氣稟剛底人則見剛處多而處事必失之太剛柔底人則見柔處多而處事必失之太柔須先就氣稟偏處克治

氣雖有清濁厚薄之不齊然論其本則未嘗異也
所謂至大至剛者乃氣之本體如此但人不能
養之而反害之則其大者小剛者弱耳
學者問平旦之氣緣氣弱易為事物所勝如何曰
這也别無道理只有个進步崖將去是第一義
漸漸崖將去自有功這處只是志不果若於此
不見得便又說今日做不得且待來日這事做
不得且備員做此二子這都是第二第三義
且就一身看自會笑語有許多聰明智識這是如
何得恁地虛空之中忽然有風有雨忽然有雷
有電這是如何得恁地這都是陰陽相感都是

鬼神看得到這裏見一身只有个軀殼在這裏內外無非天地之氣

勉齋曰神是氣之至妙處所以管攝動靜葉味道曰既是管攝此身則心又安在文公曰神即是心之至妙處滚在氣裏說又只是氣然神又是氣之精妙處到得氣又是麄了精又麄形又麄至於說魂說魄皆是說到麄處

某看人也須是剛雖則是偏然較之柔不同易以陽剛爲君子陰柔爲小人若是柔弱不剛之質少間都不會振奮只會困倒了

浩然之氣須是識得分明自然養得成若不見得

真是真非欲說不說只恁地含糊鶻突如何會浩然人自從生時受天地許多氣自恁地周足只緣少間見得沒分曉漸漸衰索了又不然便是行有不慊於心氣便餒了若見得道理明白遇事打併淨潔又仰不愧俯不怍這氣自浩然如豬胞相似有許多氣在裏面便恁地飽滿周徧若無許多氣便厭了這氣只論个浩然與餒又不然只是驕吝　又曰至大至剛氣之本體以直養而無害是用工處塞乎天地之間乃其效也

配義與道謂養成浩然之氣以配道義方襯貼得

起不然雖有道義其氣懾怯 又曰以直養是自反而縮集義是直養然此工夫須積漸集義自能生此浩然之氣不是行一二件合義底事能摶取浩然之氣也

問養氣要做工夫知言似無工夫得做曰豈不做工夫知言便是窮理不先窮理見得是非如何養得氣須是道理一一審處得是其氣方充大

問人能仰不愧俯不怍便有充塞天地氣象否文公曰然才有慊於心便是餒了如項羽一个意氣如此纔被漢王數其十罪便覺沮屈去不得也

潘謙之問天地之氣當其昏明駁雜之時則其理亦隨而昏明駁雜否曰理却只恁地只是氣自如此又問若氣如此理不如此則理與氣相離矣曰氣雖是理之所生然既生出則理管他不得如這理寓於氣了日用間運用都由這个氣只是氣強理弱譬如大禮赦文將稅賦都放了有那村知縣硬自捉縛使要他納緣被他近了更自叫上面不應便見得那氣麤而理微又如父子若子不肖父亦管他不得聖人所以立教正要救這些子

或問秋冬生氣既散何以謂之收斂曰其氣已散

收斂著乃其理耳又曰冬間地下煖便也是氣斂在内否曰上面氣自散了下面煖底乃自是生來不是已散之氣復爲生氣也

或謂終未曉横渠氣質之説曰性是天賦與人只一同氣質所禀卻有厚薄人只是一般人有厚於仁而薄於義有餘於禮而不足於智皆自氣質上來、

問人之氣有清明時有昏塞時如何曰人當持其志則氣當自清矣孟子既説持其志又説無暴其氣聖賢之言不偏於一類如此蓋恐人專於志而略於氣、故也因舉程子云學者爲習所奪

氣所勝只可責志

問程子謂才稟於氣如何曰氣亦天也天理純而氣則雜又曰理精一故純氣粗故雜

問大鈞播物還是一去便休也還有去而復來之理曰一去便休耳豈有散而復聚之氣

問孟子言平旦之氣甚微細如何會養得完全曰不能存得夜氣皆是旦晝所爲壞了所謂好惡與人相近者幾希今只要去這好惡上理會日用問於這上見得分明有得力處夜氣方與你存夜氣上卻未有工夫只是去旦晝理會這兩字是个大關鍵這裏有工夫日間進得一分道

理夜氣便添得一分第二日更進得一分道理夜氣便添得二分第三日更進得一分道理夜氣便添得三分日日只管進夜間只管添添來添去這氣但盛日間悠悠地過無工夫不長進夜間便減了一分氣第二日無工夫夜間又減了二分第三日如此又減三分如此梏了轉深夜氣轉虧損了夜氣既虧愈無根腳日間愈見作壞這處便是梏之反覆其為禽獸不遠矣

問仁義禮智皆是天所命如貴賤死生壽夭之命有不同如何曰都是天所命稟得精爽之氣便為聖為賢便是得理之全得理之正稟得清明

者便英爽稟得敦厚者便溫和稟得清高者便
貴稟得豐厚者便富稟得久長者便壽稟得衰
頹薄濁者便爲愚不肖爲貧爲賤爲夭天有那
氣生一个人出來便有許多物隨他來 又
曰天之所命固是均一到氣稟處便有不齊看
其稟得來如何稟得來厚那道理也備嘗謂命
譬如朝廷誥勑心譬如官人一般差去做官性
譬如職事一般郡守便有郡守職事縣令便有
縣令職事職事只一般天生人教人許多道理
便是付人許多職事氣稟譬如俸給貴如官高
者賤如官卑者富如俸厚者貧如俸薄者壽如

三兩年一任又再任着矣者如不得終任者朝
廷差人做官便有許多物一齊趂後来
韓愈說生而知其惡者皆是合下禀得這惡氣有
氣便有性有性便有氣
氣只是這氣才存此心在此氣便塞乎天地之間
問大學或問氣之正且通者為人偏且塞者為物
如何曰物之生必因氣之聚而後有形得其清
者為人得其濁者為物假如火爐溶鐵其好者
在一處其查滓又在一處　又問氣有清濁而
理則一同如何曰固是如此理者如一寶珠在
聖賢則如置在清水中其精光自然發見至愚

不肖者如置在濁水中須是澄去泥沙則光方可見今人所以不見理合澄去泥沙所以須要克治也至如萬物亦有此理與他只爲氣昏塞如置寶珠於濁泥中不復可見然而物類中亦有知君臣父子知祭知時者亦是其中有一線明處然而不能如人者只爲不能克治耳

或氣禀昏愚而私慾深固其勢雖順且易者須勇猛着力痛切加工然後可以復於其初故商書之言曰若藥弗瞑眩厥疾弗瘳若但悠悠似做不做則雖其易而反爲至難矣

孟子浩然之氣一章孔子只兩句盡之曰内省不

疚夫何憂何懼

夜氣只是這个氣日裏也生夜間也生如日間目視耳聽口裏說話手足運動若不曾操存得無非是耗散底時節夜間則停留得在這裏如水之流夜間則閘得許多水住在這裏這一池水便滿次日又放乾了

問曰晝不梏亡則是養得這氣清明否文公曰不是靠氣爲主蓋要此氣去養那仁義之心如水之養魚水多則魚鮮水涸則魚病養得這氣多則仁義之心亦好氣少則仁義之心微矣

人稟得氣厚者則福厚氣薄者則福薄稟得氣之

華美者則富盛衰颯者則卑賤氣長者則壽氣
短者則夭折此必然之理
孟子說養氣本說得粗
一草一木皆天地和平之氣　又曰天地吾身之
氣非二　又曰夜氣存則清過這裏來
氣久則必散人說神仙一代說一項漢世說甚安
期生至唐以來則不見說了却說鍾離權呂洞
賓如今又不見說了看得氣也只是養得分外
壽然終久亦散了

晦菴先生語録類要卷第二

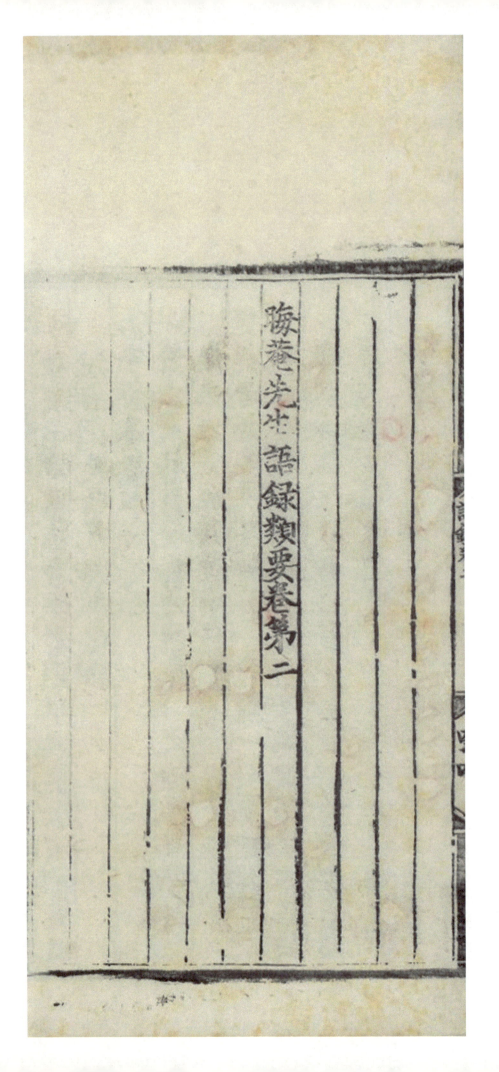

晦庵先生語録類要卷第三

勉齋黄先生門人括蒼葉士龍編次

總論四端

文公曰人只有个仁義禮智四者是一身綱紐其他更無當於其發處體驗廣充將去惻隱羞惡辭遜是非日間時時發動特人自不廣充耳

又言四者時時發動特有正不正耳如暴戾愚狠便是發錯了惻隱之心如茍且無恥便是發錯了羞惡之心如含糊不分曉便是發錯了是非之心如一種不遜便是發錯了辭遜之心日間一正一反無往而非四端之發

仁義禮智人之固有只被氣稟物欲遮了然這个理未嘗亡才求便得　又曰這个便是難說喚做難又不得喚做易又不得若喚做易時如何自堯舜禹湯文武周公孔子以後如何更無一个人與他相似若喚做難又才知覺這个道理便在這裏這个便須是子細講究要端的知得後做將去自容易若不知得雖然恁地把捉在這裏今夜捉住明朝又不見了明朝捉住後日又不見了若知得到許多蔽翳都沒了如氣稟物欲一齊打破便日日朝朝只恁地穩穩做到聖人地位

惻隱是仁之端惻隱自是情仁自是性性即是這道理仁本難説中間具愛之理發出來方有惻隱義却具羞惡之理發出來方有羞惡禮却具辭遜之理發出來方有辭遜智却具是非之理發出來方有是非仁義禮智是未發底道理惻隱羞惡辭遜是非是已發之端倪如桃仁杏仁是仁到得萌芽却是惻隱

分別得界限了更須日用常自體認看仁義禮智意思是如何　又曰如今只因孟子説惻隱之端可以識得仁意思因説羞惡恭敬是非之端可以識得義禮智意思緣仁義禮智本體自無

形影要捉摸不着只得將他發動處看却自見得恰如有這般兒子便知得是這樣母程子云以其惻隱知其有仁此以自說得親切分明也不道惻隱便是仁又不道除了惻隱别取一个物事說仁譬如草木之萌芽可以因萌芽知得他下面有根也不道萌芽便是根又不道掉了萌芽别取一个根

惻隱羞惡多是因逆其理而見為有所可傷這裏惻隱之端便動為有所可惡這裏羞惡之端便動若是事親從兄又是自然順處見之

人須廣而充之人誰無惻隱只是不能常如此便

似孟子說火之始然泉之始達苟能充之足以
保四海若不能常如此恰似火相侶自去撲滅
了如水相似自去淤塞了如草木之萌芽自去
踏折了更無生意

孟子云仁義禮智根於心心統性情故說心亦得
蘖味道問前日承先生教令於日用間體認仁義
禮智意思且如朋友皆是鄉人一旦會聚恩意
便自相親這可見得愛之理形見處同門中或
有做不好底事或有不好底人便自使人惡之
這可見羞惡之理形見處每時升堂尊卑敘齒
秩然有敘而不亂這可見恭敬之理形見處聽

◎

先生教誨而能辨别得其是真非這可見得是
非之理形見處凡此四端時時體認不使少有
間斷便是所謂廣充之意否文公曰如此看得
好這便是尋得路踏着了
味道問體認四端廣充之意如朋友相親充之而
無間斷則貧病必相恤患難必相死至於仁民
愛物莫不皆然則仁之理得矣如朋友責善充
之而無間斷則見惡如惡惡臭以至於除殘去
穢戢暴禁亂莫不皆然則義之理得矣如尊卑
秩序充之而無間斷不肯一時安於不正以至
於正天下之大倫定天下之大分莫不皆然則

禮之理得矣如是是非非究之而無間斷則善
惡義利公私之別截然而不可亂以至於分別
忠佞親君子遠小人莫不皆然則智之理得矣
文公曰只要常常恁地體認若常常恁地體認
則日用之間匝匝都滿密拶拶地
問人心陷溺之久四端蔽於利欲之私初用工亦
未免間斷待義理既熟利欲消盡方得無間斷
否文公曰固是然義理之心才勝則利欲之念
便消且如惻隱之心勝則殘虐之意自消羞惡
之心勝則貪冒無耻之意自消恭敬之心勝則
驕惰之意自消是非之心勝則含胡苟且頑冥

昏謬之意自消
看仁義多是相連而至如惻隱於所傷但惡於其所傷這是仁帶義意思惡於其所以傷便須惜其本來之未嘗傷這是義帶仁意思
孟子發明四端乃孔子所未發又只道孟子有闢楊墨之功殊不知他就人心上發明大功如此闢楊墨是扞邊境之功發明四端是安社稷之功若常體認得來所謂活潑潑地真个活潑潑地
伊川常說知今人說力行是淺近事惟知為上知最緊要中庸說知仁勇把知作劈初頭說可見知為緊要葉味道問孟子四端何以知為後曰

孟子只循環說智本來是藏仁禮義惟是知恁地了方恁地是仁禮義都在智裏面如元亨利貞貞是智貞却藏元亨利意思在裏面如春夏秋冬冬是智冬却藏春生夏長秋成意思在裏面且如冬伏藏都似不見到一陽初動這生意方從中出也未發露十二月也未發露只管養在這裏到春方發生到夏一齊都長到秋漸成漸藏到冬冬依舊都藏了只是大明終始亦見得無終安得有始

學者問格物先從身上格去如仁義禮智發為惻隱羞惡辭遜是非須從身上體察常常守得在

這裏始得文公曰人之所以為人只是這四件須自認取意思是如何所謂惻隱者是甚麼意思且如赤子入井一井如彼深峻入者必死而赤子將入焉自家見之此心還是如何有一事不善在自家身上做出這裏定是可羞在別人做出這裏定惡他利之所不當得或雖當得而吾心有所未安便自謙遜辭避不敢當之以至等閑禮數人之施於巳者或過其分便當辭將去遜與別人定是如此事事物物各有个是非是底自家心裏定道是非底自家心裏定道非就事物上看是底定道是非底定道非到得

所以是之所以非之却只在自家此四者人人有之同得於天不待問別人假借堯舜之所以爲堯舜也只是這四箇桀紂本亦有這四箇而今着認得這四箇分曉方可以理會別道理只如孝有多少樣如此而爲孝如此而爲不孝忠固是忠有如此而爲忠有如此而不喚做忠一一都着斟酌理會過

窮理只就自家身心求之都無別物事只有箇仁義禮智看如何千變萬化也離這四个不得人且自看日用之間如何離得如信者只是有此四者故謂之信信實也實是有此論其體則實

是有仁義禮智論其用則實有惻隱羞惡恭敬
是非更假僞不得更自一身推之於家實是有
父子有夫婦有兄弟推之天地之間實是有君
有臣有朋友都不待後人旋安排是合下元有
此至於物亦莫不然但拘於形拘於氣而不變
然亦就此一角子有發明處看他亦自有父子
之親有此牡便是有夫婦有大小便是有兄弟
就同類中各有羣衆亦有主腦便是有君臣只
緣本來都是天地所生共這根帶所以大率多
同

黄嵩老問仁兼四端意思理會不透曰謝上蔡見

明道先生舉史文成誦先生謂其玩物喪志上蔡汗流浹背面發赤明道云此便見得惻隱之心公且道上蔡聞得過失恁地慚惶自是羞惡之心如何却說道見得惻隱之心惟是有惻隱之心方會動若無惻隱之心却不會動惟是先動了方始有羞惡方始有恭敬方始有是非動處便是惻隱若不會動却不成人若不從動處發出所謂羞惡者非羞惡所謂恭敬者非恭敬所謂是非者非是非天地之仁生生之理這些動意未嘗止息看如何梏亡未嘗消滅自是有時而動學者只怕間斷了

學者問四德之元猶五常之仁偏言則一事專言則包四者曰元是初發生出來生後方會通通後方始向成利者物之遂方始成得六七分到貞處方是十分成此偏言也然發生中已具後許多道理此專言也惻隱是仁之端羞惡是義之端辭遜是禮之端是非是智之端若無惻隱便都没了許多到羞惡也是仁發在羞惡上到辭遜也是仁發在辭遜上到是非也是仁發在是非上

問惻隱之心如何包得四端曰惻隱便是初動時羞惡恭敬是非亦須是這个先動一動了方會

◎

恁地只看動處便見譬如四時若不是有春生之氣夏來長个甚麼秋來又把甚收冬時又把甚藏

問文言四德一段曰元者善之長以下四句說天德之自然君子體仁足以長人以下四句說人事之當然元只是善之長萬物生理皆始於此衆善百行皆統於此故於時爲春於人爲仁亨是嘉之會此句自來說者多不明嘉者美也會猶齊也嘉者衆美之會猶言齊好也春天發生萬物未大故齊到夏時洪纖高下各各暢茂蓋春方生育至此無一物不暢茂其在人則禮儀

三百威儀三千事事物物大大小小一齊到恰
好處所謂動容周旋皆中禮故於時為夏於人
為禮周子遂換作中利者為義之和萬物至此
各遂其性事理至此無不得宜故於時為秋於
人為義貞者乃事之幹萬物至此收斂成實事
理至此無不的正故於時為冬於人為智此天
德之自然其在君子所當從事於此者則必體
仁乃足以長人嘉會足以合禮利物足以和義
貞固足以幹事此四句倒用上面四个字極有
力體者以仁為體仁為我之骨我以仁為體仁
皆從我發出故無物不在所愛所以能長人嘉

會足以合禮者須是美其所會也欲其所會之美當美其所會盖其厚薄親疎尊卑小大相接之體各有節文無不中節即所會皆美所以能合於禮也利物足以和義者使物物各得其利則義無不和盖義是斷制斷割底物若似不和然惟義能使事物各得其宜不相妨害自無乖戾而各得其分之和所以謂義之和也蘇氏說利者義之和却說義慘殺而不和不可從義須着些利則和如此則義是一物利又是一物義是苦物恐人嫌須着些利令甜此不知義之言也義中自有利使人而皆義則不遺其親不後

其君自無不利非和而何貞固足以幹事貞正也知其正之所在固守而不去故足以爲事之幹幹事言事之所從以立蓋正而能固萬事依此而立在人則是智至靈至明是是非非確然不可移易不可欺瞞所以能立事也幹如板築之有楨幹今人築墻必立一木於上中爲骨俗謂之夜叉木無此則不可築橫曰楨直曰幹無是非之心非智也知得是是非非之正堅固確守不可移易故曰智周子則謂之正也

或問孟子言四端處有二大抵皆以心爲言明道却云惻隱之類皆情也伊川亦云人性所以善

者於四端之情可見一以四端屬諸心一以四端屬諸情夫心自心情自情疑有不可移易者今二程先生必欲以心爲情何也文公曰心包性情者也自其動者言之雖謂之情可也

問仁包四者曰仁是个生底意思如四時之有春彼其長於夏遂於秋成於冬雖各具氣候然春生之氣皆通貫於其中仁便有个動而善之意如動而有禮凡其辭遜皆禮也然動而爲禮之善者則仁也曰義曰智莫不皆然又如慈愛恭敬果毅知覺之屬則入四者之小界分也又曰智亦可以包四者知之在先故也

或問仁義禮智性之四德又添信字謂之五性如何曰信是誠實此四者實有是仁實有是義智禮亦然如五行之有土若土則不足以載四者又如土王於四時各寄王十八日或謂王於戊巳然季夏乃土之本宮故尤王於夏末月令載中央土者以此故也

人之德性有四者仁便是个溫和底意思義便是慘烈剛斷底意思禮便是宣著發揮底意思智便是收斂無痕底意思性中有此四者聖門却只以求仁為急者緣仁却是四者之先若常存得溫厚底意思在這裏到宣著發揮時自然能

宣著發揮到剛斷時便自然會剛斷收斂時自然能收斂若時別个做主使都對副不着了此

仁之所以能包四者

仁字如人釀酒酒方微發時帶些温氣便是仁到發後極熱時便是禮到熟時便是義到得成酒後卻只與水一般便是智又如一日之間蚤間天氣清明便是仁午間極熱時便是禮晚下漸凉便是義到夜半全然收斂無些形迹時便是智只如此看甚分明

如孺子入井如何不推得其他底出來只推得惻隱之心出來蓋理各有路如做得穿窬底事如

何令人不羞偶遇一人衣冠而揖我我便當揖
他如何不恭敬事有是非必辯別其是非看是
甚麼去感他便有一般出來

生底意思是仁發見殺底意思是義嘉會是禮深
藏不測是智　又曰百行皆自仁義禮智中出

惻隱羞惡辭遜是非都是兩意惻是初頭子隱是
痛羞是羞已之惡惡是惡人之惡辭是我遜在
彼是非自分明

孟子曰凡有四端於我者知皆擴而充之只是要
充而今四端之發甚有不整齊處有合惻隱而
不惻隱處有合羞惡而不羞惡處且如齊王不

忍於一牛而却不愛百姓嘑爾之食則知惡而
弗受至於萬鍾之祿則不辯禮義而受之而今
只要就這處理會

問四端須着區處究廣之曰固是纔當如此推
廣少間便自會開闊到得無間斷少間却自打
合作一片去

所謂信者是个真實無妄底道理如仁義禮智皆
真實而無妄者也故信字更不須論仁義禮智
四字於中各有分別不可不辯盖仁是个溫和
慈愛底道理義是个斷制割截底道理禮是个
恭敬樽節底道理智則是个分別是非底道理

此四者具於人心乃性之本體方其未發漠然無形象之可見及其發而為用則仁者為惻隱義者為羞惡禮者為恭敬智者為是非隨所發見各有苗脉不相雜亂所謂情也

人須於大本大原上看得透自然心胸開闊見世間事皆瑣瑣不足道矣　又曰每日開眼便見這四个字仁義禮智在面前只趕着脚指頭便是這四个字若看得熟於世間道理沛然若決江河而下莫之能禦矣若看不得道理透方見得每日所看經書無一句一字一點一畫不是此理之流行見天下事無大無小無一名一件不

是此理之發見如此方見得這个道理渾淪周徧不徧枯方見得天命之謂性底全體今人只是隨所見而言或見得一二分都不曾見全體不曾到極處所以不濟事

學者問向蒙戒諭說仁意思云義禮智上着不得又得見義禮智上少不得方見得仁統四端之意今以樹為喻大樹之根固有生意然貫徹首尾豈可謂幹與枝花與葉無生氣文公曰固然只如四時春為仁有个生意夏秋冬生意何嘗息不雖凋零生意則常在大抵天地間只一理隨其到處分許多名字出來四者於五行各有

配惟信配土以見仁義禮智實有此理不是虛說又如乾四德元最重其次貞亦重以明始終之義非元則無以生非貞則無以終非終則無以為始不始則無以成終矣如此循環無窮此所謂終始也

萬正淳言性之四端迭為賓主然仁智其總統也如恭而無禮則勞是以禮為主君子義以為質是以義為主也蓋四德未嘗相離遇事則迭見層出要在人默而識之文公曰說得是

四端猶四德逐一言之則各自為界限分而言之則仁義又是一大界限故曰仁人心也義人路

也如乾文言既曰四德又曰乾元者始而亨者
也利貞者性情也

仁

文公曰百行萬善固是都合着力然如何件件去
理會百行萬善總於五常五常又總於仁所以
孔孟只教人求仁求仁只是主敬收放心若能
如此道理須在這裏
學者須是求仁所謂求仁者不放此心聖人亦只
教人求仁蓋仁義禮智四者仁足以包之若是
存得仁自然頭頭做着不用逐事安排故曰苟
志於仁矣無惡也

今且要識得仁之意思是如何聖賢說仁處最多
那邊如彼說這處如此說文義各不同看得個
意思定了將聖賢星散說處體看處處皆是這
意思初不相背始得集註說愛之理心之德愛
是惻隱惻隱是情其理則謂之仁心之德德又
只是愛謂之心之德卻是愛之本柄人之所以
為人其理則天地之理其氣則天地之氣理無
迹不可見故於氣觀之要識仁之意思是一個
渾然溫和之氣其氣則天地陽春之氣其理則
天地生物之心今只就人身已上看有這意思
是如何才有這意思便自恁地好便不恁地枯

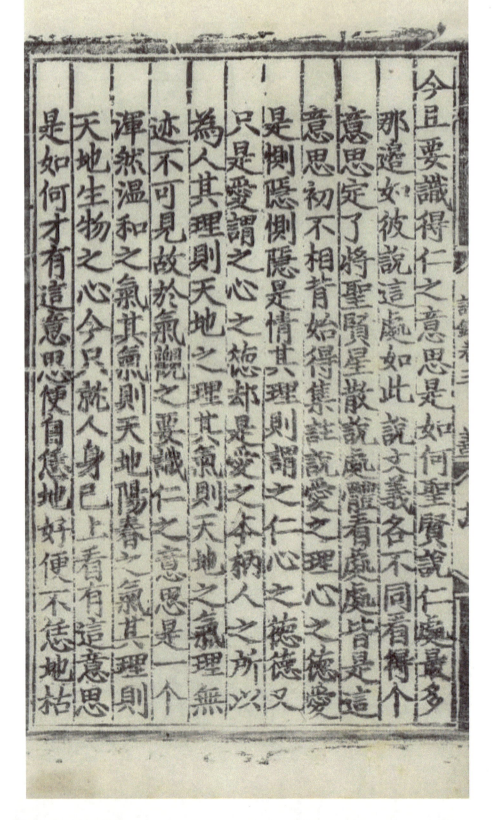

燥將此意思看聖賢許多說仁處都只是這意
告顏子以克己復禮克去己私以復於禮自然
都是這意思不是待人安排自是合下都有這
个渾全流行物事此意思才無私意間隔便自
見得人與己一物公道自流行須是如此看孔
門弟子所問都只是問做工夫若是仁之體段
意思也各各自理，會得了今知是這个未曾理
會得如何說要做工夫且如程子云偏言則一
事專言則包四者，又云四德之元猶五常之仁
恰似有一个小小底仁有一个大大底仁偏言
則一事是小小底仁只做得仁之一事專言則

包四者是大大底仁是包得義禮智底仁若如此說是有兩樣仁不知仁只是一个雖是偏言那許多道理也都在裏面雖是專言那許多道理也都在裏面葉味道曰如溫和之氣固是見得仁若就包四者意思看自然有節文自然得宜自然明辯文公曰然

心之德是兼四端言之愛之理只是就仁體段說其發爲愛其理則仁也仁兼四端者都只是這生意流行

或問仁體事而無不在曰只是未理會得仁字若理會得這个字了到處都理會得今未理會得

◎

時只是於他處上一下文有些相貫略理會得到
這處若上下隔遠便理會不得又曰千萬記取
此是个活法久後自見或於事上見得或讀書
看别文義却自然見得
仁者愛之理理是根愛是苗仁之愛猶糖之甜醋
之酸愛是那滋味
胡氏記侯師聖語曰仁如一元之氣化育流行無
一息間斷此説好
仁之包四端猶冢宰之統六官　又曰得此生意
以有生然後有禮義智信以先後言之則仁為
先以大小言之則仁為大

孔子説仁多説禮孟子説仁多説用如克己復禮

惻隱之心之類

余正叔曰無私欲是仁曰謂無私欲後仁則可謂無私便是仁則不可蓋惟無欲然後仁如無壅塞而後水方行學者曰與天地萬物爲一體是仁否曰無私是仁之前事與天地萬物爲一體是仁之後事惟無私然後仁惟仁然後與天地萬物爲一體要在二者之間識得畢竟仁是甚模樣欲曉得仁名義須并義禮智三字看欲真个見得仁底模樣須從克己復禮上做工夫

葉味道問滿腔子是惻隱之心只是此心常存才

有一分私意便闕了他一分文公曰只是滿這軀殼都是惻隱之心才築着便是這物事出來大感則大應小感則小應恰似大段痛傷固是痛只如針子略挑血也出也痛故日用所當應接更無些子間隔癢痾疾痛莫不相關纔是有些子不通便是彼他私意隔了

公之爲仁公不可與仁比並看公只是無私才無私這仁便流行程子云惟公爲近却不是近似之近才公仁便在此故云近如去其壅塞水自流通水之流通却不是去壅塞底物事做出來水自是元有只被塞了才除了塞便流仁亦自

是元有只被私意隔了才克去己私做底便自
仁今人喜也是私喜怒也是私怒哀懼愛惡欲
皆然苟能克去己私擴然大公則喜是公喜怒
是公怒哀懼愛惡欲莫非公矣此處煞利害顔
子所受於孔子只是克己復禮為仁
學者問仁者愛之理曰這一句只將心性情看便
分明一身之中渾然自有个主宰者心也有仁
義禮智則是性發為惻隱羞惡辭遜是非則是
情惻隱愛也仁之端也仁是體愛是用南軒向
見某說亦疑後子細看了卻曉得又曰愛之理
愛自仁出也然亦不可離了愛去說仁

問韓愈博愛之謂仁曰是指情為性了問周子說
愛曰仁與博愛之說如何曰愛曰仁猶曰惻隱
之心仁之端也是就愛處指出仁若博愛之謂
仁之謂便是把博愛做仁了終不同問張無垢
說仁者覺也曰覺是智以覺為仁則是以智為
仁覺也是仁裏面物事只是把做仁不得
問仁則一不仁則二如何曰仁則公公則通天下
只是一个道理不仁則是私意故變詐百出而二也
問仁曰仁者只是吾心之正理志士仁人無求生
以害仁有殺身以成仁須知道求生害仁時雖
以無道得生却是抉破了我个心中之全體殺

身成仁時吾身雖死却全得此理完全也
味道問仁包義禮智惻隱包羞惡辭遜是非元包
亨利貞春包夏秋冬以五行言之木如何包得
火金水曰木是生氣有生氣然後物可得而生
若無生氣則火金水皆無自而能生矣故木能
包三者
問恕則仁之施愛則仁之用施與用如何分別曰
恕是分俵那愛底如一桶水愛是水恕是分俵
此水何處一杓故謂之施愛是仁之用恕所以
施愛者
董銖問曰公以人體之則爲仁先生曰體作體認

之體亦不妨銖思之未達切謂有此人則具此仁然人所以不仁者以其私也能無私心則此理流行即此人而仁在矣非是公後又要去體認尋討也文公顧楊志之謂曰仁字說得是了但說體字未是躰者乃是以仁而躰公盖人撑起這公作骨子則無私心而仁矣盖公只是公理仁是人心本仁人而不公則害夫仁故必躰此公在人身上以爲之躰則無所害其仁而仁流行矣所謂躰認之躰是將此身去裏面躰察

如中庸躰羣臣之躰也

或問程先生言仁之道只消道一公字公是仁之

理公以人體之故曰仁文公曰公是人之方法
人是仁之材料有此人方有此仁盖有形氣便
具此生理若無私意間斷則人身上全體是仁
如無此形質則生意都不湊泊他
問横渠說虛者仁之原如何文公曰虛只是無欲
故虛虛明無欲此仁之所由生也又問此虛字
與一太清虛之虛如何曰這虛也只是無欲渠
便將這个喚做道體然虛對實而言却不似形
而上者
伊川語録中說仁者以天地萬物為一體說得太
深無捉摸處易傳乃其手筆只云四德之元猶

五常之仁偏言則一事專言則包四者又曰仁者天下之公善之本也易傳只此兩處說得極平實學者當精看此等處

文公說仁字須兼義禮智看方看得仁字出仁者仁之本躰禮者仁之節文義者仁之斷制智者仁之分別猶春夏秋冬雖不同而同出於春春則生意之生也夏則生意之長秋則生意之成冬則生意之藏也自四而兩自兩而一則統之有宗會之有元故曰五行一陰陽陰陽一太極

仁為四德之首而智則能成始而成終猶元為四德之長然元不生於元而生於貞蓋天地之化

不翕聚則不能發散也仁智交際之間乃萬化之機軸此理循環不窮脗合無間故不貞則無以為元也

或問仁人心也假借為之烏能有諸已哉而孟子却云五伯久假而不歸烏知其非有何也曰此最難說前輩多有辨之者然卒不得其說烏知二字為五伯設也如云五伯自不知也五伯又假而不歸安知其非已有也

說仁只看孺子入井時充好躰認又曰做到人欲淨盡天理流行便是仁

以名義言之仁自是愛之體覺自是智之用本不

相同但仁包四德苟仁矣安有不覺者乎

楊志之問横渠曰始學之要當知三月不違仁與日月至焉内外賓主之辨使心意勉勉而不能已過此幾非在我者曰且以屋喻之三月不違者心常在内雖間或有出時然終是在外不穩便纔出即便入蓋心安於内所以爲主日月至焉者心常在外雖間或有入時然終是在内不安才入即便出蓋心安於外所以爲賓日至者一日一至此月至者一月一至此自外而至也不違者心常存日月至者有時而存此無他知有至未至意有誠未誠知至矣雖驅使爲不善

亦不為知未至雖軋勤使不為此意終迸出來故貴於見得透見得透則心意勉勉循循自不能已矣過此幾非在我者猶云過此以往未之或知言過此則自家着力不得待他自長進去又曰三月不違之違猶白中之黑日月至焉之至猶黑中之白今須是將此一段反覆思量渙然氷釋怡然理順便自會淪肌浹髓夫子所謂君子上達小人下達只在這些子若拗不轉便下達去

克己復禮間不容髮無私便是仁

仁者愛之理心之德心之德是統言愛之理是就

仁義禮智分説如義便是宜之理禮便是别之理智便是知之理但理會得愛之理便理會得心之德又曰愛雖是情愛之理仁也仁者愛之理愛者仁之事仁者愛之體愛者仁之用

問敬以直内義以方外仁也如何這處便謂之仁曰會到私欲浄盡天理流行處皆可謂之仁如博學篤志切問近思能如是便可爲仁如克己復禮亦是仁出門如見大賓使民如承大祭亦是仁居處恭執事敬與人忠亦是仁看得那路入做到極處皆是仁

問程門以知覺言仁克齋記乃不取何也曰仁離

愛不得如上蔡諸公不把愛做仁他見伊川言
博愛非仁也仁是性愛是情伊川也不說愛不
是仁當初有人會問必說道愛是仁之情仁是
愛之性如此方分曉惜門人只領那意便專以
知覺言之於愛之說若將浼焉遂蹉過仁地位
去說了將仁更無安頓處

問聖人答司馬牛其言也訒此句通上下言否曰
就他身上說得較親切人謹得言語不妄發即
求仁之端此心不放便存得道理在這裏

問克己復禮如見大賓之時指何者為仁文公曰
存得心之本體

仁非愛他却能愛愛非仁愛之理是仁心非仁心
之德是仁
或問仁者心之德愛之理如何曰愛是个動物理
是个靜物　又曰將愛之理在自家心上自體
認思量便見得仁
仁是个温柔和軟底物事老子說柔軟者生之徒
堅强者死之徒見得自是看石頭上如何種得
物事出藹乎若春陽之温泛乎若醴酒之醇此
是形容仁底意思
當來得於天者只是个仁所以為心之全體却自
仁中分四界子一界子是仁之仁一界子是仁

之義一界子是仁之禮一界子是仁之智一个物事四脚撑在裏面唯仁兼統之心裏只有此四物萬物萬事皆自此出

以生說仁生自是上面一節事當來天地生我底意我而今須自體認得

試看一个物堅硬如頑石成甚物事此便是不仁試自看溫和柔軟時如何所以孝弟乃爲仁之本

耳之德聰目之德明心之德仁且將這意思去體認

晦菴先生語錄類要卷第三

晦菴先生語録類要卷第四

勉齋黄先生門人括蒼葉士龍編次

義

文公曰義者心之制事之宜也事之宜雖若在外然所以制其義則在心也程子曰處物為義非此一句後来人恐未免有義外之見如義者事之宜事得其宜之謂義皆説得未分曉蓋物之宜雖在外而所以處之使得宜者則在内也

工夫要得不差先須辨義利所在非特財利利欲只每事求自家安利處便是利此便不可入堯舜之道切須頻頻提省察之於纖微毫忽之間

不得放過如此便不會錯用工夫

問義者心之制事之宜曰事之宜是說在外底事之宜但我才見个事來便知這个事合恁地處此便是事之宜也義如刀相似其鋒可以割制他物才到面前便割將去然鋒與刀則初未嘗相離也　又曰義是个毅然說話如利刀着物又曰義如利刃相似都割斷了許多牽絆

義在於生則舍死而取生義在於死則舍生而取死上蔡謂義重於生則舍生而取義生重於義則舍義而取生旣曰義在於生又豈可舍義取生乎　學者問生人心義道心乎文公曰欲生

惡死人心也惟義所在道心也權輕重卻又是
義明道云義無對或曰義與利對或者又曰利
者義之和依舊無對曰正是如此
不可執定當隨他理去理如此自家行之便是義
義利之辨初時尚相對在若少間生義功深後那
利如何着得如小小竊盜不勞而卻矣
南軒曰學莫先於義利之辨而義也者本心之所
當為而不能自已非有所為而為之者也一有
所為而後為之則皆人欲之私而非天理之所
存矣文公謂至哉言也其亦可謂拓前聖之所
未發而同於性善養氣之功者歟

問在物為理處物為義曰且如這个椅子是物於理可以安頓物事我把他如此用便是義

仁義

舜由仁義行便如三月不違意他是平日身在仁義內只恁地行出學者身在外了且須去求仁義就上行然又須以由仁義行為準的方得

學者問仁者心之德愛之理義者心之制事之宜是德與理俱以體言制與宜俱以用言否曰心之德是渾淪說愛之理方說到親切處心之制却是說義之體程子說處物為義是也揚子言義以宜韓子言行而宜之之謂義若只以義為

宜有在外意思須如程子言處物爲義則處物者在心而非外也　又曰大槩說義理只渾淪說又使人無捉摸處若要說親切又却局促有病如程子說仁者天下之公說得渾淪開闊無病

仁體剛而用柔仁便有个流動發越之意然其用則慈柔義體柔而用剛義便有个商量從宜之義然其用則決裂

人言仁不可主兵義不可主財某謂惟仁可以主兵惟義可以主財

一心之中仁義禮智各有界限仁義兩字又是个

大界限如天地造化四序流行而其實不過於
一陰一陽
孔子只言仁以其專言之也故但言仁而仁義禮
智在其中孟子兼言義以其偏言者言之也然
亦不是於孔子所言之外添入一个義字但於
一理中分别出来耳其又兼言禮智亦是如此
盖禮又是仁之着智又是義之藏
仁義體用亦有兩說盖以仁存於心而義形於外
言之則曰仁人心也義人路也而以仁義相爲
體用若以仁對惻隱義對羞惡而言則就其一
理之中又以未發已發相爲體用若認得熟看

得透則玲瓏穿究縱橫顛倒無處不通而日用
之間行着習察無一不是着工夫處矣
仁禮屬陽義智屬陰袁機仲却說義是剛底物合
屬陽仁是柔底物合屬陰殊不知舒暢發達便
是那剛底意思收斂藏縮便是那陰底意思他
只念得於仁也柔於義也剛兩句殊不知正不
如此又曰以氣之呼吸言之則呼爲陽吸爲陰
吸便是收斂意鄉飲酒義云溫厚之氣盛於東
南此天地之仁氣也嚴凝之氣盛於西北此天
地之義氣也
禮

克己則禮自復非克己外別有復禮
博我以文約我以禮聖人教人只此兩事博文工
夫固多約禮則只是些子如此是天理如此是
人欲不入人欲則是天理禮者天理之節文節
謂等差文謂文采等差不同必有文以行之鄉
黨一篇乃聖人動容周旋皆中禮處與上大夫
言自然誾誾與下大夫言自然侃侃若與上大
夫言却侃侃與下大夫言却誾誾便不是聖人
在這地位知這則揹莫不中節令人應事此心
不熟便解忘了又曰聖人於節文處描畫出這
樣子令人依本子去學譬如小兒學書其始如

何便寫得好好須是一筆一畫都依他底久久自然好去又云天理人欲只要認得分明便喫一盞茶時亦要知其孰爲天理孰爲人欲

禮只是理看合當恁地不恁地若不合恭後却要去恭則必勞若合當謹後謹則不葸若合當勇後勇則不亂若不當直後却要直如證羊之類便是絞

因其生而第之以其所當處者謂之序因其序而予之以其所當得者謂之秩天叙便是自然底次序君便教他居君之位臣便教他居臣之位父便教他居父之位子便教他居子之位秩便

是那天叙裏面物事如天子祭天地諸侯祭山川大夫祭五祀庶人祭其先天子八諸侯六大夫四士二皆是有這个叙便有他這个自然之

秩

禮主其減者禮主於撙節退遜檢束然以其難行故須勇猛力進始得故以進爲文樂主其盈者樂主於舒暢發越然一向如此必至於流蕩故以反爲文禮之進樂之反便得性情之正又曰主減者當進須力行將去主盈者當反須回顧身心

智

智字自與知識之知不同智是具是非之理知識
便是識察得這个物事好惡
仁則力行功夫多智則致知功夫多好學近乎智
力行近乎仁意自可見
勉齋曰五常中說知有兩樣就知識處看用着知
識者是知就理上看所以為是為非者亦知也
一屬理一屬情文公曰固是道德皆有體有用
問仁義禮智之智與聰明睿智不同一是自然之
性能辨是非者一是聖人之德無所不能者文
公曰便只是這一个物事禮智是通上下而言
睿智是充廣得較大知火爐中火便是那禮智

如睿智則是照天燭地底

問仁禮屬陽屬徤義智屬陰屬順義則截然有收斂意■自是屬陰屬順不知智如何解曰智更是截然更是收斂如知得是知得非知得便了更無作用不但仁義禮三者有作用智只是知得了便交付惻隱羞惡辭遜三者他那个更收斂得快

敬義

文公曰敬以直内義以方外直是直上直下胷中無毫委曲方是割截方整之意

方未有事時只得說敬以直内若事物之來當辨

别一个是非不成只管敬去敬義不是兩事敬以直内便能義以方外非是别有義敬譬如鏡義便是能照底

敬只是个收斂畏懼不縱放初時須着如此到得工夫到時自然不縱放矣

居敬窮理兩事便相礙居敬是个收斂執持底道理窮理是个推尋究竟底道理只此工者便自相妨若是熟時自不相礙矣

學者工夫唯在居敬窮理二事此二事互相發能窮理則居敬工夫日益進能居敬則窮理工夫日益密譬如人之兩足左行則右止右行則左

止又如一物懸空中右抑則左昂左抑則右昂
其實只一事
文公嘗謂輔廣曰須於主一上做工夫若無主一
工夫則所講義理無安着處都不是自家底若
有主一工夫則外面許多義理方始為我有都
是自家物事工夫到時才主一便覺意思好卓
然精明不然便緩散消索了沒意思作做工夫
固不免有散緩時但才覺便收斂將來漸漸做
去但得收斂時節多散緩之時少便是長進處
故孟子曰學問之道無他求其放心而已
余大雅問君子敬以直內義以方外伊川謂主一

之謂敬無適之謂一而不涵義之意莫須當明
敬中有義義自敬中出之意方好曰亦不必如
此說主一之謂敬只是心專一不以他念亂之
每遇事與至誠專一做去即是專一之義但既
有敬之名則須着還他敬字既有義則須是還
他義字二者相濟則無失此乃理也若欲駢合
謂義自敬出則聖人何不只言敬字便了既又
言義字則須與尋義字意始得
敬義夾持直上達天德自此表裏夾持更無東西
走作去處上面只有个天德
敬以直内是無纖毫私意胷中洞然徹上徹下表

裏如一義以方外是見得是處決定是恁地不是處決定不恁地截然方方正正須是自去做工夫聖門學者問一句聖人荅他一句便領略去行如今說得儘多不曾就身已上做只恁說過依舊不齊事若實是把做工夫只是敬以直内義以方外八个字一生用之不窮

某近覺得學者所以不成个頭緒者只緣聖賢說得多了既欲為此又欲為彼且如見說克已復禮好又見說出門如見大賓也好少間都不把捉得一項周全且如敬以直内義以方外若實下工夫真个是敬立則内直義形而外方這終

身可以受用　又敬以直內最是緊切工夫

敬

文公曰某舊見李先生嘗教令靜坐後來看得又不然只是一箇敬字好方無事時敬於自持此心不可放入無何有之鄉須收斂在此及應事時敬於應事讀書時敬於讀書自然該貫動靜心無時不存　又曰有事到面前須　他分别去到無事時且持敬看自家這裏敬與不敬如何若有不敬便與屛撤去久之私欲自留不得且要切己下工夫一動一靜循環無巳便就此窮格無有空闕時不可作二事看

◎

問程子曰未有致知而不在敬者蓋敬則胷次虚
明然後能格物而判是非否曰雖是如此然亦
須格物不使一毫私欲得以為之蔽然後胷次
方得虚明若只持敬不時時提撕著亦易以昏
困須是提撕才見有私欲底意思來便屏去私
欲自留不得也
文公問學者云尋當看敬字如何曰心主於一而
無有他適曰只是常要提撕令胷次湛然清明
若只塊然獨守个敬却又昏了須是常提撕事
至物來便曉然判別得个是非去方不睹不聞
未有私欲之際已是戒懼了及至有少私意發

動又却慎獨如此則私意不能爲吾害矣

敬者聖學始終之要未知則敬以知之既知則敬以守之若不敬則其心顛倒昏瞀而不自知豈知有所至哉

周先生只說一者無欲也然這話頭高卒急亦難湊泊尋常人如何便得無欲故伊川只說敬字教人只就此崖去庶幾執捉得定有下手處要之皆須人於此心上見得分明自然有得此事甚易只提醒莫令昏昧二三日便見效且易而省力只在念與罔念之間耳

涵養此心須用敬譬之養赤子方血氣未壯實之

時且須時時其起居飲食養之於屋室之中而謹顧之則有向成之期今方乳保郤每日暴露於風日之中偃然不顧豈不致疾而害其生耶

沈莊仲問恭敬二字謂恭在外工夫稍淺敬在內工夫大段細密曰二字不可分淺深恭敬猶忠信兩字學者曰恭即是敬之發見文公默然良久曰本領雖在敬字上若論那大處恭反大如敬若不是裏面積得盛無緣發出來做得恭

初學於敬不能無間斷只是才覺間斷便提起此心只是覺處便是接續某只要得人就讀書上體認義理日間常讀書則此心不走作若只去

事物中衮則此心易得汨沒如得如此便就讀
書上體認義理便可喚轉來
問大學或問舉伊川謝氏尹氏之敬曰主一無適
整齊嚴肅曰常惺惺此心收斂不容一物曰亦
只是主一無適意且自看整齊嚴肅時如何這
便是敬常惺惺也便是敬收斂此心不容一物
也便是敬此事最易見試自體察便見只是要
教心下常如此因說到放心如惻隱羞惡是非
辭遜是非是正心才差去便是放若整齊嚴肅
便有惻隱羞惡是非辭遜某看來四海九州無
遠無近人人都是放心也無一个不放如小兒

子才有智識此心便放了這裏要講學存養

問文公所作李先生行狀云終日危坐以驗夫喜怒哀樂之前氣象為如何而求所謂中者與伊川之說若不相似文公曰這處是舊日下得太重今以伊川之語格之則其下工夫處亦有些子偏只是被李先生靜得極了便自見得是有个覺處不似別人終日危坐只是收斂在此路如奔馳若一向如此又似坐禪

敬只是當惺惺法所謂靜中有个覺處只是常惺惺在這裏靜不是睡着了

問恭與敬如何曰恭是主容貌而言貌曰恭手容

恭敬是主事而言執事敬事思敬又問敬如何是主事曰而今做一件事須是專心在上面方得若心不在那事來做不得 又曰敬是戒謹恐懼意 又曰敬是畏底意思 又曰敬是就心上說恭是對人而言 又曰若有事時則此心卽專在事上無事則此心湛然 又曰恭是謹敬是畏莊是嚴威嚴恪非所以事親是於此處用不得若以臨下則須是莊不莊則民不敬

聖人說言忠信行篤敬居處恭執事敬與人忠等語都是實語截定是如此無一句虛說只是教人就這上做工夫做得到便是道理

伊川說竟已只說个敬今人也知道敬只是不常如此常常如此少間自見得是非道理分明心下有些不安便不做到得有一項心下習熟底事却自以為安外來卒未相入底却有不安這便着將前聖所說道理做樣子看教心下是非分明

昊天曰明及爾出王昊天曰旦及爾游衍這个豈是人自如此皆有來處既有來處則才有少肆意他便見　又曰這裏着有些違他理處便恰似天知得一般所以說日監在茲又說敬天之怒毋敢戲豫敬天之渝無敢馳驅渝變也如迅

雷風烈必變之變然未至於怒大槩相似

敬是徹上徹下工夫雖做到聖人田地也只放下這个敬不得如堯舜也終始是一个敬如說欽明文思頌堯之德四个字獨將這个敬爲首如說恭己正南面而已如說篤恭而天下平皆是

敬莫把做一件事看只是收斂自精神專一在此今看來諸公所以不進但知說道格物却於自家根本骨子煞欠闕精神恩却恁地不專一所以工夫都恁地不精銳未說道有甚底事分自家志處只是觀山玩水也教引出了心何似教他常在裏面好如世上一等閑物事都絕意雖似

不近人情要之如此方好
堯是初頭出治第一个聖人尚書堯典是第一篇
典籍說堯之德都未下別字欽字是第一个字
知今看聖賢千言萬語大學小事莫不本於敬
收拾得自家精神在此方看得道理盡不盡只
是不專一或曰主一之謂敬敬莫只是主一曰
主一又是敬字注解要之事無小大當令自家
精神思慮盡在此遇事時如此無事時也如此
揚至之問脩己以敬程氏如何說祀天饗帝方
說聰明睿智皆由此出曰如此問乃見公全然
不用工夫聰明睿智如何不由敬出且以一國

之君看之此心才不專一則姦聲淫辭雜進而
不察何以爲聰亂色諛佞之容交蔽而莫辨何
以爲明睿智皆出於心心既無主則應事接物
之間其何以思慮而得其宜所以此心常要肅
然虛明然後物不能蔽
敬須此心常卓然公正無有私意便是敬有些子
計較有些放慢意思便不是敬故曰敬以直内
又曰平日須提掇精神莫令頽塌放倒方可看得
義理分明
敬是个扶人底物事人當放肆怠惰時才敬便扶
策得此心起常常會恁地雖有邪侈放僻意自

退聽

諸公固皆有志於學然於持敬大段欠工夫何以為進學之本程先生云涵養須用敬進學則在致知此最切要今人精神自不曾定讀書安得精專凡看山看水風驚草動此心便自走失視聽便自眩惑此何以為學宜勉此

大學須自格物入格物從敬入最好只敬便能格物敬是一个瑩澈底物事今人却塊坐了相似昏倦要須提撕着提撕便敬昏倦便是肆肆便不敬

敬有死底有活底只守着主一之敬遇事不濟之

以義辨其是非則不活若熟後敬便有義義便
有敬靜以察其敬與否動以察其義與否如出
門如見大賓使民如承大祭不敬時如何坐如
尸立如齊不敬時如何須敬義夾持循環無端
則內外透徹
敬義只是一事如兩脚立定是敬才行是義合目
是敬開眼見物便是義
問敬莫是靜否曰敬則自然靜不可將靜來喚作
敬問如何謂靜有物曰有聞見之理在即是靜
有物
孔子曰克己復禮中庸曰尊德性大學曰明明德

◎

言曰惟精惟一聖賢千言萬語只是教人明天理絕己私蓋人本來自有明處但如明鑑被塵埃遮蔽去了塵埃依舊自明若知人欲為害如此便是明處就這上面加工今日格一物明日格一物日漸月漬自然見功程子說敬是義一个明底物事與他作隄防人欲自來不得孔子曰為仁由己而由人乎哉切要處莫大於此

文公常言脩己以敬須是如此若於這處差則便顛倒錯亂詩稱成湯聖敬日躋聖人之所以為聖人皆自這處進去吾輩若於此處著功夫亦直是有功

不敬則此心散漫何以能克己不克己則非禮而
視聽言動安得為敬學者問敬則無己可克曰
告顏子底體用全顏子如將百萬之衆而操縱
在我仲弓且守本分敬之至固無己可克克之
之至亦不消言敬敬則無己可克者是無所不
敬敬不用克己此是上入敬如聖敬日躋緝熙敬
止之類也顏子克己似紅爐一點雪

敬不可謂之中但敬而無失便是中

問君子莊敬日強是志強否曰志也強體力也強
今人放肆則日怠惰一日那得強伊川云人莊
敬則日就規矩莊敬自是耐得辛苦自不覺其

日就規矩也
尹和靖在程門直是十分鈍底被他只就一个敬
字做工夫終被他做得成
敬則萬理俱在　又曰敬是始終一事
文公因舉聖人以此齋戒以神明其德夫因甚容
再誦之曰便是聖人也要以神明這个本是一个
靈聖底物事自家齋戒便會靈聖不齋戒便不
靈聖古人所以七日戒三日齋學者問齋戒只
是敬否曰也是敬但齋較詳於戒湛然純一之
謂齋肅然警惕之謂戒到湛然純一時那肅然
警惕也無了

潘履孫問敬諸先生之說各不同總而言之常令此心常存否曰其實只一般若是敬時自然主一無適自然整齊嚴肅自然常惺惺其心收斂不容一物但程子整齊嚴肅與謝氏尹氏之說又更分曉

人

能整齊嚴肅而心卻在此便惺惺未有外面整齊嚴肅而內不惺惺者如人一時間整齊嚴肅便一時惺惺一時放寬了便昏怠或曰此个氣象須是氣清明時便整齊嚴肅昏時便放退了如何會得定文公曰志者氣之帥也此只當責志孟子曰持其志無暴其氣若能持其志則氣自清

明

持敬視理如病人相似自將息固是好也要些藥

來服

晦菴先生語録類要卷第四

晦菴先生語録類要卷第五

勉齋黄先生門人括蒼葉士龍編次

誠

文公因論誠意曰過得此一關方是人不是賊

誠者物之終始不誠無物如讀書半版以前心在書上則此半版有終有始半版以後心不在焉則如不讀矣

意誠後推盪得查滓靈利盡是義理

遺書中説蘇季明常患思慮不定或思一事未了他事如麻又生伊川曰不可此不誠之本也須是習習能専一時便好不拘思慮與應事皆要

專一曰而今學者只是安一个專一若參禪修
養亦皆是專一方有功修養家無底物事想成
有釋氏有底想成無只是專一
或問專一可以至誠敬否曰誠與敬不同誠是實
理是人前背後都恁地做一件事直是做到十
分便是誠若只做得三兩分說道今且謾恁地
做恁地也得不恁地也得便是不誠敬是戒謹
恐懼意
伊川曰思無邪誠也曰每常只泛看過子細思量
極有義理盖行無邪未是誠思無邪乃可爲誠
也

人道惟在忠信不誠則無物物只是眼前事物都喚做物若誠實方有這物若口裏說莊敬肚裏自慢忽口裏說誠實肚裏自狡偽則所接事物還似無一般須是實見得是實見得非截然而不可易方有這物且如欲為善又有个為惡意思欲為非又有个為善意思這只是不實如何會有物

或問伊川前後進講未嘗不齋戒潛思存誠如此則未進講以前還有間斷否文公曰不然尋常未常不誠只是臨見君時又加意爾如孔子沐浴而告哀公之事是也

或問陽貨矙亡以饋孔子孔子亦矙亡而往拜之夫陽貨之矙亡此不是責如孔子矙亡而往則不幾於不誠乎曰非不誠也據道理合當如此彼以矙亡來我亦矙亡往一往一來禮甚相稱但孔子不幸遇諸途耳

問萬物皆備於我反身而誠樂莫大焉莫是見得萬物皆備於我所以樂否曰誠是實有此理撿點自家身己果無欠闕事君真个忠事父真个孝仰不愧於天俯不怍於人其樂孰有大於此橫渠謂反身而誠則不慊於心此說極有理

巧言足恭與匿怨皆不誠實者也人而不誠實何

所不至所以可恥與乞醯之義相似

程子謂一心之中有兩人焉將為善有惡以間之為不善又有媿恥之心此正交戰之驗程子此語正是言意不誠心不實處

大抵意不誠分明是吾之賊我要上他牽下來我要前他教後去此最學者所宜察

無妄者聖人也謂聖人為無妄則可謂聖人為不欺則不可無妄是自然之誠不欺是着力去做底

誠意是真實好善惡惡無夾雜又曰意不誠是私意上錯了心不正則公道上錯了

問誠信如何分曰誠是个自然之實信是个人爲之實中庸說誠者天之道也誠之者人之道也便是信

意誠如蒸餅外面是白麪透裏是白麪意不誠外面是白麪裏面却是麄麪一般

道

清虛一大形容道體如此道兼虛實言虛只說得一邊

道訓路大槩說人所共由之路理各有條理界瓣因舉康節云夫道也者道也道無形行之則見于事矣如道路之道坦然使千億年之人知其

◎

歸着也
道者古今共由之理如父之慈子之孝君仁臣忠是一个公共底道理德便是得此道於身則為君必仁為臣必忠之類皆是自有得於已方解恁地堯所以脩此道而成堯之德舜所以脩此道而成舜之德
老子說失道而後德他都不識分做兩个便將道做一个空無物事看吾儒說只是一个物事以其古今公共是這一个不着人身上說謂之道德即是全得此道於已他說失道而後德失德而後仁失仁而後義若離了仁義便是無道理

了更如何是道

問其體則謂之性其用則謂之道曰道只是統言此理不可便以道爲用仁義禮智信是理道便是統言此理勉齋曰道字看來亦兼體用如說其理則謂之道是指體言又說率性之謂道是指用言曰此語上是就天上說下是就人身上說勉齋曰只是德亦兼體用如通書云動而正曰道用而和曰德文公曰正是理惟動而得其正理便是道若動而不正則不是道和亦只是順理用而和順便是得此理於身若用而不和順則此理不得於身故下云匪仁匪義匪禮匪

智匪信悉邪也只是此理故又云君子慎動

形而上者謂之道形[illegible]者謂之器道是道理事

事物物皆有个道理器是形跡事事物物亦皆

有个形跡有道須有器有器須有道有物必有

則

明道云形而上者謂之道形而下者謂之器須着

如此說曰道是明道見得分明故云須着如此

說形而上者是理形而下者是物如此開說方

見得分明如此了方說得道不離乎器器不違

乎道

輔漢卿問前年侍坐所聞似與今別前年云近方

看得這道理透若以前死却亦是枉死了今先生忽發歎以爲只如此不覺老了還是以前就道理說今就勳業上說否先生曰不如此自是覺得無甚長進於上面猶覺得隔一膜

其體則謂之易其理則謂之道其用則謂之神以人言之其體則謂之心其理則謂之性其用則謂之情體非體用之體

問龜山言飢食渴飲手持足行便是道切謂手持足履未是道手容恭足容重乃是道目視耳聽未是道視明聽聰乃道也或者不然其說謂手不可履猶是不可持此是天職率性之謂道只

循此自然之理耳不審如何文公曰不然桀紂
亦會手持足行目視耳聽如何便喚做道是認
欲為理也程子曰夏葛冬裘飢食渴飲若着些
私吝心便是廢天職須看他着些私吝心五字

問龜山言道非禮則蕩而無止禮非道則梏於器
數儀章之末則道乃是一虛無恍惚無所準則
之物何故如此說道字文公曰不可曉處此類
甚多因問如此說則似禪矣文公曰固是其徒
如蕭子莊李西山陳默堂皆說禪惟羅仲素先
生却是着實子細去理會某舊日見李先生時
說得無限道理也曾去學禪李先生云汝恁地

懸空理會得許多而面前事却又理會不得道亦無玄無妙只在日用間着實做工夫處理會便自見得後來方曉得他說故今日不至於無理會耳

文公曰凡看道理要見得大頭腦處分明下面節節即是此理散為萬殊如孔子教人只是逐件逐事說个道理未嘗說出大頭腦處然四方八面合聚湊來也自見得个大頭腦若孟子便已指出教人周子說出太極已是太煞分明指出矣且如惻隱之端從此推上則是此心之仁仁即所謂天德之元元即太極之陽動如此節節

推上亦自見得大頭腦處若今看得太極處分
明則必能見得許多道理條件皆自此出事事
物物上皆有此箇道理無虧欠也
或問發聖人之蘊教萬世無窮者顏子也曰夫子
之道如天惟顏子盡得之夫子許多大處盡在
顏子身上發見譬如天地生一箇瑞物即此物
盡可以見天地純粹之氣謂之發者乃亦足以
發之發不必待顏子言然後謂之發也
一陰一陽之謂道就人身言之道是吾心繼之者
善是吾心發見惻隱羞惡之類成之者性是吾
心之理所以為仁義禮智是也

理是有條瓣逐一路子心各有條謂之理人所共
由謂之道
由是之焉之謂道是說行底非是說道體足乎已
無行於外之謂德此是說行道有得於身者非
是說自然得之於天者
陳安卿問前日先生與廖子晦書云道不是有一
箇物事閃閃爍爍在那裏固是如此但所謂操
則存舍則亡畢竟也須是有箇物事文公曰操
有只是教你收斂教那心莫胡思亂量幾曾捉
定有一定物事在這裏又問曰顧諟天之明命
畢竟是箇甚麼曰此是說見得道理在面前不

被物事遮障了立則見其參於前在輿則見其
倚於衡皆只是見得如此不成是有一塊物事
光輝輝地在那裏
文公云昔在一山上坐看潮來凡溪澗小港中水
皆如生蛇走入無不通透甚好看識得時便是
一貫底道理　又曰日月有明容光必照焉如
日月雖些小孔竅無不照見此好識取
禮儀三百威儀三千優優大哉皆是天道流行發
見為用處
道者文之根本文者道之枝葉惟其根本乎道所
以發之於文皆道也三代聖賢文章皆從此心

寫出文便是道東坡之言曰吾所謂文必與道
俱則文與道爲二本歐公之文則猶近於道如
唐體樂志云三代而上治出於一三代而下治
出於二此等議論極好南豐文又較質而近理
只是關鍵緊要處也說得寬緩不分明緣他見
處不徹本無根本工夫
入道之門是將自家身己入那道理中去漸漸相
親久之與己爲一而今人道理在這裏自家身
在外面全不曾相干涉

忠恕 忠信附

文公曰主於内爲忠見於外爲恕忠是無一毫自

欺處恕是稱物平施處

問論語中庸言忠恕不同之意曰盡己之謂忠推己之謂恕中庸言違道不遠是也此是學者事曾子取此以明聖人一貫之理耳若聖人之忠恕只說得誠字與仁字聖人渾然天理則不待推自然從此流出盡與推字聖人自不用如此學者須是推故程子云以己及物仁也推己及物恕也違道不遠是也自是兩端說中庸則只說是下學上達又說是子思掠下教人說論語則曰一以貫之大本達道也與違道不遠異者動以天耳又曰維天之命於穆不已忠也乾道

變化各正性命恕也此規模又別忠恕一貫一字多在忠上
或人云忠是無私己恕是不責人曰自有六經以來不曾說不責人是恕中庸亦只說施諸己而不願亦勿施於人而已何嘗說不責人不成只取我好別人不好更不管他如子弟不才吾所合責則須責之豈可只說我是恕便了論語只說躬自厚而薄責於人謂之薄者如言不似己之所能必人之如己隨材責任而已耳何至舉而棄之
學者問忠恕一理却以說箇中和一般曰和是已

中節了恕是方施出處且如忠恕如何是一貫對曰無間斷便是一貫曰無物如何見得無間断蓋忠則一纔推去便貫了此忠恕所以為一以貫之蓋是孔子分上事如老者安之少者懷之朋友信之此孔子之忠恕他人不得與焉忠恕一也然亦有分數若中庸所謂忠恕只是施諸己而不願亦勿施於人此則是賢人君子之所當力者

以一心貫萬事忠一本恕萬殊

林子武問盡己之謂忠曰盡己字是忠之注脚今要討盡己注脚如此是隔幾重何不誠思自家

為人謀[illegible]盡不曾便須見得盡己底意思
忠只是一箇忠做出百千萬箇恕來
聖人是不猶手脚底忠恕學者是着工夫底忠恕
不可謂聖人非忠恕也
葉味道問大學所藏乎身不恕處恕字還就接物
上說如何文公曰是就接物上見得忠只是實
心直是眞實不僞到得應接事物也只是推這
箇心去直是忠方能恕若不忠便無本領了更
把甚麽去及物程先生說道維天之命於穆不
已忠也便是實理之流行乾道變化各正性命
恕也便是實理及物李守約問恁地說又與夫

子之道忠恕而已矣之忠恕相似曰只是一箇
忠恕豈有二樣聖人忠恕與常人忠恕也不甚
相遠　又曰盡己不說是盡吾身之實理自盡
便是實理若有些子未盡處便是不實如欲為
孝雖有七分孝只中間有三分未盡固是不實
雖有九分孝只略略有一分未盡亦是不實
劉用之問忠只是實心人倫日用皆當用之何獨
只於事君上說忠字曰父子兄弟夫婦皆是天
理自然人皆莫不自知愛敬君臣雖亦是天理
然是義合世之人便自易得苟且故須於此說
忠卻是說不足處說

伊川言一心之謂誠盡心之謂忠某看忠有些子是誠之用如惡惡臭如好好色十分真實恁地便是誠若有八九分恁地有一分不恁地便是夾雜些虛僞在内便不是誠忠便是盡心盡心亦是如此便有些子是誠之用

或問到得忠恕已是道如何又云違道不遠曰仁是道忠恕正是學者着力下工夫處施諸已而不願亦勿施於人子思之說正爲下工夫夫子之道忠恕而已矣却不是恁地曾子只是借這箇說維天之命於穆不已乾道變化各正性命便是夫子之忠恕純亦不已萬物各得其所便

是聖人之忠恕施諸己而不願亦勿施諸人便是學者之忠恕

問盡己之謂忠以實之謂信信既是實先生又說道忠是實心不知如何分別曰忠是就心上說信是指事上說如今人要做一件事是忠做出在外是信如今人問火之性是如何向他說熱便是忠火性是熱便是信心之所發既實則見於事上皆是實

體信是忠達順是恕體信是無一毫之僞達順是發而皆中節無一物不得其所聰明睿智皆由此出是自誠而明意思

中心為忠，如心為恕，此語出周禮疏。

或有援引此類說忠恕者，曰：今日浙中之學正坐此弊，多强將名義比類牽合而說。要之學者須是將許多名義加忠恕仁義孝悌之類各分析區處，亦如經緯相似，使一一有箇落着，將來這箇道理熟，自然有箇合處。譬如皆是南康人，都須去其間識其人為誰，某人住甚處，然後謂之識南康人也。

忠信，實理也；忠恕，是工夫；公平，則是忠恕之效。所以謂其致則公平，致，極致也。

問：忠恕即道也，而曰違道不遠，何耶？曰：道是箇自

然底人能忠恕則去道不遠

或問程子所引乾道變化各正性命及大學中說有諸己而後求諸人却兼通不得如何曰也只一般某當初似此類都逐項寫出一字對一字看少間紙上底通心中底亦脫然且如乾道變化各正性命各正性命便如乾道變化底所以為恕

或問程子言如心為恕如何曰萬物之心便如天地之心天下之心便如聖人之心天地之生萬物一箇物裏面有一箇天地之心聖人之於天下一箇人裏面便有一箇聖人之心自然無所

不到此便是乾道變化各正性命

問以己及物仁也推己及物恕也上句是聖人之恕下句是賢者之恕否曰上句是聖人之恕下句是賢者之仁聖人之恕便是衆人之仁衆人之仁便是聖人之恕

問如心之恕曰如比也比自家心推將去仁之與恕只爭些子自然底是仁比而推之便是恕

或問仁恕之別曰生底是恕熟底是仁有覩當有計較底是恕無計較無覩當底是仁

范公曰以恕己之心恕人此句未善若曰以愛己之心愛人方無病蓋恕是箇推出去底今收入

來做恕已便成忽畧了
譬如元氣八萬四千毛孔無不貫通是恕也又曰
一以貫之只是萬事一理伊川言謂仁義亦得
盖仁是統體義是分別某謂言禮樂亦得樂統
同禮辯異文公言畢復抗聲而誦曰天高地下
萬物散殊而禮制行矣流而不息合同而化而
樂興焉

明道謂發己自盡爲忠循物無違謂信伊川謂盡
己之謂忠以實之謂信明道之語周於事物之
理便恁地圓轉伊川之說嚴故截然方正

伊川語解有一處云一心之謂誠盡心之謂忠存

於中之謂子見於事之謂信被他秤停得也不
多半箇字也不少半箇字徐居父曰盡己之謂
忠今有人不可盡告則又當如何曰聖人到這
裏又却有義且如有人對自家說那人那人復
來問自家其人凶惡若盡以告之必至殺人夫
豈可哉到這裏又却别是一箇道理所以有子
云信近於義言可復也蓋信不近則不可以復
乾之忠信是專在己上言之者乾卦分明是先見
得這箇透徹便一直做將去有勇猛嚴厲斬截
剛果之意須是見得方能恁地坤卦則未到這
地位敬以直内義以方外未免緊性把捉有持

守底意思　又曰未有忠而不信信而不忠故

明道曰忠信内外也這内外二字極好

聖人之恕只是流出來不待推

忠信是一字但以發於心而自盡則為忠驗於理而不違則為信忠是信之本信是忠之發

范忠宣公說恕己之心恕人這一句自好只是聖賢說恕不曾如是倒說了不若横渠先生說以責人之心責己以愛己之心愛人則是見他人有不善我亦當無此不善我有是善亦要他人有是善推此計度之心此乃恕也於己不當下恕字

曾子忠恕與子思忠恕不同曾子忠恕是天子思
尚是人在
忠近誠恕近仁一貫以聖人言之
仁之發處自是愛恕是推那愛底若不是恕去推
那愛那愛也不能及物

晦菴先生語錄類要卷第五

晦菴先生語録類要卷第六

勉齋黄先生門人栝蒼葉士龍編次

陰陽造化 風雨霜雪雷電日星附

文公曰陽無驟生之理如冬至前一月中氣是小雪陽已生三十分之一分到這冬至前幾日須已生到二十七八分到至日方始成一畫不是昨日全無今日一旦便都復了大抵剝盡處便生莊子云造化密移疇克然哉這語自說得好又如列子亦謂運轉無已天地密移疇覺之哉凡一氣不頓進一形不頓虧亦不覺其成不覺其虧蓋陰陽浸消浸盛人之一身自少至老亦

莫不然

治曆家用律呂候氣其法最精氣之至也分寸不差便是這氣都在地中透上來如十一月冬至黃鍾管距地九寸以葭灰實其中至之日氣至灰去晷刻不差

看來天地中間此氣升降上下當分為六層十一月冬至自下面第一層生起直到第六層上極至天是為四月陽生既足便消下面陰氣便生只是這一氣升降循環不已往來乎六層之中也

天地間無兩立之理非陰勝陽則陽勝陰無物不

然無時不然寒暑晝夜君子小人天理人欲皆
然

問仁包四德元者善之長從四時生物意思觀之
則陰陽都偏了文公曰如此則秋冬都無生物
氣象但生生之意至此退了到得退未盡處則
陽氣依舊在且如陰陽其初亦只是一進便唤
做陽退便唤做陰

陰以陽爲質陽以陰爲質水内明而外暗火内暗
而外明横渠曰陰陽之精互藏其宅正此意也

坎離

剥上九一畫分爲三十分一日剥一分至九月盡

方盡然剝於上則生於下無間可息至十月初一日便生一分積三十分而成一畫但其始未著耳至十一月則此畫已成此所謂陽未嘗盡也

張乖崖曰陽是人有罪而未書案也尚變得陰是已書案了更變不得此人曾見希夷來言亦似太極圖

氣化是當先一箇人無種自生出來底形生却是有此人後生出來底

横渠云陽為陰累則相持為雨而降陽氣正升忽遇陰氣則相持而下為雨蓋陽氣輕陰氣重故

陽氣為陰氣壓墜而下也陰為陽飄揚為雲而升陰氣正升忽遇陽氣則助之飛騰而上為雲也陰氣凝聚陽在內者不得出則奮擊而為雲霆陽氣伏於陰氣之內不得出故爆開而為雷也陽在外者不得入則周旋不舍而為風陰氣凝結於內陽氣欲入而不得故旋繞於其外不已而為風至陰散陰氣盡乃已也和而散則為霜雪雨露不和而散則為戾氣曀霾戾氣飛雹之類曀霾黃霧之屬皆陰陽邪惡不正之氣所以雹水穢濁成青黑色

陰陽之理有會處有分處事皆如此今浙中學者

且説合處混　處不説分處

雷雖是氣但有氣便有形蝃蝀本只是薄雨為日所照成彩然亦有形能政水吸酒人家有此或為妖或為祥

問龍行雨之説曰龍水物也其出而與陽氣交烝故能成雨但尋常雨自是陰陽氣烝鬱而成非必龍為之也只是下氣上升未能為雨必是上氣蔽蓋無發洩處方能成雨横渠正蒙論風雷雨雹之説甚分曉

雪花所以六出者盖只是霰猛風拍開成稜瓣也又六者陰數大陰玄精石亦六稜盖天自然之

數

日月交蝕 潘虚 日月外影金水内影

問生明生魄如何曰呂為兎月為魄魄是黶處魄死則明生書所謂哉生明是也老子所謂載營魄載如車載人之載月載日之光兎加於魄魄載兎也明之生時大盡則初三小盡則初二月受日之光常全人在下望之故見其盈虧或云形如餅非也筆談云月形如彈丸其受光如粉壁一半月去日近則光露一眉漸遠則光漸大且如日在午月在酉近一遠三是之謂弦至日月相望則日在酉月在東人在下面得以望見

其光之全月之中有影者蓋天包地外地形小日在地中則月在天中日光甚大從地四面衝上其影則地影也地礙日之光世所謂山河大地影是也如星亦受日光凡天地之光皆受日光也自十六日生魄之後其光之遠近如前之弦謂之下弦至晦則日與月相沓月在日後光盡體伏矣魄加日之上則日蝕在日之後則無蝕謂之晦朔則日月相並 又問步里客談所載如何曰非是又問月蝕如何曰至明中有暗虛其暗至微望之時月與之正對無分毫相差月為暗虛所射故蝕雖是陽勝陰畢竟不好若

陰有退避之意則不相敵而飲矣
問北辰曰北辰是那中間無星處此亦天之樞紐
北辰無星緣人要取此爲極不可無箇記認所
以就其旁取一小星謂之極星問極星動不動
曰極星也動只是近那辰後雖動而不覺今人
以管去窺那極星見其動來動去只在管裏面
不向外去人說北極便是北辰皆只說北極不
動及至本朝人方去推得是北極只在北辰邊
頭而極星依舊動又一說那空無星處皆謂之
辰康節說日月星辰自是四件辰是那天上分
爲十二路底即丄一辰辰天壤也此說是每一

辰各有幾度如日月宿於角幾度即所宿處是
辰也故日月所會為辰
南極見者人壽是南邊自有箇老人星南極不見
季通嘗設一問云極星只在天中而東西南北皆
取正於極而極星不在其中何也某無以答後
思之只是背坐極星便北而南則無定位
東有啓明西有長庚庚續也啓明金星長庚水星
金在日西故日將出則東見水在日東故日將
沒則西見水星貼着日行無半月日見
中星自堯時至今已差五十度
陳安卿問天道左旋自東而西日月右行則如何

曰橫渠說日月皆是左旋說得好蓋天行甚健
一日一夜周三百六十五度四分度之一又過
一度日行速健次於天一日一夜周三百六十
五度四分度之一正恰好被天進一度則日却
成退了一度二日天進二度則日却成退了二
度積至二百六十五日四分度之一則天所進
過之度又恰周得本數而日所退之度亦恰退
盡本數遂與天會而成一年月行遲一日一夜
三百六十五度四分度之一行不盡比之天却
成退了十三度有奇進數為順天而左退數為
逆天而右曆家以進數難筭只以退數筭之故

謂之右行且曰日行遲月行速也然則日行却得其正故太玄首便說日云云向來久不曉此因讀月令日窮于次疏有天行過一度之說推之乃知其然又如書齊七政疏中二三百字說得天之大體亦好前漢律曆志說道理處多不及東漢志較詳　又問月令疏地冬上騰夏下降曰未便理會到此且看大綱識得後此數用度筭方知

五行氣運

問子丑寅之建正如何曰此是三陽之月若秦用建亥之月為正直是無謂大抵三代更易須着

如此更易一番
問忠質文漢儒之論今伊川亦用其說如何曰亦有此理只是忠樸君臣之間一味忠樸而已才說質便與文對矣又問五運之說曰本起於五行萬物離不得五行五運之說亦有理如三代以前事經書所不載者甚多又問五運之說不知取相生否相克否曰取相生又問漢承秦水德之後而以火德繼之是如何曰或謂秦是閏然事亦有適然相符合者如本朝太祖以歸德軍節度即位即是商丘之地此火德之符也事乃與高帝赤帝子一般

五子六甲二五爲干二六爲支

律曆

文公曰中氣只在本月若趲得中氣在月盡後月

便當置閏

水火木金土是五行之序至五聲宫却屬土羽屬

水宫聲最濁羽聲最清一聲應七律共八十四

調除二律是變宫止六十調

日之行日退一度月之行日退十二度

月令比堯之曆象已不同今之曆象又與月令不

同

樂聲黄鍾九寸最濁應鍾最清清則四寸半八十

一五十四七十二六十四至十四則不齊而不
容分矣
樂聲是土金木火水洪範是水火木金土
洛陽有帶花劉使名凡於俗樂甚明蓋曉音律者
范蜀公徒論鍾律其實不曉但守死法若以應
鍾為宮則君臣民事物皆亂矣司馬公此范公
又低二公於通典尚不曾看通典自說得分曉
史記律書說律數亦好此蓋自然之理與先天
圖一般更無安排但數到窮處又須變而通之
郤生變律
劉凡與伶人花日新善其弟厭之令勿與通凡戒

花必吹笛於門外即出與相見其弟又令終日
吹笛以亂之然花笛一吹則凡識其笛音矣
律管只以九寸爲準則上生下生三分益一損一
如破竹矣
音律如尖塔樣闊者濁聲尖者清聲宮以下則大
濁羽以上則太清皆不可爲樂推五聲者中聲
也
禮記注疏說五聲六律十二管還相爲宮處分明
或說曆四廢日曰只是相勝者是春庚辛日秋甲
乙日溫公潛虛亦是知此
古今曆象只推筭得箇陰陽消長界分耳

蔡京用事主張喻世清作樂盡破前代之言樂者
因作中聲正聲如正聲九寸中聲只八寸七分
一按史記七字多錯乃是十分一其樂只是杜
撰至今用之
絲宮而竹羽
堂上樂合鐘玉磬令太常五磬鎖在櫃裏更不曾
設恐為破損無可塡還尋常交割只據文書若
要看旋開櫃取一二枚視之
太史公曆書是說太初然卻是顓頊四分曆劉歆
欲作三統曆唐一行大衍曆最詳備五代王朴
司天考亦簡嚴然一行王朴之曆皆止用之二

三年即差王朴曆是七百二十加去蔡季通所
用却依康節三百六十數
今之樂皆胡樂也雖古之鄭衛亦不可見矣今關
雎鹿鳴等詩亦有人播之歌曲然聽之與俗樂
無異不知古樂如何古之宮調與今之宮調無
異但恐古者用濁處多今樂用清處多蔡季通
謂今俗樂黃鍾乃夾鍾
問曆法何以推月之大小曰只是以每月二十九
日半九百四十分日之二十九計之觀其合朔
為何如前月大則後月初二日月生明前月小
則後月初三日生明

唐祖孝孫說八十四調季通云只有六十調不以變宮變徵爲調恐其說有理此慱中聲以降三降之後不容彈矣之意也

七聲之說國語言之

十二律自黃鍾而生黃鍾是最濁之聲其餘漸漸清若定得黃鍾是便入得樂都是這裏才差了此字其他都差只是寸難定所以易差

賜道夫問所論樂今攷之若以黃鍾爲宮便是太簇爲商姑洗爲角蕤賓爲變徵林鍾爲徵南呂爲羽應鍾爲變宮若以大呂爲宮便是夾鍾爲商中呂爲角林鍾爲變徵夷則爲徵無射爲羽

黃鍾為變宮其餘則旋相為宮周而復始若言相生之法則以律生呂便是下生以呂生律則為上生自黃鍾下生林鍾林鍾上生太蔟太蔟下生南呂南呂上生姑洗姑洗下生應鍾應鍾上生蕤賓蕤賓本當下生今却復上生大呂大呂下生夷則夷則上生夾鍾夾鍾下生無射無射上生中呂相生之道至是窮矣遂復變而上生黃鍾之宮再生之黃鍾不及九寸只是八寸有餘然黃鍾君象也非諸宮之所能役故虛其正而不復用所用只再生之變者就再生之變又闕其半所闕其半者蓋若大呂為宮黃鍾為

變宮時黃鍾管最長所以只得用其半聲而餘

宮亦皆倣此文公曰然　又曰宮商角徵羽與變徵皆是數之相生自然如此非人力所能加損此其所以為妙

問既有宮商角徵羽而又有變宮變徵何也文公曰二者是樂之和去声聲相連接處

文公曰自唐以前樂律尚有制度可攷自唐以後都無可攷如杜佑通典所算分數極精但通典用十分為寸作算法頗難算蔡季通只以九分為算本朝范馬諸公非惟不識古制自是於唐制亦不曾詳看通典又不是隱僻書不知當時

諸公何故皆不看只如沈存中博覽筆談所攷器數甚精亦不曾看此使其見之則所論過於范馬遠甚呂伯恭不喜筆談以爲是皆亂說某與之言是未可恁地說恐老兄數他未得只是他做人不甚好耳因令將五音十二律寫作圖子云且須曉得這箇其他卻又商量

蔡季通律書分明是好卻不是臆說自有按據

問禮祭不用商音或以爲是武王用厭勝之術曰嘗見樂家言是有殺伐之意故祭不用然也只是無商調不是無商音他那奏起來五音皆在

問向見樂書溫公嘗言本朝無徵音文公曰不特

本朝從來無祉角亦無之然只是大常樂亦無宴樂依舊有只是無角祉調如今曲子所謂黃鍾宮大呂宮這便是調謂如頭一聲是宮聲尾後一聲亦是宮聲便謂之宮調若是其中按指處五音依舊都在如說無祉只是頭聲與尾聲不是祉不知是如何其中有箇甚麼欠缺處所以做祉調不成雖徽宗曾令人硬去做後來只一聲是祉尾後一聲依舊走了不是不知是如何

樂律自黃鍾至仲呂皆屬陽自蕤賓至應鍾皆屬陰此是一箇大陰陽黃鍾為陽大呂為陰太簇為陽夾鍾為陰每一陽間一陰又是一箇小陰

陽　自黃鍾至仲呂皆下生自蕤賓至應鍾皆
上生以上生下皆三生二以下生上皆三生四
旋宮且大呂爲宮則大呂用黃鍾八十一之數而
三分損一下生夷則夷則又用林鍾五十四之
數而三分益一上生夾鍾其餘皆然
仁宗以胡安定阮逸樂書令天下名山藏之意思
甚好

天文地理

文公曰天運不息晝夜輥轉故地雖然在中間使
天有一息之停則地須陷下惟天運之急故凝
結得許多查滓在中間地者氣之查滓也所以

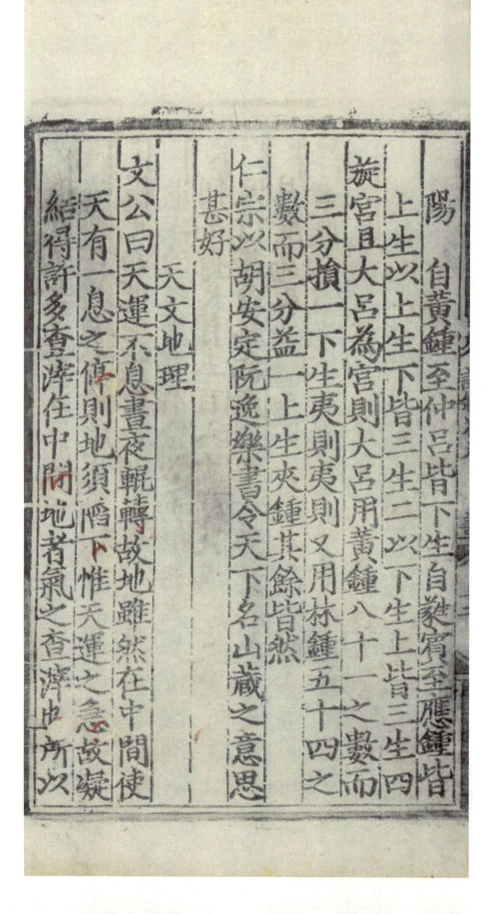

道輕清為天重濁為地
書疏載在璿璣玉篇處先說箇天以某觀之若看得此亦可以想象天之形與日月星辰之運進退疾除之度皆有分數而曆數大槩亦可見矣如何見得天有三百六十度甚麼人去量來只是天行得過處為度天之過處便是日之退處日月度為辰

學者問向者先生令思量天地有心無心近思之竊謂天地無心仁便是天地之心文公曰如是則易所謂復見天地之心正大而天地之情可見又如何如公所說只說得他無心處耳若東

無心則牛須生馬桃樹復李花他又却自定程子曰以主宰謂之帝以性情謂之乾他這名義自定心便是他箇主宰處所以謂天地以生物爲心中間欽夫以某不合如此說某謂天地則無勾當只是以生物爲心一元之氣運轉流通略無停間只是生出許多萬物而已

問天行健如何文公曰惟安定說得好文公曰天者乾之形乾者天之用天形蒼然南極入地下三十六度北極出地上三十六度狀如倚杵其用則一晝一夜行九十餘萬里人一呼一吸爲一息一息之間天行已八十餘里人一晝一夜

有萬三千六百餘息故天行九十餘萬里天之行健可知故君子法之以自強不息云

天轉非自東而西也非循環磨轉郤是側轉

問天有幾道文公曰據曆家說有五道而今且將黃赤道說赤道止在天之中如合子縫模樣黃道是橫過在那赤道之間

緯星是陰中之陽經星是陽中之陰蓋五星皆是地上木火土金水之氣上結而成郤受日光經星郤是陽氣之餘凝結者疑得也受日光但經星則閃爍開闔其光不定緯星則不然縱有芒角其本體之光亦自不動

土圭之法立八尺之表以尺五寸之圭横於地下日中則景蔽於圭此乃地中為然如渾儀是也今又不知渾儀果得為地中否　問何故以八尺為表曰此須用勾股法算之南北無定中必以日中為中北極則萬古不易者也北方地形尖斜日長而夜短骨里幹因煮羊髀骨熟日已出矣至鐵勒則又北矣極北之地人甚少所傳有二千里松木禁人斫伐此外龍蛇交雜不可去女真起處有鴨緑江傳云天下有三處大水曰黄河曰長江并鴨緑是也若以渾儀與潁川為中則今之襄漢淮西等處為近中

交會處看舊人物多最好卜居但有變則正是
交兵之衝又恐無噍類
放驩兜于崇山或云今之澧州慈利縣
西川人怕寒如那有雪處直是四五月以後雪不
融這便是影朝多陰處便是日到那裏時過午
後陽氣不甚厚所謂漏天處皆在這裏恁地便
是天也不甚闊只那裏已如此了過那秦鳳去
想見寒如峩眉山趙子直嘗登上面煮粥硬不
熟有箇核子其時有李某者凍得悶絶了如佛
國却煖他靠得崑崙山後四方蠻夷都不曉事
那裏人却理會得一般道理恁他那裏人也差

巽

東南論都必要都建康建康正諸方水道所湊一望則諸要害地盡在面前有相應處臨安如入屋角房中坐視外面殊不想應　武昌亦不及建康然今之武昌非昔之武昌吴都武昌乃今之武昌縣地勢窄狹只恃前一水為險耳鄂州正古之武昌亦是好形勢處上可以通關陝中可以向許洛下可以通山東若臨安進只可通得山東及淮北而已

禹貢西方南方殊不見禹施功處緣是山高少水患當時只分遣官屬而不曉事底記述得文字

大司徒以土圭求地中今人都不識鄭康成亦誤
圭只是量影底尺長一尺五寸以玉爲之夏至
後立表視表影長短以玉圭量之若表影恰長
一尺五寸此便是地之中晷長則表影短晷短
則表影長冬至後影長一丈三尺餘今之地中
與古不同漢時陽城是地之中如本朝岳臺是
地之中岳臺在浚儀屬開封府已自差許多
冀都正是天地中間底好風水山脉從雲中發來
雲中正高脊處自脊以西之水則西流入于龍
門西河自脊以東之水則東流入于海前面一
條黃河環繞右畔是等山自華來至中爲嵩山

是為前案遂過去為泰山聳于左淮南諸山為
第二重案江南諸山為第三重案眞州
建康形勢雄壯然攻破着淮則只隔一水欲進取
則都建康欲自守莫若都臨安或問江陵曰江
陵低在水中全憑隄被他殺守隄之吏便弄郡
隄一年一次築只是土
漢荆州刺史是守襄陽魏晉以後以江陵為荆州
又曰江陵之下岳州之上是雲夢 又曰江陵
之下連岳州是雲夢
丹陽屬潭故吳地今之丹陽郡非古之丹陽
荆襄山川平曠得天地之中有中原氣象為東西

不齊整耳其作九江彭蠡禹貢辨大槩見於此
禹貢只說九江無洞庭今以其地驗之有洞庭
無九江則洞庭之爲九江無疑矣洞庭彭蠡冬
月亦涸只有數條江在其中

陳安卿問岷山之分支何以見文公曰只是以水
驗大凡兩山夾行中間必有水兩水夾行中間
必有山江出於岷山岷山夾江兩岸而行那邊
一支去爲江北許多去處這邊一支爲湖南又
一支爲建康又一支爲兩浙而餘氣爲福建二廣

仙霞嶺在信州分水之右其脊脈發去爲臨安又
發去爲建康

地西北至高地之高處又不在天之中

逆河是開渠通海以泄河之溢秋冬則涸春夏瀰

素問中說黃帝曰地有憑乎岐伯曰大氣舉之說

是那氣浮得那地起來這也說得好

有客遊二廣多年知其山川人物風俗因言廉州

山川極好文公笑曰被賢說得好下稍一不免去

行一番此時黨論方起故云

問周公定豫州為天地之中東西南北各五千里

今北邊無極而南方交趾際海道里長短敻殊

何以云各五千里曰此但以中國地段四方相

去言之未說極邊與際海處周公以土圭則天

地之中則豫州爲中而南北東西際天各遠許多至於北遠而南近則地形有偏耳所謂地不滿東南也

佛經說崑崙山頂有阿耨大池水流四面去東南流入中國者爲黄河其三方流者爲弱水黑水之類

文公曰自古無人窮至北海想北海挨着天殼邊過緣北邊地長其勢北海不甚闊地之下與地之四邊皆海水周流地浮水上水與天接天包水與地

閩中之山多自北來水皆東南流江浙之山多自

南來水多地流故江浙冬寒夏熱
天最健一日一周而過一度日之健次於天一日
恰好行三百六十五度四分度之一但比天為
退一度月比日大故緩比天為退十三度有奇
但曆家只筭所退之度却云日行一度月行
十三度有奇此乃截法故有日月五星右行之
說其實非右行也橫渠曰天左旋處其中者順
之少遲則反右矣此說最妙書疏璣衡禮數星
回于天漢志天體沈括渾儀議皆可參攷
又曰日影有周禮疏與詩疏
晦菴先生語錄類要卷第六

晦庵先生語録類要卷第七

勉齋黄先生門人括蒼葉士龍編次

鬼神

文公曰天下大抵事自有箇大底根本小底事亦有箇緊切處若見得天下亦無甚事如鬼神之事聖賢說得甚分明只將禮記熟讀便見二程初不說無鬼神但無而今世俗所謂鬼神耳古來聖人所制皆是察見得天地之理如此

雨露風雷日月晝夜此鬼神之迹也此是白日公平正直之鬼神若所謂有嘯于梁觸吾躬此所謂不正邪暗或有或無或去或來或聚或散者

又有所謂禱之而應祈而獲此亦所謂鬼神同一理也世間萬事皆此理但小大精粗之不同耳又曰以功用謂之鬼神即此便可見

或問鬼神文公曰鬼神只是氣屈伸往來者氣也天地間無非氣人之氣與天地之氣常相接無間斷人自不見人心才動必達於氣便與這屈伸往來者相感通

問魂魄鬼神之說曰只今生人便自一半是神一半是鬼了但未死以前則神為主已死之後則鬼為主縱橫在這裏以屈伸往來之氣言之則來者為神去者為鬼以人身言之則氣為神而

精爲鬼然其屈伸往來各以漸云

問南軒曰鬼神一言以蔽之曰誠而已此語如何

文公曰誠是實然之理鬼神亦是實道理若無這實理則便無鬼神無萬物都無所該載了鬼神之爲德者誠也德只是就鬼神言其情狀皆是理而已侯氏以德別爲一物便不是　又問篤注謂性情功效何也曰此與情狀字只一般又問橫渠謂二氣之良能何謂良能文公曰屈伸往來是二氣自然能如此又問伸是神屈爲鬼否文公以手圈卓上而指其中曰這道理圓只就中分別恁地氣之方來皆屬陽是神氣之

反皆屬陰是鬼日午以前是神午以後是鬼月
自初三以後是神十六以後是鬼
童伯羽問日是神月是鬼否文公曰亦是草木
方發生來是神彫殘衰落是鬼人自少至壯是
神衰老是鬼鼻息呼是神吸是鬼因舉程子謂
天尊地卑乾坤定矣鼓之以雷霆潤之以風雨
文公曰天地造化皆是鬼神古人所以祭風伯
雨師　又問曰風雷鼓動是神收歛處是鬼否
文公曰是魄屬鬼氣屬神祈木煙出是神滋潤
底性是魄人之語言動作是魂魂屬神精血是
魄魄屬鬼發用處皆屬神是魂氣定處皆屬陰

是魄知識處是神記事處是魄人初生時氣多
魄少後來魄漸漸盛到老魄又少所以耳聾目
昏精力不強記事不定某今覺陽有餘而陰不
足事多記不得小兒少記性亦是魄不足　又
曰夫子荅宰我鬼神說甚好氣者神之盛也魄
者鬼之盛也人死時魂歸于天精魄歸于地所
以古人祭祀燎以求諸陽灌以求諸陰　又問
曰其氣發揚于上爲昭明焄蒿悽愴此百物之
精也神之著也何謂也文公曰人氣本騰上這
下面盡則只管騰上去如火之煙這下面薪盡
則煙只管騰上去　又問人死時是當時稟得

許多氣氣盡則死否文公曰然　又問曰如此則與天地造化不相干文公曰死生有命當知禀得氣時便定了便是天地造化只有許多氣能保之亦可延且如我與人俱有十分他已用出二分我才出二分便放回及收回二分時那人已用出四分了所以我便少延老氏惟見這裏一向自私其身　已上亦陳淳問

陳淳問侯氏中庸云總攝天地斡旋造化闔闢乾坤動役鬼神日月由之而晦明萬物由之而死生者誠也此語謂何文公曰這箇亦是實有這理便如此若無這理便都無物無鬼神了不是

理如何微之顯誠之不可揜

因問鬼神造化之迹何謂迹文公曰鬼神是天地間造化只是二氣屈伸往來神是陽鬼是陰往者屈來者伸便有箇迹恁地

又問謝氏歸根之説文公曰歸根本是老氏語畢竟無歸這箇何曾動又問曰性是天地之性亦不是自彼來入此亦不是自此往歸彼只是因氣之聚散見其如是耳文公曰畢竟是無歸如月影映在這盆水裏除了這盆水這影便無了豈是這月光上天去歸那月又如這花落便無了豈是歸那裏去明年復來這枝上生　又問

這知覺便散否文公曰不是散是盡了氣盡則知覺亦盡　又問物怪神姦之說如何斷文公曰世俗大抵十分有八分是胡說二分亦有此意多有是非命死者或溺死或殺死或暴病卒死是他氣未盡故依憑如此然終久亦必消了又有是乍死氣未消盡是他當初禀得氣盛故如此然終久亦消了蓋精與氣合便生人物游魂為變便無了如人說神仙古來神仙皆不見只是說後來神仙如左傳伯有為厲此鬼今亦不見　又問曰自家道理正則自不能相干否文公曰亦須是氣能配義始得若氣不能配義

便餧了　又問曰謝氏謂祖考精神便是自家
精神如何文公曰此說得好祖孫只一氣極其
誠敬自然相感如這大樹有種子入地生出又
成樹子便即這大樹也

又問原始要終故知死生之說文公曰人未死如
何知得死之說只是原其死之理將後面摺轉
來看便見得以此之有知彼之無

學者問民受天地之中以生中是氣否曰中是理
理便是仁義禮智曷嘗有形象來元無形者謂
之理若氣則謂之生也清者是氣濁者是形氣
是魂謂之氣精血是魄謂之質所謂精氣爲物

須是此兩箇相交感便能成物游魂為變則所
稟之氣至此已盡魂升于天魄降于地陽者氣
也歸于天陰者質也魄也降于地謂之死也知
生則便知死只是此理夫子告子路非是拒之
是先後節次如此也　又問鬼神者造化之迹
且如起風做雨震雷花生花結非有神而何人
自不察耳才見說鬼事世間自有箇道理如此
不可謂無特非造化之正耳此得陰不正之氣
不須驚惑所以夫子不語此以其明有此事特
不語耳南軒說無便不是了
問鬼神生死雖知是一理然未見得端的敢問文

◎

公曰精氣為物遊魂為變便是生死底道理 未達 文公曰精氣凝則為人散則為鬼 人問精氣凝時此理便附在氣上否 文公曰天道流行發育萬物雖是一齊都有畢竟是理為主人得以生然氣則有清濁氣之清者為氣濁者為質清者為陽濁者為陰 知覺運動陽之為也骨肉皮毛血氣陰之為也氣曰魂體曰魄 又問左氏所謂心之精爽是為魂魄說得是否 文公曰高丙注淮南子曰魂者陽之神魄者陰之神所謂神者以其主乎形氣也人所以生精氣聚也人只禀得許多氣須有箇盡時醫家所謂陰陽不

升降是也人病將死熱氣上出下體漸冷熱氣
上出所謂䰟升下體漸冷所謂魄降䰟歸于天
魄降于地而人死矣所謂有生便有死有始便
有終也　又問人死則䰟魄升降日漸散而不
復聚矣然人之祀祖却有所謂來假來享此理
如何文公曰若是誠心感格彼之䰟氣未便盡
散豈不來享　又問且如周公以后稷爲始祖
以帝嚳爲所出之帝子孫相去未遠尚可感格
至於成康以後千有餘年豈復有未散者而來
享之乎文公曰夫聚散者氣也若理則泊在氣
上初不是凝結爲一物而爲性也但人分上所

合當者便是理氣有聚散理不可以聚散言也
人死氣亦未便散得盡故祭祖先有感格之理
若世次久遠氣之有無不可知然奉祭祀者既
是他子孫畢竟只是這氣相傳下來若能極其
誠敬則亦有感通之理釋氏謂人死爲鬼鬼復
爲人如此則天地之間只是許多人來來去去
更不由造化生生都廢却無是理也　又問羊
叔子識環之事非耶曰史傳此等事極多要之
不足信便有也不是正理　又問世之見鬼神
者甚多不審有無如何文公曰世間人見者固
多豈可謂無但非正理爾如伯有爲厲伊川謂

別是一理蓋其人氣未當盡而强死寃魄無所歸自是如此昔有人在淮上夜行見無數形象似人非人旁午充斥出沒於雨水之間久之纍纍不絶此人明知其鬼不得已跳躍衝之而過足下却無礙然亦無他詢之此地乃昔人戰場也彼皆死於非命銜寃抱恨固宜未散　又問知鬼神之情狀何緣知得曰如伯有爲厲子産爲之立後使有所歸遂不爲厲可謂鬼神之情狀矣　又問伊川言鬼神者造化之迹此豈亦造化之迹乎曰論此理則庭前樹木數日春風便開花豈非造化之迹又如雷霆風雨皆是也

但人常見故不之怪忽聞鬼叫則以為怪不知此亦造化之迹但非理之正耳

又問世人多為精恠迷惑此理如何曰家語曰山之怪曰夔魍魎水之怪曰龍象土之恠曰羵羊皆是氣之雜揉乖亂所生專以為無則不可如冬寒夏熱春榮秋枯此理之正也忽冬月開一朶花豈可謂無此理但非正耳故謂之怪孔子所以不語學者未須理會也　坐間或云鄉間有李三者死而為厲鄉曲凡有祭祀佛事必設此人一分或設黃籙大醮不曾設他一分齋食盡為所汚後因為人放爆杖所依之樹自是遂

絶曰是他枉死氣未散故爆仗驚散了設醮請
天地山川之神却被小鬼污却以此見得設醮
無此理也
周僩問以功用謂之鬼神以妙用謂之神何別文
公曰鬼神者有屈伸往來之迹如寒來暑往日
往月來春生夏長秋收冬藏皆鬼神之功用此
皆可見者也忽然而來忽然而往方如此又如
彼使人不可測知此神之妙用也
學者問天神地祇人鬼地何以曰祇文公曰祇字
只是示字蓋天垂三辰以著象如日月星辰是
也地亦顯草木山川以示人所以曰地示

劉用之云人之禱天地山川是以我之有感彼之有子孫之祭祀先以我之有感他之無文公曰神祇之氣常伸而不已人鬼之氣則消散而無餘矣其消散亦有久速之異人有不伏其死者所以既死而此氣不散為妖為恠如人之凶死及僧道之人既死而不散僧道務養精神所以凝聚不散若聖賢則安於死豈有不散而為神恠者乎如黃帝堯舜不聞其既死而為靈恠者也嘗見輔漢卿說其人死其氣溫溫然熏蒸滿室數日不散是他氣盛所以死時如此劉元城死時風雷轟于正寢雲霧晦冥少頃辨色而公

已端坐薨矣他是甚麼樣氣魄或曰莫是元城之忠誠感動天地之氣否文公曰只是元城之氣自散耳他養得此氣剛大所以散時如此祭義云其氣發揚于上爲昭明焄蒿悽愴此百物之精也此數句説盡了人死時其魂氣發揚于上昭明是人死時自有一般光景焄蒿即前所云温温之氣也悽愴是一般蕭然之氣令人慘愴如漢武帝時神君來則風肅然者是也此皆萬物之精既死而散也

或問人死魂魄散子孫却如何有感格曰畢竟子孫是祖先之氣他氣雖散根却在這裏盡其誠

敬則能呼召得聚如後波非前波畢竟通只是
一水子孫與祖考之氣亦是如此此事難說要
在人自看得
問先生所荅廖子晦書有云死氣之已散者旣化
而無有矣而根於理之日生者則固浩然而無
窮此莫是說天地之氣否文公曰此氣只一般
周禮雖有天神地祇人鬼其實則一若有子孫
底固是引得氣聚不成無子孫底氣便絶了他
血氣雖不流傳他那箇生生不已底亦自浩然
日生而無窮禮諸侯祭其國之無主後者如齊
祭爽鳩氏之類蓋他先主此國來理合祭他非

在其國便不當祭理合如此便有此氣所以晉侯夢康叔云相奪予享嘗祭不祭宜其如此又如晉侯夢黃熊入寢為鯀之神亦是此類不惟有子孫者方有感格其無子孫者氣亦未嘗亡也學者問既云人死氣散若如此說氣又未嘗散也文公曰如今祭句芒更是遠只是理合當祭便有此氣要之通天地人只是這一氣所以說洋洋如在其上如在其左右虛空偪塞無非此理自要人看得活難以人曉也所以明道答人問鬼神云奶與賢說無何故聖人說有要與賢說有賢又來問某討此要人自看得說只說

得到這裏孔子曰未能事人焉能事鬼而今且去理會緊要道理少間看得道理通了自然曉得上蔡說得煞分曉了

學者問子路問事鬼神一章曰事君親盡誠敬之心而移此心以事鬼神則祭如在祭神如神在人受天所賦許多道理自然完具須盡得這道理無欠缺到那死時乃是盡得生理亦安於死而無媿矣又曰若謂氣聚則生氣散則死才說破則人都理會得然須知道人生有多少道理皆自禀五常性中來所以父子有親君臣有義者須要一一盡得盡得這生底道理則死底道

◎

理可知矣張子所謂存吾順事沒吾寧也
問陰陽游氣之辨曰游氣是生物底陰陽譬如扇
子扇出風便是游氣
問敬鬼神而遠之曰此鬼神是指合當祭祀者且
如宗廟山川是合當祭祀底亦當敬而不可褻
近泥着才泥着便不是且如卜筮用龜所不能
免臧文仲却為山節藻梲之室以藏之便是不
智也
問祭山川之神是有箇物故其神可致如人死氣
散如何致得曰只是一氣如子孫有箇氣在此
必竟是因何有此其生也有自來蓋自厥初生

民氣化之祖相傳至此只是一氣[redacted]入問祭先聖賢如何曰有功德在人人自當報之古人祀五人帝亦是如此

商人求諸陽故尚聲周人求諸陰故尚臭灌用鬱鬯然周人亦求諸陽如大司樂言圜鍾為宮則天神可得而禮可見古人察得義理精微用得樂便與他相感格此乃降神之樂如舞雲門乃是獻神之樂荀子謂伯牙鼓琴而六馬仰秣[redacted]巴鼓瑟而流魚出聽粗者亦有此理又虞美[redacted]草聞人歌虞美人詞與吳詞則自動雖草木亦如此

又曰今人有箇新生底神廟緣衆人心都向他便感如狄仁傑廢了許多廟亦不能爲害只緣他見得無這物事了上蔡云可者欲人致生之故其鬼神不可者欲人致死之故其鬼不神

硬處屬地滋潤精血皆屬水故云人之死有風火先散而地水後散者必善則不能爲祟蓋陽氣先盡也若地水先墮而風火未散者必不善則死後爲祟他看得亦子細不知西域生得一副當這般差異底人出來可怪如律曆度數之學那邊亦有之與中國皆合便可見人心之理皆一般

又曰人之能思量計畫者䰟之爲也能辯別記憶者魄之爲也古人說䰟魄多不同左氏以爲物生始化爲魄盖人之始生方是此點精血之聚既有此魄魄既盛便那陽氣而生䰟所以先有魄天一生水地二生火亦是如此

又問既曰往爲鬼何謂祖考來格文公曰此以感召而言所謂來格亦略有些神底意思以我之精神感彼之精神謝氏所謂祖考之精神便是自家之精神盖此謂也祭祀之理全是如此且天子祭天地諸侯祭山川大夫祭五祀皆是自家精神抵當得他過方能感召如諸侯祭天地

大夫祭山川便没意思了
明則有禮樂幽則有鬼神禮樂是可見底鬼神是不可見底禮是收縮節約底便是鬼樂是發揚底便是神故云人者鬼神之會說得自好又云至愛則存至慤則著亦說得好
魂火也魄水也魂陽也魄陰也魂動而魄靜水一而火二常使魂守魄以動加靜以火迫水以二養一魂常養魄使不耗散而水火交此養生之要訣也今人都是水火不相管攝火動於上水動於下魂氣既耗盡而魄亦委散矣 又曰耳目之精明為魄口鼻之噓吸為魂此語是而未

盡看來視聽呼吸此皆是魂魄之發見者其中必
有為之根本坎離是也魂陽之神也又氣之神
魄陰之神也又精之神陰陽始交天一生水物
之始生曰魄左氏既生魄煖者為魂故魄常為
主為幹釋氏之學務使神輕去幹以為坐忘立
化之備其魄之未盡化者流為骨脉散為珠琲
以驚動世俗之耳目其地水火風之說便是魂
魄煖氣屬火轉動屬風

晦菴先生語録類要卷第七

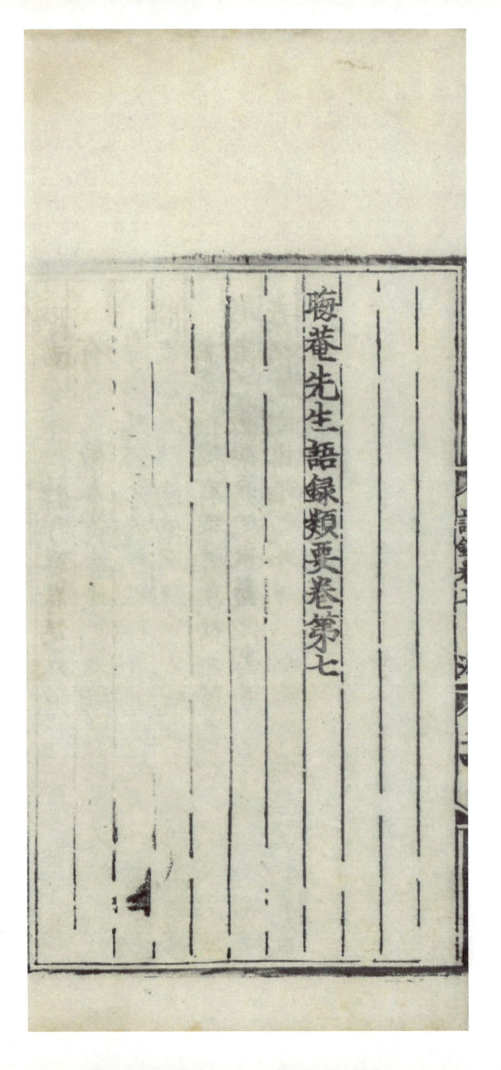

晦菴先生語録類要卷第八

勉齋黄先生門人括蒼葉士龍編次

古今人物

問夷惠文公曰伯夷格局高似柳下惠楊道夫曰看他伯夷有壁立萬仞之氣曰然

夷惠高似伊尹伊尹大似夷惠

泰伯之心即伯夷扣馬之心太王之心即武王孟津之心二者道並行而不相悖然聖人稱泰伯為至德謂武為未盡善亦自有抑揚蓋泰伯夷齊之事天地之常經而太王武王之事古今之通義但其間不無些子高下若如蘇氏用三五

百字罵武王非聖人則非矣於此二者中須見
得道並行而不相悖處乃善
又問秦伯與夷齊心同而謂事之難處有甚焉者
何也文公曰夷齊處君臣間道不合則去秦伯
處父子之際又不可露形迹只得不分不明且
去其書謂太王有疾秦伯採藥不返疑此時去
也
伯夷聖之清伊尹聖之任柳下惠聖之和都是箇
有病痛底聖人又問伊尹似無病痛曰五就湯
五就桀孔孟必不肯恁地只爲他任得過
楊道夫曰伯夷不敢安嫡長之分以違君父之命

叔齊不從父兄之命以亂嫡庶之義這便是求
仁伯夷安於逃叔齊安於讓而其心舉無隉杌
之慮這是得仁否曰然
老子之術須自家占得十分穩便方肯做才有一
毫私己不便便不肯做
顏子已是煞周全了只此之聖人更有些未完如
仲弓則偏於淳篤而少顏子剛明之意若其他
弟子未見得只如曾子則大抵偏於剛毅這終
是有立脚處所以其他諸子皆無傳惟曾獨得
其傳到子思也恁地剛毅孟子也恁地剛毅惟
是有這般人方始湊合得着惟是這剛毅等人

方始立得定子思別無可攷只孟子所稱如摽使者出諸大門之外北面稽首而不受又如云事之云乎豈曰友之云乎之類這是甚麼樣剛毅

顏子不是一箇衰善底人看他是多少聰明便敢問為邦孔子便告以四代禮樂

伊川說顏子非樂道蓋謂非以道為樂到底所樂只是道蓋非道與我為二物但熟後便樂也

夫子曰吾其為東周乎與東周之治也孔子之志在乎東周苟有用我者亦視天命如何耳聖人胸中自有處置非可執定本以議之也

子路有濟人利物之心顏子有平物我之心夫子
有萬物各得其所之心
顏子之志不以己之長而方人之長短不以己之
能媿人之不能是與物共
問子路之死於衛曰子路只見下一截不見上一
截孔悝之事他知是食焉不避其難這合當如
此而不知食出公之食爲不當也東坡嘗論及
此矣又問是初仕衛時便不是了否曰然
子路氣麄伊川謂子路之志亞於曾點蓋子路所
言却是實他二子却是鑒他子路爲夫子所哂
故退後說

顏子生平只是受用克己復禮四箇字

文公因論顏子樂處復曰程先生云人能克己則心廣體胖仰不愧俯不怍其樂可知有息則餒矣

顏子與聖人不爭多便是聖人地位但顏子是水初平風浪初靜時聖人則是水已平風恬浪靜時

或以老子比鄉原曰老子不似鄉原鄉原尚在倫理中行老子自處雖甚卑不好聲色不要官職其心却是出倫理之外其說煞害事如鄉原却是乖見識底好人未害倫理在

莊子不知何所傳授却自見得道體盡自孟子之後荀卿諸公皆不能及如說語道而非其序非道也此等議論甚好度亦須承接得孔門之後源流有自來佛氏之教有說得好處皆出於莊子但其知不至無細密工夫少間又說得流了所謂賢者過之也

明道稱莊子有大底意思又云莊生形容道體儘有好處邵康節晚年意思正如此把造物世事都做則劇看又云莊子無禮無本

老子之術沖畜不肯役精神列子平淡疎曠

左氏則三晉之後不知是甚麼人看他說魏畢萬

之後必大如說陳氏伐齊之類皆是後來敬爲
豫定之言
孟子是甚麽資質甚麽底力量却纖悉委曲都去
理會直是要這道理無些子虧欠以此知學問
豈是執一箇小小見識便了得他直是要無不
周匝方是道理要須整頓精神硬着脊梁與他
做將去始得
孟子大是作爲底人如云彼陷溺其民王往而征
之夫誰與王敵非不用兵也特其用兵不若當
時戰國之無義理耳如五畝之宅樹之以桑而
下爲政之實行之旣至則天視當時無道之國

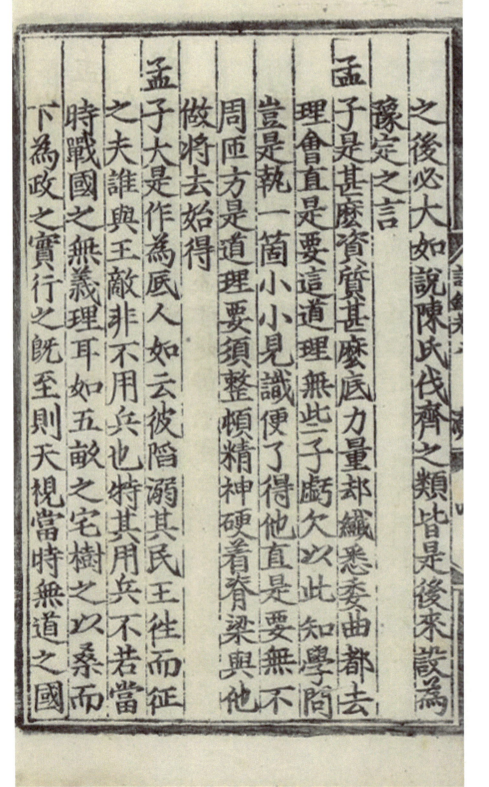

豈可但已哉

孟子不甚細膩如大匠把得繩墨定千門萬户自在

胡叔器問横渠似孟子否曰規模各不同横渠嚴密孟子宏闊孟子是箇有規矩底康節陳安卿曰孟子宏闊中有縝密處每嘗於所謂不見諸侯何也曰不敢也賜之則不受何也曰不敢也此兩處見得存心甚畏謹守義甚縝密文公曰固是

高祖子房英項羽雄

今世人多道東漢名節無補於事某謂三代而下

惟東漢人才大義根於心不顧利害生死不變
其節自是可保未說公卿大臣且如當時郡守
懲治宦官之親黨雖前者既為所治而來者復
蹈其迹誅殛竄戮項背相望略無所創今士大
夫顧惜畏懼何望其如此平居暇日琢磨淬礪
緩急之際尚不免於退縮況游談聚議習為軟
熟卒然有警何以得其伏節死義乎大抵不顧
義理只計較利害皆奴婢之態殊可鄙厭東坡
議論雖不能無偏頗其氣節直是有高人處如
說孔北海曹操使人凛凛有生氣

問樂毅伐齊文中子以為善藏其用東坡則責其

不合妄效王者事業以取敗二者之說孰是曰
這是他門要去立說都不去考校子細這只緣
田單會守故不奈何當時樂毅自是兼秦魏之
師又因人怨湣王故一旦下齊七十餘城及既
殺湣王則人心自是休了他又怕那三國來分
了他底連忙發遣了他以燕之力量也只做得
恁地何況田單也忠義盡死節守那二城樂毅
也自煞費氣力去取是被他等守後不奈他何
樂毅也只是戰國之士何嘗是王者之師他當
時也恣意去鹵掠如孟子所謂毀其宗廟遷其
重器是他不過如此舉措他豈是不要他底但

是田單與他相遇智勇相角至相持三年及騎刼用則是大段無能被田單使箇小術數子便乗興殺將去以此見國不可以無人如齊但有一箇田單盡死節恁地守便無人奈他何

或謂老子之道曹參文帝用有效王導謝安又做不成如何曰王謝何曾得老子妙處石林說王導只是隨波逐流謝安却較有建立煞有心於中原但也被清虛絆了做不得

仲舒本領純正如說正心以正朝廷與命者天之令也以下諸語皆善班固所謂純儒極是至於天下國家事想施展未必得

孔明大綱資質好但病於麄疎孟子以後人物只
有子房與孔明子房之學出於黄老孔明出於
申韓如授後主以六韜等書與用法嚴處可見
唐子西云自漢而下惟有箇子房孔明耳而子房
尚黄老孔明喜申韓也說得好子房分明是老
子之術其處己及謀人皆是
武侯有王佐之心道則未盡
問武侯於廖立李平是如何曰看武侯事迹儘有
駁雜去處然武侯事雖未純却是有王者之心
文公又謂其分兵攻魏先生將一軍入斜谷關
羽將荆州之衆北向則魏首尾必不相應事必

集矣蜀人才難得都是武侯逐旋指置許多人不似先高祖光武時雲合響應

王導爲相只周旋人過一生嘗有坐客二十許人逐一稱讚獨不及一胡僧并一台州臨海人二人皆不悅導徐顧臨海人曰自公之來臨海不復有人矣又謂胡僧曰蘭奢蘭奢乃胡語之褒譽也於是二人亦悅

諸葛公是忠義底司馬懿司馬懿是無狀底諸葛公劉禪備位而已

問邵子云智哉留侯善藏其用如何曰只燒絕棧道其意自在韓而不在漢及韓滅無所歸乃始

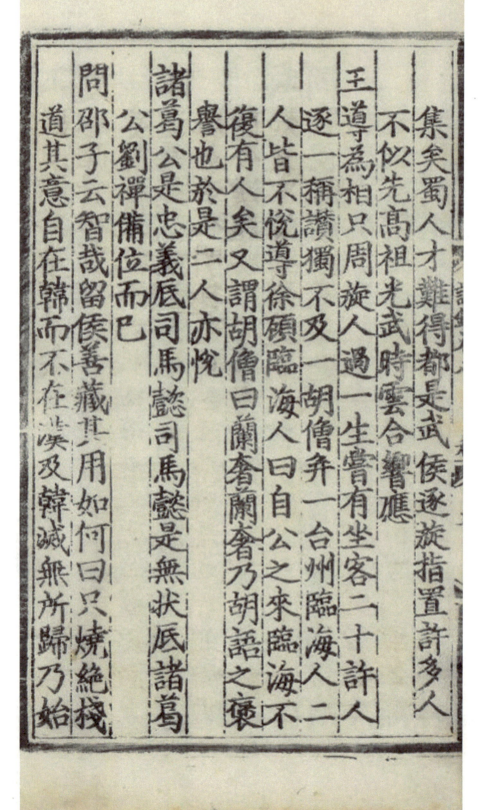

歸漢則其事可見矣

史以陸贄比賈誼誼才高似宣公宣公諳練多學更純粹大抵漢去戰國近故人才多是不粹

王通見識高明說治體去處極高了但於本領去處如古人明德新民至善等處皆不理會却要鬧合漢魏以下之事整頓爲法這便是低處要知文中論語體處高似仲舒而不領不及爽似仲舒而純不及

魏證作隋史無一語及文中自不可曉因攷文中世系并阮逸龔鼎臣注及南史劉夢得集四書不同殊不可曉因言文中有志於天下亦識得

三代制度較之房魏諸公又精有本領只本原上工夫都不理會若究其議論本原處亦只自莊老中來

王肅議禮不及鄭玄

或問陸宣公既貶避謗閭户不著書只爲古今集驗方文公曰此亦未是宣公是處豈無聖經賢傳可以玩索可以討論終不成和這箇也不得理會

退之晚年覺得没頓身處如招聚許多人博塞爲戲所與交如靈師惠師之徒皆飲食無賴及至海上見大顛壁立萬仞自是心服其言實能外

形骸以理自勝不爲事物侵亂此是韓退之死
款
樂天暮年賣馬遣妾後亦落寞其詩可見
前輩好做詩與僧劉禹錫文集自是一冊韓文公
亦多與僧交涉又不曾見好僧然各家亦被文
公說得狼狽文公多只見這般僧後來撞着一
箇大顛也是異事人多道被大顛說下了亦有
此理是文公亦不曾理會他病痛被他說得高
便道是妙了所以有頗聰明識道理實能外形
骸以理自勝之語
議論如狄梁公辭雖緩意甚懇切

鄭康成也可謂大儒他致禮名數之故有功事事
都理會得如漢律令亦皆有注儘有精力又曰
東漢風俗諸儒煞好盧植也好
成謂温公居洛六任只理會得箇通鑑到元祐出
來做事却有未盡處文公曰那時節不得温公
更自有一塲出醜温公是甚氣勢天下人心甚
麼樣感動温公直有旋乾轉坤之功温公此心
可以質天地通神明豈容易及後來吕微仲范
堯夫相用調停之說兼用小人更無分别所以
成後日之禍如王安石罪既明白後既加罪於
蔡確之徒論來安石是罪之魁首却於其死加

太傅及贈禮皆備想當時也要委曲周旋他如今看來這般却煞不好要好便合當頭白其罪使人知得是非邪正所謂明其爲賊敵乃可服須是明顯其不是之狀若更加精賞却惹得後來許多羣小不伏其看來天下事須是先論其大處如分别是非邪正君子小人端的是如何了方好於中間酌量輕重淺深施用

東坡與荆公固是爭新法與伊川爭則曰幾時與他打破這敬字看這說話只要奮手捋臂放意肆志無所不爲便是若說爭只爭箇是非若是雖穴胷斬首亦有所不顧若不是雖日食萬錢

日遷九官亦只是不是看來別無道理只有箇是非若不理會得是非分明便不成人若見得是非方做得人這箇是處便是人立脚底地盤東坡如此做人到少間便都排廢了許多端人正士郤一齊引許多不律底人來如秦黃雖是向上也只是不律東坡雖然疎闊郤無毒子由不做聲郤險子由初上書煞有變法意當是時非獨荆公要如此然諸賢皆有變更意

學中策問蘇程之學二家當時自相排斥蘇氏以程氏爲姦程氏以蘇氏爲縱横只有荆公脩仁宗實錄言老蘇之言大抵皆縱横者流程子

未嘗言也　又曰老蘇辯姦初間只是私意如
此後來荆公做不着遂中他說然荆公氣習自
是一箇要遺形骸離世俗底模樣喫物不知飢
飽嘗記一書載公於飲食絶無所嗜惟近者必
盡左右疑其為好也次日易以他物而置此品
於遠則不食矣往往於食未嘗知味也至如食
鈎餌當時以為詐其實自不知也近世呂伯恭
亦然面垢身汙似所不恤飲食亦不知多寡要
知即此便是放心辯姦以此等為姦恐不然也
老蘇之出當時甚敬崇之惟荆公不以為然故
其父子皆切齒之然老蘇詩曰老態盡從愁裏

過壯心偏傍醉中來如此無所守豈不爲他荆公所笑如上韓公書求官職如此所爲又豈不爲他荆公所薄至如坡公着述當時盡行所學則事亦未可知從其遊者皆一時輕薄輩無少行檢説中如秦少游則其最也諸公見他説得去更不契勘當時若使盡聚朝廷之上則天下何由得平更是坡公首爲無稽從游者從而和之豈不害事但其用之不久故他許多敗壞之事未出兼是後來羣小用事又費力似他故覺得他箇好

陳了翁有濟世之才鄒道鄉才不及也使了翁得

志必有可觀

問荆公與坡公之學曰二公之學皆不正但東坡之德行那裏得似荆公東坡初年若用未必其患不甚於荆公狼狽但東坡後來見荆公狼狽所以都自改了初年論甚生財後來見青苗行得狼狽便不言生財初年論甚用兵如曰用臣之言雖北取契丹可也後來見荆公用得狼狽遂更不復言兵分明有兩截議論

杜子美詩云艱危須藉濟時才某思至此不覺感歎濟時才分明難得勉齋問志與才互相發否曰有才者未必有志有志則自然有才人多言

張魏公才短然被他有志後終竟做得來也正
當
國家中興張韓劉岳突然而出豈平時諸公所嘗
識者不過事期到此斷撥出來耳
文公嘗謂天生人才自足時用豈可厚誣天下以
無人才是用不到耳且如一箇范文正公自做
秀才時便以天下為己任無一事不理會過後
一旦仁宗皇帝大用之便做出許多事業今則
所謂負剛大之氣者且先一筆勾斷秤停到第
四五等人氣字厭厭布列臺諫如何得事成故
某向謂姓名未出而內外已知其非天下第一

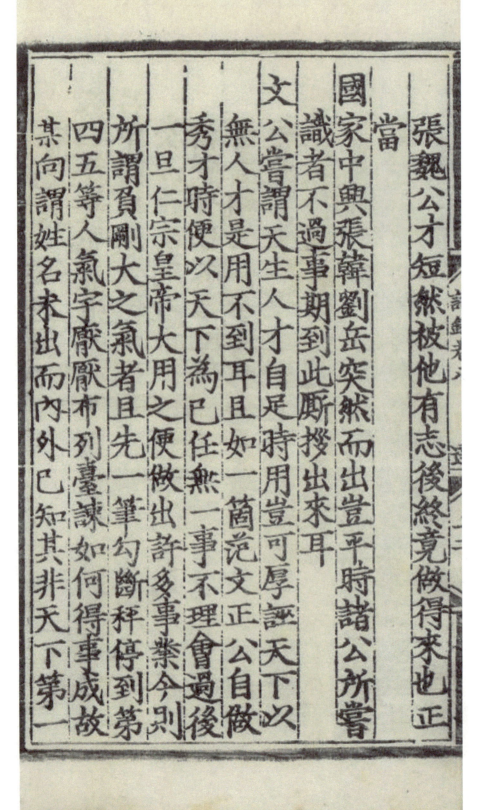

等流矣
又曰范文正傑出之才吕申公斥逐范文正公諸人至晚年復收用之范公亦竭盡底蘊而為之用這見文正高處忠宣辯歐公銘志事這便是不及文正文正與申公書云相公有汾陽之心之德仲淹無臨淮之才之力
新法大行諸公實共謀之雖明道先生不以為不是蓋那時也是箇變時節但後來人情洶洶明道始勸之以不可做逆人情底事及王氏排衆議行之甚力而諸公始退散學者問新法之

行雖塗人皆知其它何故明道不以為非曰自是王氏行得來有它若使明道為之必不恁地狼狽問若專用韓富則事體如何曰二公也只守舊專用温公如何曰他又別是一格又問若二程出來擔負莫須別否曰若如明道十事須還他全別方得只看他當時薦章謂其志節慷慨云云則明道豈是循常蹈故塊然自守底人

問晚歲龜山一出為士子詬罵果有之否曰他當時一出追奪荆公王爵罷配享夫子且欲毀劈三經板士子不樂遂相與聚問三經有何不可輒欲毀之當時龜山亦謹避之問或者疑龜山

此出無補於事徒亟紛紛或謂大賢出處未可
以此議之如何曰龜山此行固是有病但只後
人又何曾夢到他地位在
胡文定公以柳下惠援而止之而止比之極好
仲素先生嚴毅清苦殊可畏
龜山先生少年未見伊川時先去看莊列等文字
後來雖見伊川而此念熟了不覺時發出來游
定夫尤甚羅仲素時復亦有此意　又曰游定
夫晚年亦學禪
論及龜山文公曰龜山彈蔡京亦是只不迅速
林擇之曰龜山晚出一節亦不是曰不干晚出事

若出来做得事也不若他性漫看道理也恁地
平常處說得好緊要處却放緩了做事都湊叢
無論理將樂之人性急麄率龜山却恁寬平此
是間出然其麄率處依舊有土風在
看道理不可不子細程門高弟如謝上蔡游[illegible]
楊龜山輩下梢皆入禪學去嘗思之必是程先
生當初說得高了他門只獨見二一截少下截
下面著實工夫故出[illegible]弊必至於此　又曰上蔡
觀復齋記中說道理[illegible]皆是禪底意思
尹和靖守得謹見得不甚透如俗語說他只抱得
箇不哭底孩兒

◎

問程門誰眞得其傳曰也不盡見得如劉質夫朱公掞輩又不見他文字看程門諸公力量見識比之康節橫渠皆趕不上

某嘗謂明道之言初見便好轉看轉好伊川之言初看似未甚好久看方好某作六先生贊伯恭云伊川贊尤好蓋某是當初先見得箇意思恁地所謂布帛之文菽粟之味知德者希孰識其貴也被伯恭看得好又云伯恭欽夫使至今不死大段光明

問孫明復如何恁地惡胡安定曰安定較和易明復却剛勁或曰孫太山也是大故高介文公曰

明復未得為介石守道却可謂剛介
伊川之門上蔡自禪門來其說亦有差張思叔最
後進其所得最深然惜其早世其他門人多出
四方仕宦研磨亦少楊龜山最老其所得亦深
東坡天資高明其議論文詞自有人不到處如論
語說亦煞有好處但中間須有些漏綻處出來
當特使虛心屈己鍛煉得成甚次第來
溫國文正公以盛德大業為百世師至忠潔公奄
從北狩固守臣節不污偽命又以忠義聞於當
世
劉叔道言王介甫之心本欲救民後來弄壞乃過

誤耳曰不然正如醫者治病其心豈是不欲活人却將砒霜與人喫及病者死却云我本心欲救人其病死非我之罪可乎

范文正公雖有欲爲之志然也粗不精密失照管處多

劉元城與人相見終坐不肯交談欲起屢留之然終不交談或問之曰人坐久必傾仄久而不傾仄必貴人也

劉草堂又云元城極愛説話多言其平生所履行己立身之方是時元城在南京恣口極談無所顧忌南京四方之衝東南士大夫往來者無不見

之賓客塡門無不延接其死之時去靖康之禍
只三四年耳與了齋死同時不知二公若留到
靖康當時用之何以處也
呂與叔惜乎不壽如天假之年必所見又別程子
稱其沉潜縝密可見其資質好又能涵養某若
只如呂年亦不見到此田地矣五福以壽爲先
者此也
龜山之出人多議之惟文定胡公之言曰當時若
能聽用須救得一半此語最公蓋龜山當此時
雖負重名亦無殺活手段若謂其懷蔡氏汲引
之恩力庇其子至有愼勿擊居安之語則誣矣

幸而此言出於孫覿人自不信

問蔡京何故得全首領卒移潭州曰當時執政之臣皆他門下客如吳元忠輩亦其薦引不無牽制處虜人初一番退時是甚時節臺諫却別不曾理會得事三五箇月只反倒得京逐數百里慢慢移去結末方移儋州及到潭州遂死

又曰靖康名流多是蔡京晩來牢籠出來底李伯紀亦所不免如李泰發是甚次第硬底人亦為京所羅致他可知矣

京師再被圍時張叔夜首領勤王之師以入他當時不合領兵入城只當駐在旁近以為掎制且

伸縮自如可以做事一入城後便有許多掣肘處所以迄無成功至於亳從以壯狩
問章蔡之奸如何曰京之奸惡又過於厚方厚之再入相也京謁之於道袖出一軸以獻厚如學校法居養院之類凡可以要結士譽買覓人情者具在厚曰元長留他時自為之後京為相舉皆建明時論徃徃歸之至詣學時自嘗鏝頭其中沒見識士人以手加額曰太師留意學校如此京之當國費侈無度趙挺之繼京為相便做不行挺之固庸人後張天覺亦復無措手足京四次入相後至首發終始只用不患無財患不

能理財之說其原自荊公又以鹽鈔茶引成櫃
進入上益喜謂近侍曰此太師送朕添支也由
是內廷賜予不用金錢雖累鉅萬皆不費力鈔
法之行有朝爲富商暮爲乞丐者矣
康節之學其骨髓在皇極經世其花草是詩學者
曰其詩多說閑靜樂底意思太煞把做事了文
公曰這箇未說聖人只顏子之樂亦不恁地文
公又曰他都是有箇自私自利底意思所以明
道有要之不可以治天下國家之說
程子未出時如胡安定石守道孫明復諸人說話
雖麄疏未盡精妙却儘平正更如古靈先生文

字都好諭俗一文許多事都說盡也見他一箇
會襟盡包得許多

龜山天資高朴實簡易然所見一定更不復窮究
某嘗謂這般人皆是天資出人非假學力龜山
衣服亦只據見定終日坐門外石坐子上人犯
之亦不校其簡易率如此

康節之學似老子只是自要尋箇寬闊快活處人
皆害他不得張子房亦是如此方衆人紛拏擾
擾時他自在背處

問伊川謂橫渠之言誠有過處乃在正蒙莫是以
清虛一大爲萬物之原有未安否曰若論道理

惟是周子說無極而太最好

胡致堂議論英發人物偉然向嘗侍之坐見其數盃後歎孔明出師表誦張才叔自靖人自獻于先王義陳了翁奏狀等可謂豪傑之士也讀史管見乃嶺表所作當時並無一冊文字隨行只是記憶所以其間有抵牾處有好誦佛書者致堂因集史傳中虜人姓名揭之一處其人果收去念誦此其戲也

晁以道後來亦附梁師成有一人以詩嘲之曰早赴朱張飫隨賡蔡子詩此回休倔强凡事且從宜

橫渠說做工夫處更精切似二程蓋程先生資稟高潔渟不大段用工夫只恁地後可到若橫渠資稟則有偏駁夾雜處故他大段用工夫來觀其言曰心清時少亂時多其清時視明聽聰四體不待羈束而自然恭謹其亂時反是說得不勝精妙

邵堯夫空中樓閣言着得四通八達

李得之東坡晚年卻不衰曰東坡蓋是夾雜些佛老添得又鬧熱也

宋子飛言張魏公謫永州時居僧舍每夜與諸子弟賓客盤膝環坐至更定而寢率以爲常

弘而不毅如近世龜山之學者其流與世之常人
無以異毅而不弘如胡氏門人都恁地撐腸拄
肚少間都潑頓着處
胡籍溪人物好沉靜謹嚴只是講學不透
王龜齡學也麄疎只是他天姿高意思誠慤表裏
如一所至州郡皆風動而今難得此等人
周子之言稱等得輕重極是今宜或問周子之學
是自得於心還有所傳授否曰須有所傳授渠
是陸詵之婿溫公涑水記聞載陸詵事是箇篤
實長厚底人
和靖主一之功多而窮理之功少故說經雖簡約

有益學者但推說不去不能大發明在經筵進
講少開悟啓發之功耳紹興初入朝滿朝注想
如待神明然亦無大開發處是時值高宗好看
山谷詩尹云此人詩有何好處陛下看此做甚
麼只說得此一語然只如此說亦何能開悟人
主大抵解經固要簡約若告人主須有反覆開
導使人主自警省蓋人主不比學者可以令他
自去思量如孔子荅哀公顏子好學之問與荅
季康子詳略不同此告君之法也

定夫記程先生語中一物不該非中也一事不為
非中也一息不存非中也何哉為其偏而已矣

曰便是此說中字不着中字之義不如此他說偏字却是一偏一偏便不周徧却不妨如定夫記此語不親切不似程先生每常說話緣他夾雜王氏學當時王氏學盛行熏炙得甚廣一時名流如江民表彭器資鄒道鄉陳了翁皆被薰染大片說去

尹和靖才短說不出只緊守伊川之說

程門弟子親炙伊川亦自多錯蓋合下見得不盡或後來放倒蓋此理無形體故易差有百般滲漏

李延平先生初間也是豪邁底人到後來也是磨

琢之功在鄉若不異於常人鄉曲以上之人只道他是箇善人他也略不與人說待問了方與說

濂溪清和孔經甫祭其文曰公年壯盛玉振金聲從容和毅一府皆傾墓碑亦謂其精密嚴恕氣象可想矣

問延平李先生謂常存此心勿為事物所勝荅曰云云頃之復曰李先生涵養得自是別真所謂不為事物所勝者古人云終日無疾言遽色他真箇是如此尋常人出近處必徐行出遠處行必速先生出近處也如此出遠處也如此尋常

人呼童僕呼之一二聲不至則聲必厲先生呼之不至不加於前也又如坐處壁間有字某每常也須起頭一看若先生則不然方其坐時固不看若是欲看則必起就壁下視之其不爲事物所勝大率若此嘗聞先生後生時極豪邁一飲必數十盃醉則好馳馬一驟二三十里不廻後来卻收拾得恁地醇粹此所以難及

文公昔嘗參見汪端明見其自少即以文章冠多士致通顯而未嘗少有自滿之色日以師友前輩多識前言往行爲事及其晚年德成行尊則自近世名卿少有能及之者

或問呂頤浩何如人曰這人麄胡亂一時間得他用不足道

問趙忠簡鼎張魏公浚優劣曰若論理會朝政進退人才趙公又較縝密無疎失若論擔當大事竭力向前則趙公不如張公雖是竭力向前只是他才短處事踈處多他盡其才方照管得若才有些不到處便弄出事來便是難趙公也是不諳軍旅之務所以不敢擔當萬一虜人來到面前無以應之不若退避耳

近世士大夫憂國忘家每言及國家事輒感憤慷慨者惟於趙子直黃文叔見之耳黃蜀人名裳

問中興賢相皆推趙忠簡公如何曰看他做來做去亦只是王茂洪規模當時廟論大槩主和議使當國亦未必不出於和但就和上須有些計較如歲幣稱呼疆土之類不至一一聽命如秦會之樣老草和了

方南京建國時全無紀綱自李綱入來整頓一番方略成箇朝廷模樣如僭竊及受僞命之臣方行誅竄死節之臣方行旌恤然李公亦以此去位矣

中興以來廟堂之上主恢復者前有李忠定公後有張魏公而已

問胡文定公與秦會之厚善之故曰秦會之嘗爲密教翟公巽知密州薦試宏詞游定夫過密與之同飯于翟奇之後康侯問人才於定夫首以會之爲對云其人類文若　又云無事不會後京城破虜欲立張邦昌執政而下無敢有異議惟會之抗論以爲不可康侯益義其所爲力言於張德遠諸公之前後會之自虜中歸與聞國政康侯屬望尤切嘗有書疏往還講論國政康侯有詞掖講筵之召則會之之薦也然其雅意堅不欲就是必已窺見其隱微一二有難處者故以老病辭後來會之做出大疏脫則康侯已

謝世矣

會之千鬼萬怪如不樂適人貶竄將去却與他懸懃不絕一日忽拈胡和仲文定子餞意極拳拳比其還家則臺章已下矣又送白金為儘如欲論去之人章疏多是自為以援言者做得甚好傳安道諸公往往認得如見彈洪慶善章曰此秦老筆也

汪端明少從學於焦先生名援字公路南京人汪旣達從杲老問禪憐焦之老欲進之以禪因勸焦登徑山見杲杲舉寂然不動感而遂通焦曰和尚不可破句讀書不契而歸亦奇士也

南軒見義必為他便是没安排周遮要做便做人說道勇他便是勇這便是不可及歎息數聲

慶元丁巳二月曾祖道見文公於考亭因論講學曰向來已見廬陵諸公有問目之類大綱寬緩不是斬丁截鐵真箇可疑可問只做一塲說話休了後來張欽夫說道凡向此者吾二人只如此放過了不特使人泛然來行一遭便道我曾從某人處講論一向胡說反為人所笑亦是壞了多少好氣質底若只悠悠地亦可惜今後須是截下看晚年要成就得一二人不妨是吾輩事業自後相過者這裏直是不放過也

文公問曾祖道曰公見南軒如何曰初學小生何
足以窺大賢君子曰試一言之曰南軒大本完
具資禀粹然却恐玩索處更欠精密曰未可如
此議之某嘗論未發之謂中字以爲在中之義
南軒深以爲不然及某再書論之書未至而南
軒遣書來以爲是南軒見識純粹踐行誠實使
人望而敬畏之某不及也

伯恭說義理太多傷巧未免杜撰

譙叔度與呂伯恭爲同年進士年又長自視其學
非伯恭比卽俯首執弟子禮而師事之略無難
色斯爲今世之所無叔度應童子進士科然竟

不能隨世俯仰不肯一日致其身於仕路也自
叔度以正率其家而子弟無一人敢爲非義
伯恭門徒氣宇厭厭四分五裂各自爲説久之必
至銷歇子静則不然精神緊峭其説分明能變
化人使人旦異而晡不同其流害未艾也
東萊聰明看義理都不子細向嘗與校程易到噬
嗑卦和而且治處一本作和而且治據治字於
理爲是他硬執要作治字和已有治意更下治
字不得緣他先讀史多所以看麄着眼讀書須
是先經爲本而後讀史
問東萊之學曰伯恭於史分外子細於經却不甚

理會嘗有人問他忠恕楊氏侯氏之說孰是他
却說公如何恁地一不會看文字這箇都好看來
他要說為人謀而不盡心為忠傷人害物為恕
恁地時方說不是門人曰他是相識浙間一種
史學故恁地文公曰史甚麼學只是見得淺
子靜使氣好為人師要人悟
文公問萬人傑別後見陸象山如何答曰在都下
相處議論間多不合因舉戊戌春所聞於象山
者多是分別集義所生非義襲而取之兩句曰
彼之病處正在此其說集義却是義襲彼之意
蓋謂學者須是自得於己不為文義牽制方是

集義若以此為義從而行之乃是求之於外是
義襲而取之也故其弊自以為是自以為高而
視先儒之說皆與己不合
陸子靜分明是禪但却成一箇行户尚有所據
曾祖道曰頃年亦嘗見陸象山文公笑曰這好商
量公且道象山如何對曰象山之學祖道曉不
得更是不敢學文公曰好何不敢學對曰象山
與祖道言目能視耳能聽鼻能知香臭口能知
味心能思手足能運動如何更要甚存誠持敬
硬要將一物去治一物須要如此做甚詠歸舞
雩自是吾夫子家風祖道對象山曰是則是有

此理恐非初學所到地位象山曰吾子有之而
必欲外鑠以為本可惜祖道曰此恐只是先生
見處今要祖道便如此却恐成猖狂妄行蹈乎
大方者矣象山曰纏繞舊習如落陷穽卒除不
得文公曰陸子靜所學分明是禪又曰江西大
抵秀而能文若得人點化是多少明快盖有不
得不任其責者然今黨事方起能無所畏乎忽
然被他來理會饒公進取時如何劉曰此是自
家身已上事進取何足議文公曰可便遷入精
舍
江西人樂善者多知學者少楊誠齋廉介清潔直

是少得謝尚書和易寬厚也煞朴直嘗過其家頹然有敗屋之下全無一點富貴氣也難得彭子壽浩屋甚大何必如此

林擇之説上四州人輕揚不似下四州人曰下四州人較厚潮陽人亦厚然亦陋莆人多詐如陳魏公郤淳朴無僞看魏公而已

林武子初到考亭時文公問黃義剛云在何處安下對曰不曾移入堂長房曰他便是箇有思量底蘇子容押花字常要在下面後有一人官在其上却挨得他花字向上面去他遂終身悔其初無思量不合押在下面及建昌包顯道等來

遂命武子作堂長後竟不改
辯姦論謂事之不近人情者鮮不爲大姦慝每嘗
嫌此句過當而今見得亦有此等人向年過江
西與陸子壽對語而劉淳叟獨去後面角頭坐
都不管被某罵云便是某與陸丈言不足聽亦
有數年之長何故恁地作怪
辛幼安亦是箇人才豈有做不得之理但明賞罰
則彼自服矣今日所以用之者彼之所短更不
問之說其過當爲害者皆不之恤及至廢置又
不敢收拾而用之
文公看東都事略謂學者曰只是說得一箇影子

偶看陳無已傳他好處都不載問曰他好處是甚事曰他最好是不見章子厚不着趙挺之綿襖後挺之聞其貧甚懷銀子見他欲以贈之坐間聽他議論遂不敢出銀子如此等事他都不載如黃魯直亦有好處亦不曾載得又問魯直好在甚處曰他亦孝友

東萊諸吕從來富貴雖有官多是不赴銓亦得安樂讀書他家這法度却是到伯恭打破了自後弄時文少有如前輩讀書者

文公說陸子靜之學自是他胷中無奈許多禪何看是甚文字不過假借以說其胷中所見者耳

據其所見本自不須聖人文字他却須要以聖人文字說者此正如販私鹽者本只是私鹽但上面須得數片鮝魚遮蓋方過得關津不被別人捉下了耳

王天悅雪夜見邵康節於山中猶見其儼然危坐豈其心地虛明所以推得天地萬物之理

陸深甫問爲學次序文公曰公家庭尊長平日所以教公者如何陸云刪定叔祖所以見教者謂此心本無虧欠人須見得此心方可爲學文公曰此心固無虧欠然須是事事做得是方無虧欠若只說道本無虧欠只見得這箇便了豈有

是理因說江西學者自以為得陸刪定之學便高談大論略無忌憚忽一日自以為悟道明日與人飲酒如法罵人某謂賈誼云秦二世今日即位明日射人今江西學者乃今日悟道而明日罵人不知所悟者果何道也

晦菴先生語錄類要卷第八

晦菴先生語録類要卷第九

勉齋黄先生門人　括蒼葉士龍編次

君道

舜固是聰明睿知然又能好問而好察邇言樂取諸人以為善併合將來

禹所以用於帝者乃所以求蓋父之愆也

或問韶武盡善盡美文公曰德有淺深有幸與不幸舜性之武王反之自是有淺深又舜以揖遜武以征伐征伐雖是應天順人自是有不盡美處今若要強説舜武同道也不得必欲美舜而貶武也不得文公又曰舜武不同正如孟子言

伯夷伊尹之於孔子不同至謂得百里之地而君之皆能以朝諸侯有天下。行一不義殺一不辜如得天下不爲是則同也舜武同異正如此故武之德雖比舜自有淺深而治功亦不多爭韶武之樂正是聖人一箇影子要得因此以觀其心大凡道理須寬心看便各自開去打疊了心胷安頓許多道理在裏面高者還他高下者還他下大者還他大小者還他小都歷歷落落多少快活

問征伐固武王之不幸使舜當之不知如何文公曰只恐舜是生知之聖其德盛人自歸之不必

征伐耳不然事到頭也住不得如文王亦然且
如殷始咎周周人乘黎祖伊恐奔告于受這事
勢便自住不得若曰奔告受則商之忠臣義士
何嘗一日忘商自是受昏迷耳受凶無道然亦
是武王事勢不相安住不得仲虺告成湯曰肇
我邦于有夏若苗之有莠若粟之有秕小大戰
戰罔不懼于非辜則仲虺分明言事勢不安不
容住我不誅彼則彼將圖我矣後人多曲爲之
說以諱之要之自是住不得

黃義剛問武王既殺了紂有微子之賢可立何不
立之而必自立何也文公不答

問泰伯事曰這事便是難若論有德者興無德者亡則天命已去人心已離便當有革命之事畢竟人之大倫聖人且要守得這箇看聖人反覆咏歎泰伯文王事而於武又曰未盡善皆是微意

西伯戡黎事難判斷觀戡黎大故逼近紂都了豈有諸侯臣子而敢稱兵於天子之都乎看來文王只是不伐紂耳其他事亦都做了如伐崇戡黎之類若說文王終守臣節何故有此只是後人因孔子以服事殷一句遂委曲回互箇文王說殺好看殊不知孔子只是說文王不伐紂耳

嘗見雜說云紂殺九侯鄂侯爭之強辯之疾併
臨鄂侯西伯聞之竊歎崇侯虎譖之曰西伯欲
叛紂怒囚之羑里西伯歎曰父有不慈子不可
以不孝君有不明臣不可以不忠豈有君而可
叛者乎於是諸侯聞之以西伯能敬上而恤下
也遂相率而歸之看來只這段說得平
文公以答未盡善一段示諸生因問看得如何皆
未有所答曾祖道曰看來湯武也自別如湯放
桀歸來猶做工夫且如從諫弗咈改過不吝昧
爽丕顯旁求俊彥刻盤銘修人紀如此之類不
敢少縱武王自伐紂歸來建國分土散財發粟

之後便只垂拱了且如西旅獻獒費了太保許多氣力以此見得武王做工夫不及成湯甚遠先生所謂觀詩書可見者愚切以為如此文公笑曰然某之意正如此

問晉悼公文公曰甚次第他才大段高覩當初人去周迎他時只十四歲他說幾句事便有操有縱纔歸晉做得便別當時厲公恁地弄得狼當被人胡亂殺了晉室大段費力及悼公歸來不知如何便被他做得恁地好恰如久雨積陰遇天晴光景都別赫然為之一新　又問勝威文否文公曰儘勝但威文是白地做起來悼公是

見成基址某嘗謂晉悼公宇文周武帝周世宗三人之才一般都做得事都是一做便成及纔成又便死了

五伯假之非利之之比若要識得假與利只看眞與不眞切與不切如好好色如惡惡臭正是利之之事也又曰齊威尚自白直恁地假將去至晉文做了千般蹺蹊所以夫子有正譎之論文公因歎曰天下事誰不恁地且如漢高祖三軍縞素爲義帝發喪他何嘗知所謂君臣之義所當然者但受教三老假此爲名因而濟其欲耳又曰此孟子所以不道威文而卑管晏也且如

興滅繼絶誅殘禁暴懷諸侯而尊周室百般好事他都做只是無惻隱之誠心他本欲他事之行又恰有這題目故不得不舉行揚道夫曰此邵子所以有功之首罪之魁之論曰他合下便是恁地

文公嘗説古時聖賢易做後世聖賢難做古時只是順那自然做將去而今大故費手問諸生云當劉項恁地紛爭時設使堯舜湯武居其間當如何是戰好是不戰好今且做秦是不仁不義可以勝那項籍出來紛爭許多時你却如何對副他還是與他厮殺不與他厮殺你若不與他

厮殺便被他殺了若與他厮殺時還是不殺人
麽當此時是天理是人欲恁地看來是未有道
理湯武在那時也須着百端思量與他區處
文公次日又言其夜來思量那高祖其初入關
後恁地鎮撫那人民又到灞上又不入秦府庫
收財貨美女之屬皆是後來被項羽王他巴蜀
漢中他也入去這箇也是未幾却出來定三秦
巴自是侵占別人田地了但是那三降王不足
以王秦他却也是若奪得關中也好住且開了
關門守得那裏面底也得又去尋得那義帝
說話出來這箇尋得也是若湯武也不肯放過

◎

這說話且只依這箇做便是卻又率五諸侯合得五十六萬兵走去彭城日日去喫酒取那美人更無理會被項羽來殺得狼狽走湯武便不肯恁地自此後名義壞盡了從此去只是胡做胡殺了胡文定謂借乎假之未久而還歸也這箇便是假之未久而還歸若把與湯武做時須做得好定是不肯恁地

陳安卿問正統曰天下為一諸侯朝覲獄訟皆歸便是得正統無有正不正乃是隨他做得如何有初不得正統而後方得者是正統之始有始得正統而後不得者是正統之餘如秦初猶未

得正統至始皇平天下方始得正統晉初亦未
得正統自太康以後方始得正統隋初亦未得
正統自滅陳後方得正統如今本朝至太宗時
并了太原方是得正統又有無統時如南北三
國五代皆天下分裂不能相君臣此謂無統某
嘗作通鑑綱目有無統之說後之君子必有取
馬溫公只要編年書相續此等處須把一箇書
帝崩而餘則書主殂既不是他臣子又不是他
舊史官只如旁人立看一般何故作此尊奉之
態此等處合只書甲子而附注年號於其下如
魏黃初幾年吳黃武幾年蜀建興幾年之類方

◎

是　安卿問曰南軒謂漢後當以蜀漢年號繼之此說如何曰如此亦得他亦以蜀漢是正統之餘如東晉亦是正統之餘也黄義剛問東周及唐末天子不能有其土地亦可謂之正統之餘否文公曰畢竟周是天子唐之天下甚闊所不服者只河北數鎮之地而已安得謂不能有其土地

唐源流出於夷狄故閨門失禮之事不以為異

三代以下漢之文帝可謂恭儉之主

文帝不欲天下居三年喪不欲以此勤民所為大綱類墨子　又曰文帝天資美若責之行聖人

之道則不能武帝病痛多天資高足以有為合
下便得真儒佐之豈不大可觀觀其所為去秦
皇無幾而晩年痛自追悔此亦見得天資高處
胡致堂謂他若以仲舒為相汲黯為御史大夫
豈不善乎　又曰武帝好揀好名目如欲逞兵
立威必曰高皇帝遺朕平城之憂須是果以此
為恥須修文德以來之何用窮兵黷武何用駈
中國生民於沙漠之外以償鋒鏑之慘
高祖從襄陽金州商州長安角上入關

禮制

文公因言漳州夫子廟制夫子居中顔孟當列東

坐西向七十二人先是排東廡三十六人了却
方自西頭排起本是如此自升曾子於殿上下
面虛一位次序都亂了
古人所以祔于祖者以有廟制昭穆相對將來祧
廟則以新死者安於祖廟所以設祔祭豫告使
死者將來安於此位亦令其祖知是將來移上
去其孫來居此位今不異廟只共一室排作一
列以西為上則將來祧其高祖了只虛得一位
死者當移在禰處如此則只當祔禰今却祔祖
全無義理但古人是祔于祖今又難改他底若
卒改他底將來後出或有重立廟又着改也

神宗朝欲議立朝廷廟制當時張琥則以爲祧廟
祔廟只移一位陸農師則以爲祔廟皆移一匝
如農師之說則是世爲昭穆不定豈得如文王
郤是穆武王郤是昭如我穆考文王又我昭烈
考武王又如左傳說云云文之昭也云云武之
穆也則昭穆是萬世不可易豈得如陸氏之說
陸氏禮象圖多有杜撰處不知當時廟制後來
如何不行

近日上殿禮簡如所謂舞蹈等事皆無之只直至
殿下拜一雙上殿奏事退又拜即退這也是閤
門要省事故如此先壽皇初間得幾時見羣臣

皆許用紫衫後來有人說道太簡後不如此
本朝許多大儀禮郊措置未得如禘廟事因英宗
以皇伯之子入繼大統後只令其嗣王奉祭祀
天子則文告
室中西南隅乃主位室中西牖東戶若宣聖廟室
則先聖當東向先師南向如周人禘嚳郊稷嚳
東向稷南向今日朝廷宗廟之禮情文都自相
悖不曉得古者主位東向配位南向故拜即望
西令既一列皆南向到拜時亦却望西拜都自
相背如此
古者用籩豆簠簋等陳於地當時人亦席地而坐

故如此飲食爲便如今塑像高高在上而祭饌反陳于地情文反不相稱曩者某人來問白鹿洞書院夫子廟欲塑像某答以州縣學是天子所立既元用像不可更書院自不宜如此不如不塑像某處有列子廟却塑列子膝坐於地這必是古像行古禮須是參用今來日用常禮庶或饗之如太祖時祭用簠簋籩豆之外仍設牙盤食用椀楪之類陳於床這也有意思到那神宗時廢了元祐初復用後來變元祐之政故此等遂廢

問濮議曰歐陽說不是韓公曾公亮和之溫公王

珪議是范鎮呂誨范純仁呂大防皆彈歐公但温公於濮安懿王邊禮數太薄須於中自有斟酌可也歐公之說斷不可且如今為人後者一日所後之父與所生之父相對坐其子來喚所後父為父終不成又喚所生父為父這自是道理不如此且試坐仁宗於此又坐濮王於此則英宗過焉終不成都喚兩人為父只緣衆人道是死後為鬼神不可考胡亂呌都不妨都不思道理不如此當時仁宗嘗有詔云朕皇兄濮安懿王之子猶朕之子也此甚分明當時只以此為據足矣　又曰古禮之壞自定陶王時已壞

◎

了蓋成帝不立弟中山王以爲禮兄弟不得相入廟乃立定陶王蓋子行也孔光以尚書盤庚之及王爭之不獲當時濮廟之爭都是不曾好好讀古禮見得古人意思爲人後爲人子其義甚詳

勉齋問古以百步爲畝文公曰今以二百四十步爲畝百畝當今四十一畝

今宗室中多帶皇叔皇伯皇兄冠於官職之上非古者不得戚君之意如本朝王定國嘗言之欲令稱某王孫或曾孫或幾世孫亦自好後來定國得罪反以此爲離間骨肉今宗室散無統紀

名諱重疊字號都窮了更無安排處楊子直嘗欲用季字趙丞相以為季是叔季意不好遂不用

立事之人須是硬擔當死生以之以韓魏公之立英廟英廟即位繼感風疾魏公當時只是鎮之以靜及至英廟疾亟遂迎立潁王或曰若王上·復安將如之何魏公曰不過為太上皇耳溫公為諫官魏公甚苦之及作魏公祠堂記有數語形容魏公甚好是他見得魏公有不可及處

古人左史書言右史書重今也恁地分不得只得合而記之勉齋曰所可分者事而已文公曰也

分不得所言底便行出此事來

文公曰夫子得志大槩從周處多

論大成從祀學者問伊川於毛公不知何所主而取之曰不知何所見而然嘗考之詩傳其緊要處有數處如關雎所謂夫婦有别則父子親父子親則君臣敬君臣敬則朝廷正朝廷正則王化成要之亦不多見只是其氣象好大槩好問退之一文士爾何以從祀曰有闢佛老之功

姪對姑而言今人於伯叔父前皆以爲猶子盖記禮者主喪服言如夫子謂回也視予猶父若以姪謂之猶子則亦可以先生爲猶父矣漢人謂

之從子却得其正蓋叔伯皆從父也
令之表啓是下諫其上令之制誥是君諫其臣
旅酬是客先勸主人主人復勸客客又勸次客次
客又勸第三客以次傳去客多則兩頭勸起
李堯卿問高祖祧爲穆之義曰新死之主新祔便在
昭這一排且如諸侯立廟一是太祖居中二昭
三穆相對今新死者祔則高過穆這一排對空
坐以其意推之當是如此但禮經難考
胡叔器問四先生禮曰二程與横渠多是古禮温
公則大槩本儀禮而參以今之可行者要之温
公禮較穩其中與古不甚遠是七八分好若伊

川禮則祭禮可用婚禮則推溫公者好大抵古
禮一不可全用如古服古器今皆難用
符舜功曰去歲初得官欲冠帶參先生以顯道言
而止今思之亦是失禮文公曰畢竟是君命良
久笑曰顯道是出世間法某幼聞劉諫議初仕
時常冠帶乘轎還人事後又聞李先生云楊
龜山初得官時亦冠帶乘轎還人事往往前輩
皆如此今人都不理會其間有如此者遂哂之
要之冠帶爲禮其在同安作簿時朝廷亦有文
字令百官皆戴帽其時坐轎礙後轎頂上添了
一圓竹方不礙

問韓文禘祫議說獻懿二祖之事當否文公曰說得好志中所謂興聖廟者乃是梁武昭王之廟乃唐之始祖然唐封皐陶為帝又尊老子為祖更無理會

古者天子見羣臣有禮先特揖三公次揖九卿又次揖左右然後泛揖百官所謂天揖同姓之類有許多等級

古人之室無廊廡三公露立於槐下九卿露立於棘下當其朝會有雨則止

古者天子尊師重傅太甲拜手稽首成王拜手稽首疏言稽首稽留之意是首至地之久也晉元

帝拜王導至其家亦拜其妻

漢時宿衛皆是子弟不似而今用軍卒

問周禮五服之貢限以定名不問其有無與禹貢不合如何文公曰一代自有一代之制大槩是近處貢重底物事遠處貢輕底物事如禹貢納銍納秸之類

陳安卿問周禮二十而一十二二十而三十一二十而五如何文公曰近處役重遠處役輕且如六鄉自是家家為兵至如稍縣都却是七家只出一兵勉齋曰井遂用貢法都鄙用助法則是縣都九一但鄭注二十而一等及九賦之類皆

云是許田出泉如此又近於太重文公曰便是
難曉若要依他行時也難而今去封建井田時
煞遠

巡狩只是去回禮他一番

問謚宣公力言雙字謚之非不知雙字起於何時
曰謚以尊名節以一惠便是只以一字謚爲惠
如雙字謚自周已是如此如威烈王慎靚王是
也

今之朝服乃戎服蓋自隋煬帝數游幸因令百官
以戎服從一品紫次朱次青皁靴乃馬鞋也後
世循襲遂爲朝服然唐人朝服猶着禮服幞頭

圓頂軟脚今之吏人所冠者是也桶頂帽子乃隱士之冠宣和末京師士人行道間猶着衫帽至渡江戎馬中乃變爲白凉衫紹興二十年間士人猶是白凉衫至後來軍興又變爲紫衫皆戎服也

深衣服虔布但用虔布亦未依法當先有事其縷無事其布方未經時先砑其縷非織了後砑也

幞頭本是偎脚垂不要束得緊今却做長脚問横渠說唐莊宗取伶官幞頭帶之後遂成例曰不是如此莊宗在位亦未能便化風俗兼是伶人所帶士大夫亦未肯帶之見畫本唐明皇已帶

長脚幞頭或云藩鎮僭禮爲之後遂爲此樣或云乃是唐宦官要得常似新樣故以鐵線插帶中又恐壞其中以桐木爲一幞頭骨子嘗令幞頭高起如新謂之軍容頭後來士大夫學之令匠人爲我所箇軍容頭來盖以木爲之故謂之所及唐末宦者之禍人皆以此爲讖王彥輔麈史說如此說得有來歷恐是如此後來覺得不安後到本朝時又以藤做骨子以紗糊其上後又覺見不安及到仁宗時方以漆紗爲之嘗見南劍沙縣人家尚有藤骨匠可見此事未久盖非一朝一夕之故其變必有漸

市廛而不征市在何處曰此都邑之市人君國都
如井田樣畫爲九區面朝背市左祖右社中間
一區則君之宮室宮室前一區爲外朝凡朝會
藏庫之屬皆在焉後一區爲市市四面有門每
日市門開則商賈百物皆入焉賦其廛者謂收
其市地錢盖逐末者多則賦其廛以抑之少則
不廛而但以市官之法所以招徠之也市官之
法如周禮司市平物價治爭訟譏察異言異服
之類市中惟民乃得入凡公卿大夫有爵位者
及士者皆不得入入則有罰如國君過市則刑
人赦夫人過市則罰之幕世子過市則罰之帟

命夫命婦過市則罰之蓋帷之類左右各一區
皆民所居而外朝一區左則宗廟右則社稷在
焉此國君都邑之槩也

死諡周道也更云夏商以上無諡以其號爲諡如
堯舜禹看來爲諡也無意義堯從三土如土之
堯然而高舜只是花名所謂顏如舜華禹者獸
迹今鼎文如獸之迹皆無意義死虞舜側微時
已云有鰥在下曰虞舜則不得謂死後而加之
諡號看來堯舜禹只是名

問祧主置何處曰古者始祖之廟有夾室凡祧主
藏之今士庶之家不敢僭立始祖廟只得如伊

川說埋於兩階之間某家廟中亦如此兩階之
間人跡不到取其潔耳今思之不若埋于始祖
墓邊緣無箇始祖廟所以難區處只得如此
問井田阡陌曰商君廢井田開阡陌今人皆謂廢
古井田開今阡陌非也阡陌乃是井田中許多
溝澮道路而商君壞去之耳蔡澤傳云廢壞井
田決裂阡陌此其證也
引見上殿是兩事今閤門引見便用舞蹈近日多
是放見只是上殿拜於階下直前奏事而已惟
受告門謝有舞蹈
古者王常朝但至於寢門外與群臣相揖而已然

王卻先揖揖群臣就位王便入朝明仲嘗云近
世朝禮每日拜跪乃是秦法周人之朝元不如
此
路鼓在路門外王崩則擊此以傳宣四方肺石其
形如肺擊之有聲窮民許擊此石
禮聞取於人是人來求我我因而教之不聞取人
是我求人以教取於人便是有朋自遠方來童
蒙求我取人者便是好為人師我求童蒙
九御車皆御者居中乘者居左惟大將之車將自
居中所謂鼓下大將自擊此鼓為三軍聽他節
雖王親征亦自擊鼓

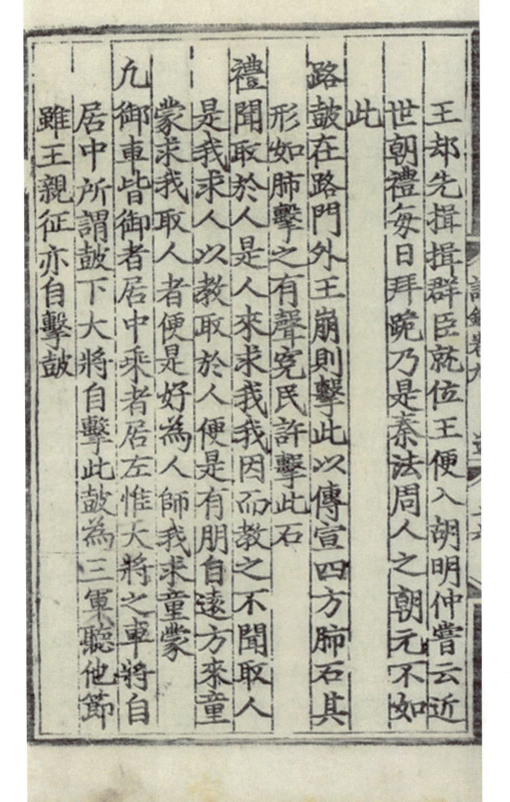

郭德元問老子云禮者忠信之薄而亂之首孔子又却問禮於他不知何故曰他曉得禮之曲折只是他說道是箇無緊要底物事不將為事某初間疑有兩老聃橫渠亦意其如此今看來不如是他曾為柱下史於禮自是理會得所以與孔子說得如此好只是他又說這箇物事不用亦得一似聖人用禮時反若多事所以如此說禮運中謂謀用是作而兵由此起等語便自有這箇意思

陳安卿問姓氏如何分别曰姓是大總腦處氏是後來次第分别處如魯本姬姓其後有孟氏季

氏同為姬姓而氏有不同某嘗言天子因生以
賜姓諸侯以字為謚因以為族切恐謚本氏字
先儒隨他錯處解了義理不通且如舜生於嬀
汭武王遂賜陳胡公滿為嬀姓如鄭之有國氏
本子國之後駟氏本子駟之後如此之類所謂
以字為氏因以為族

制度之書惟周禮儀禮可信禮記便不可深信周
禮畢竟出於一家謂是出於周公親筆固不可
然大綱是周公意思某所疑者但恐周公立下
此法却不曾行得盡又曰周禮是一箇草本尚
未曾行

五家為比五比為閭四閭為族五族為黨五黨為
州五州為鄉五家為鄰五鄰為里四里為都五
都為鄙五鄙為縣五縣為遂此鄉遂制田里之
法也五人為伍五伍為兩四兩為卒五卒為旅
五旅為師五師為軍此鄉出兵之法也故曰凡
起師徒無過家一人既一家出一人則兵數宜
多然只是擁衛王室如今禁衛相似不令征行
也
都鄙之法則九夫為井四井為邑四邑為丘四丘
為甸然後出長轂一乘甲士二人步卒七十二
人以五百一十二家而共只出七十二人則可

◎

謂甚少然有征行則發此都鄙之兵悉調者不
用而用者不悉調此二法所以不同而貢助之
法有異大率鄉遂以十爲數是長連排去井田
以九爲數是一箇方底物事自是不同
古者王畿之内髣髴如井田規畫中間一圈便是
宫殿前圈中左宗廟右社稷其他百官府以次
列屋是爲前朝後中圈爲市不如今人家自賣
買乃是官中爲設一去處令凡民之賣買者就
其處若塲務然莊無游民雜處其間更東西六
圈以處六鄉六遂之民耕作則出就田中之廬
農功畢則入此室處唐制頗放此最有條理城

中義坊每坊各有牆圍如子城然一坊共一門
出入六街凡城門坊角有武侯鋪衛士分守日
暮門閉五更二點鼓自內發諸街鼓振坊市門
皆啓若有姦盜自無所容蓋坊皆常居之人外
面人來皆可知如殺宰相武元衡於靖安里門
外賊分明載元衡入朝出靖安里賊乘暗殺之
亦可見坊門不可胡亂入只在大官街上被殺
了如那時措置得好街邊無閑雜買賣污穢雜
揉所以杜詩云我居巷南子巷北可恨鄰里間
十日不一見顏色亦見出入坊入一坊非時時
往來不可

某事合當如何這謂之令如某功得幾等賞某罪得幾等罰這謂之格凡事有箇樣子如今家保狀之類這謂之式某事當如何斷某事當如何行這謂之勑令人呼為勑令格式據某看自合呼為令格式勑勑是令格式所不行處故斷之以勑

或問遠廟為祧如何曰天子七廟如周文武之廟不祧文為穆則凡後之屬乎穆者皆歸于文之廟武為昭則凡後之屬於昭者皆歸于武之廟也

古樂府云伸腰拜手跪則婦人當跪而拜但首不

至地婦人不跪或謂唐武后時方不如此周天
元令命婦爲男子之拜以稱賀及天元薨遂改
其制想史官書之以表其異然則婦人之拜當
以深拜頫合於古

唐殿庭間種花柳故杜詩云香飄合殿春風轉花
覆千官淑景移又云退朝花底散至國朝惟植
槐楸鬱然有嚴毅氣象又唐制天子坐朝有二
宫嬪引至殿上故前詩起句云户内昭容紫綬
垂雙瞻御座引朝儀至敬宗時方罷用小黄門
引導至今是如此

祖宗時有大朝會如元正冬至有之天子被法服

群臣皆有其服籍溪胡先生在某州某解頭亦嘗預元正朝班又舊制在京師升朝官以上每日趂班如上不御殿宰相押班所以韓魏公不押班爲臺官所論籍溪云士服着白羅衫青緣有裙有佩如紹興間韓勉之知某州於信州會樣來製士服正如此某後來看見祖宗實録乃是教大晟樂時士人所服方知出處今日朝廷所班緋衫乃有司之服也

晦菴先生語録類要卷第九

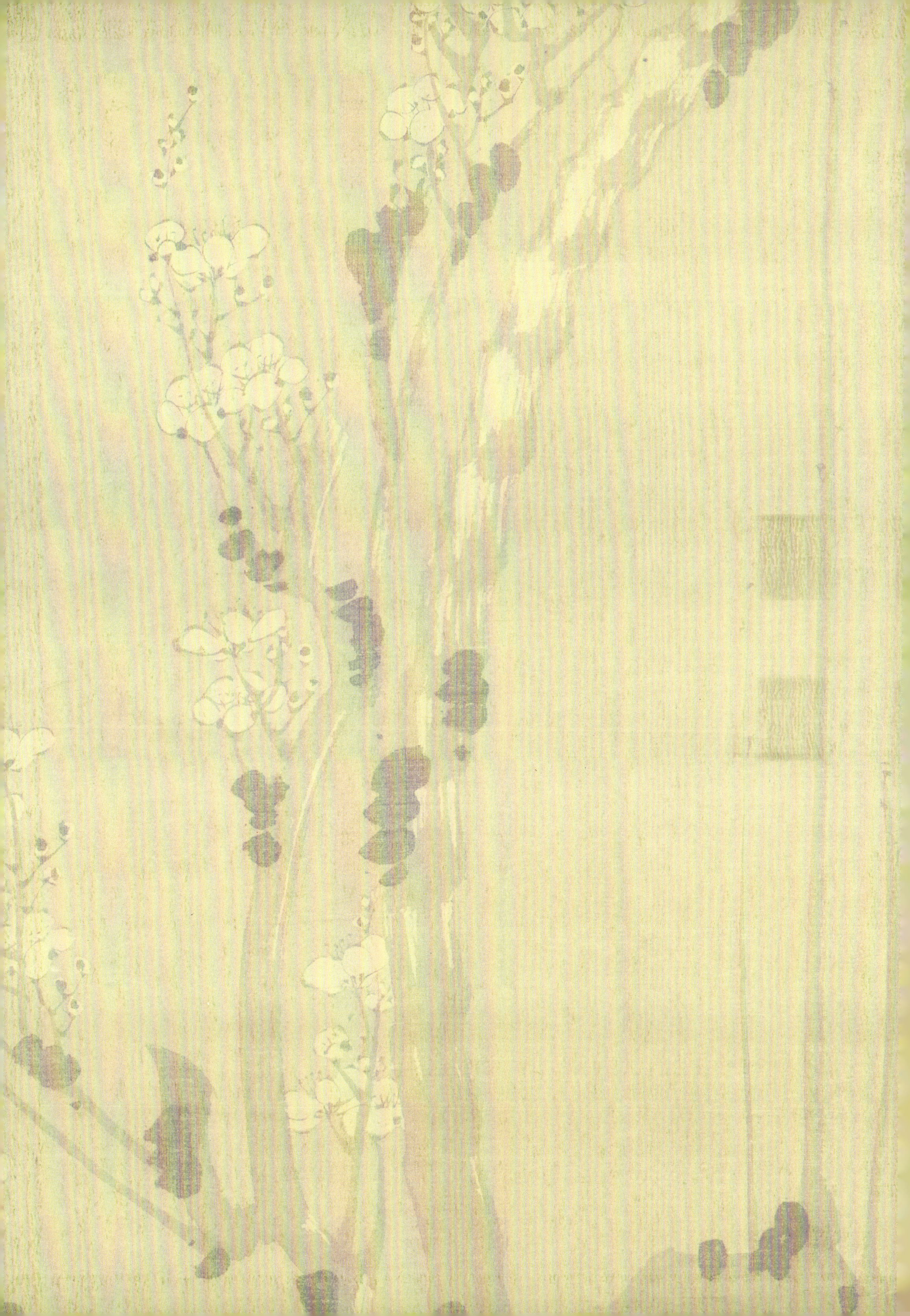

新編晦庵先生語録類要

〔宋〕葉士龍 編
〔明〕成化六年刊

下

江蘇大學出版社
JIANGSU UNIVERSITY PRESS
鎮江

晦菴先生語錄類要卷第十

勉齋黄先生門人括蒼葉士龍編次

祭禮

文公曰伊川制士庶不用主只用牌子看來牌子當如主制只不消做二片相合及竅其旁以通中

天地合祭於南郊及太祖不別立廟室千五六百年無人整理

文公以子喪不舉盛祭就影堂內致薦用深衣幅巾薦畢反喪服哭奠子則至痛

謁先聖焚香不是古禮拜進將捻香不當稽首只

直上拈香了却出笏叩首而降拜
伊川時祭上至高祖高祖而上則於立春設一位統祭之而不用主此說是也却又云祖又豈可厭多苟其可知者無遠近多少須當合祭之疑是初時未曾討論故有此說
五峯言無北郊只社便是祭地此却說得好
紙錢起於唐玄宗時王璵蓋古人用玉幣後來易以錢幣無許多錢來埋得故璵作紙錢易之
文字便是難理會且如唐禮書載范傳是言唯顏魯公張司業家祭不用紙錢故衣冠效之而國初言禮者乃錯看遂作紙衣冠而不用紙錢不

知紙錢紙衣有何間別

問向見人設主有父在子死而主牌書父主祀如何曰便是禮書中說得不甚分曉如此類只得不寫若向尊長則寫

又問溫公所作主牌甚大闊四尺厚五寸二分不知大小當如何為是曰便是溫公錯了却本荀勗禮據隋煬帝所編禮書有一篇荀勗禮乃是云闊四寸厚五分八分大書某人神座不然只小楷書亦得後人相承誤了却作五寸八分為一句

問祭祖先士庶當祭幾代曰古禮一代一廟其禮

甚多今於禮制大段虧缺而士庶皆無廟但溫
公禮祭三代伊川祭自高祖始疑其過要之既
無廟又於禮煞缺祭四代亦無害
問東坡小宗之說如何曰便是祭四代蓋自己成
一代說起
陳仲蔚問鄭睘曖不知為何神曰卻不曾子細考
東坡以為猶如蠟　又問中霤是何處曰古人
居土屋中間開一天窻此中霤後人易而為屋
不忘古制相承亦有中霤之名但當於室中祭
之　問蜡與臘如何曰臘自是臘蜡自是蜡黃
義剛曰臘之名至秦方有

問中庸二昭二穆以次而南如何曰太祖居中坐北而向南昭穆以次而出向南某人之說如此乃是如疏中謂太祖居中昭穆左右分去列作一排若天子七廟恐太長闊又曰大率論廟制劉歆之說頗是

問無後祔食之位曰古人祭於東西廟今人家無東西廟某家每常只位於堂之兩邊祭食則一但正位三獻畢然後使人分獻一酌而已如今學中從祀然

問家廟在東莫是親親之意否曰只是人子不死其親之意

問先生之家廟只在廳事之側曰便是不能辨古之家廟甚闊所謂寢不踰廟是也又問祭時移神主於正堂其位如何曰只是排列以西爲上又問祫祭考妣之位如何曰太祖東向則昭穆之南向北向者當以西方爲上則昭之位次高祖西而妣東祖西而妣東是祖母與孫並列於體爲順若余正甫之說則欲高祖東而妣西祖東而妣西是祖與孫婦並列於體不順彼蓋據漢儀中有高祖南向呂后少西更不取證於經文而獨取傳注中之一二執以爲是斷不可回耳

古人祭酒於地祭食於豆間有板盛之卒食撤去

問五祀祭行之義曰行堂塗也古人無廊屋只於堂階下作兩條路子五祀雖是分四時祭然出行則獨祭行又出門又有一祭作兩小山子於門前亦以狗置之山上祭畢却就山邊喫推車從兩山間過蓋取跋履山之義

符舜功問祭五祀想也只是當如此致敬未必有此神曰神者妙萬物而言者也盈天地間皆神若說五祀無神則有有神處有無神處是甚道理

問天子祭天地諸侯祭山川大夫祭五祀庶人祭

其先此是禮分當如此否曰如天子是天地之
主便祭得天地若其他人與他不相關後祭箇
甚麽
問而今人燒香拜天之類恐也不是曰天只在我
更禱告箇甚麽一身之中凡所運動莫不是天
一身自在天裏行如魚在水裏滿肚裏都是水
某嘗見人家設醮最可笑豈有斟一盞酒盛兩
箇餅便要享上帝且說有此理無此理某在南
康祈雨每日例去天慶觀燒香某說且慢而今
看有箇人不經州縣後便去天子那裏下狀時
你嫌他不嫌他你須捉他來打不合越訴而今

祈雨卻如何不祭境內山川如何便去告上帝

漢祭河用御龍御馬皆以木爲之此已是用紙錢之漸

温公儀謂以香代爇蕭楊子直不用以爲香只佛家之說用之

周公祭泰山以召公爲尸 出儀禮

文公曰夫祭妻亦當拜

陳後之問祖宗是天地間一統氣因子孫祭享而聚散否曰這便是上蔡所謂若要有時便有若要無時便無皆由乎人矣鬼神本是有底物事祖宗亦只是同此一氣但有箇總腦處子孫這

身在此祖宗之氣便在此他是有箇血脉貫通所以神不歆非類民不祀非族只為氣不相關如天子祭天地諸侯祭山川大夫祭五祀雖不是我祖宗然天子者天地之主諸侯者山川之主大夫者五祀之主我主他他之氣便總統在我身上如此便有箇相關處

府君夫人之稱漢人碑已有只是尊神之辭府君如官府之君或謂之明府今人亦謂父曰家府

神主沙隨謂以所宜木刻為之某謂但以所宜木為主如世俗之神樹以木名如櫟社枌榆社之類

問社稷神曰說得不同或云稷是丘陵原隰之神
或云是穀神看來穀神底是社即土神又問社
何以有神曰能生物便是神
問俗節之祭韓魏公處得好謂之節祠某家依之
但七月十五用浮屠說素饌祭某不用初欲去
廢俗節某問公於端午須喫粽重陽須飲茱萸
酒不祭而自享於汝安乎
如今祀天地山川之神塑像以祭極無義理
問郊祀后稷以配天宗祀文王於明堂以配上帝
天即帝帝即天郊分祭何也曰爲壇而祭故謂
之帝

文公考亭新書院告成明日欲祀先聖先師古有釋菜之禮約而易行遂檢五禮新書令諸生具其要以呈文公終日董役夜歸而與諸生斟酌禮儀雞鳴起平明往書院廳事未備就講堂行禮宣聖像居中兗國公顔氏郕侯曾氏沂水侯孔氏鄒國公孟氏西向配北上各設位牌濂溪周先生東一明道程先生西一伊川程先生東二康節邵先生西二司馬溫國文正公東三橫渠張先生西三延平李先生東四從祀亦紙牌並設於地祭儀別錄祝文別錄文公為獻官命葉賀孫為贊黃直卿徐居父分奠游子蒙贊敬

之掌儀堂狹地潤頗有失儀但虧官極其誠敬
如或享之鄰里無長幼皆來陪拜禮畢文公揖
賓坐賓再起請文公就中位開講文公以座中
多年老不敢居中位再辭不獲諸生復請遂就
位說為學之要午飯後集賓飲至暮而散

婚禮 冠禮附

司馬禮云親迎奠鴈見主昏者即出不先見妻父母者以婦未見舅姑也是古禮如此伊川卻教
拜了入堂拜大男小女這卻不是　伊川云婿
迎婦既至即揖入內次日見舅姑三日而廟見
是古禮司馬禮卻說婦入門即拜影堂這又不

是古人初未成婦次日方見舅姑蓋先得於夫
方可見舅姑到兩三月得舅姑意了方令見祖
廟某思量今亦不能三月之久亦須第二日見
舅姑第三日見廟乃安　親迎之禮如妻家遠
就近處設一館却就彼迎歸家成禮
李堯卿問姑舅之子為婚文公曰據律不許然自
仁宗之女嫁李瑋家乃是姑舅之子故歐陽公
曰公私皆已通行又如魯與宋為世昏後又與
齊世為昏其皆有以姑舅之子者從古亦然只怕
位行不是
親迎之禮伊川之說為是近則迎於其門遠則迎

於其館

問冠儀文公曰凡婦人見男子每先一拜男子拜則又答拜再拜亦然若子冠見母亦如此重成人也尋常則不如此但古人無受拜之禮雖兄亦還拜君亦然但諸侯見君則兩拜還一拜

喪葬

改葬緦鄭玄以為終緦之月而除服王肅以為葬畢便除如何曰今不可考禮疑從厚當如鄭氏王肅以為既虞而除之若是改葬神已在廟久矣何得虞乎曰今亦不可考看來也須反哭於廟鄭氏以為只是有三年服者改葬服緦三月

非三年服者弔服加麻葬畢除之否曰然子思
曰禮父母改葬緦而除
或問改葬曰須告廟而後告墓乃啓墓以葬葬畢
奠而歸又告廟哭而後畢事亦穩當行葬而不
必出主祭告時却出主於寢
古人君臣之際君服臣喪坐撫當心要絰而踊在
祖宗時於舊執政喪亦嘗親臨自渡江以來一
向廢此只秦檜之死高宗却臨之後來不復舉
如陳福公以壽皇眷之如此隆至其死亦不親
臨如祖宗凡大臣死遠地不及臨者必遣郎官
往弔今來一向不如此且壽皇凡百提掇得意

思起這般處卻恁地不覺今日便一向發卻

問姨母重於舅服曰姊妹於兄弟未嫁期旣嫁則降爲大功姊妹之身卻不降也故姨母重於舅也

問某人不肯丁所生母憂文公曰禮爲所生父母齊衰杖期律文許其申心喪若所生父再娶亦當從律某人是也又問若所生父與所繼父俱再娶當持六喪乎文公曰固是　又問先儒李濮議事文公曰此只是理會稱親當時蓋有引戾園事欲稱皇考者又問稱皇考是否曰不是然近世儒者亦有多言合稱皇考者

稽顙而後拜謂先以頭至地而後下手此喪拜也

若拜而後稽顙則今常用之拜也

聖人之心如四時然其變也有漸且如古者喪服

始死至終喪中間節次漸漸變去不似今人直

到服滿一頓除脫便衣華采也

問服制曰唐時添那服制添得也有差異處且如

親叔伯是朞堂叔伯便是大功乃便降為小功

不知是怎生地

舅於甥之妻有服妻於夫之舅無服也是怪蓋舅

是從父身上推將來故廣甥之妻從夫身上推

將來故狹

周禮載赤璋白璧等歛此豈長策要是周公未思
量耳覷季孫思死用玉而孔子歷階言其不可
則是孔子方思量得到周公思未到也
李堯卿曰荆婦有所生母無家養百歲後歸祔於
婦家之塋如何曰亦可又問神主歸於婦家則
婦家陵替欲祀之於家之別室如何文公曰不
便並人風俗如此上谷郡君謂伊川曰今日為
我祀父母明年不復祀矣是亦祀其外家也然
無禮經
總如今之髻巾括髮是束髮為髻鄭氏儀禮注及
疏以男子括髮與免及婦人髽皆云如著幓頭

◎

然所謂摻頭何也曰即今之掠頭編子自項而
前交於額上却繞髻也免或讀如字謂去冠婦
人有經亦只是大麻紮作一環子耳
朝祖時祖亦合有奠温公書儀斬齊衰皆用古制
而功緦又却不用古制此却可疑古者五服皆
用麻但布有差等皆有冠經但功緦之經差小
耳今俗喪服之制下用橫布作襴惟斬用不得
問今之墨縗可便於出入而不合於禮經如何曰
若能不出則不服之亦好但要出外幹事只得
服之喪服四制說百官備百物具不言而事行
者扶而起言而後事行者杖而起身自執事而

後行者面垢而已蓋惟天子諸侯始得全伸其
禮庶人皆是自執事不得伸其禮矣
陳堯卿問夫婦合葬之位曰某當初葬亡室時只
存東畔一位亦不曾考禮是如何陳堯卿曰地
道以右為尊恐男當居右文公曰祭時以西為
上則葬時亦當如此方是
居喪初無不得讀書之文古人居喪不受業者業
謂簨虡上一片板不受業謂不敢作業耳古人
禮樂不離身惟居喪然後廢樂故曰喪復常讀
樂章周禮有司樂者謂此業也
今人齊衰用布太細又大功小功皆用苧布恐非

◎

禮大功須如所賣大麻布稍細者或熟麻布亦可小功須用虔布之屬古者布帛精粗皆有升數所以說布帛精麄不中數不鬻於市今更無此制聽民之自爲所以倉卒難得中度者只得買來自以意擇製之耳

槨外四圍上下一切實以炭末須厚七八寸許辟濕氣免水患截樹根槨裏用石灰又以篩過細沙相雜灰與沙相乳入其堅如石

今人呼墓前地爲明堂嘗見伊川集中書爲券臺不曉所以南軒欲改之某云不可且留着後見唐人文字中言其朝詔改爲券臺

問居喪尊長强之以酒當如何曰若不得辭則勉
徇其意亦無害但不至沉醉食巳復初可也又
問座中有歌唱者如之何曰當起避
文公毋夫人忌日着滲墨布衫其巾亦然學者問
今日服色何謂曰公豈不聞禮君子有終身之
喪
喪禮只二十五箇月是月禫徙月樂
君崩百姓如喪考妣三載四海遏密八音百姓如
喪考妣此是本分四海遏密八音以禮論之則
為過為天子服三年之喪只是畿內諸侯之國
則不然為君為父皆服斬衰君謂天子諸侯及

大夫之有地者大夫之邑以大夫為君大夫以
諸侯為君諸侯以天子為君各為其君服斬衰
諸侯之大夫却為天子服齊衰禮無二斬故也
公之喪諸達官之長杖達官謂通於君得奏事
者各有其長其長杖其下不杖可知學者又問
後世不封建諸侯天子一統百姓當為天子何
服曰三月天下服地有遠近聞喪雖有先後然
亦不過三月
喪服五服皆用麻朋友麻是加麻於吊服之上麻
謂經也
呂與叔集中一婦人墓誌言凡遇功緦之喪皆蔬

食終其月此可為法又言生布加碾治者為功

自古有大宗無子則小宗之子為之後這道理又却重只得安於伯叔父母而不可安於所生父母喪服則為後父母服三年所生父母只齊衰不杖朞

文公殯其長子諸生具香燭之奠文公留寒泉菴殯所受弔文公望見客至必涕泣遠接之客去遠送之時就菴西間掘地深二尺闊四尺內以大磚鋪砌用石灰數重徧塗之棺下及外用土磚夾甃唯謹將下棺以食五味奠亡者次子以下皆拜諸客拜奠次子代主人荅拜

◎

官制 財賦

總領一司乃趙忠簡所置當時之意甚重蓋緣韓岳統兵權重方欲置副貳又恐啓他之疑故特置此一司以總制財賦為名其實郤是專切報發御前兵馬文字其意蓋欲陰察之也或謂總領之職自可併歸漕司文公曰財賦散在諸路漕司郤呼吸不來亦如沆治須是創立都大提點方呼吸得聚

所在上供銀皆分配諸縣獨建寧因吴公路作憲并就鹽綱上納雖是并在鹽綱上中間係舊科敷諸縣甚者至科民間買納後沈公雅來郤檢

會前時行下旨揮遂罷買上供銀
祖宗立法催科只至九分才破這一分便不催但
破得一百貫謂之破分便住自曾丞相仲欽名
懷為户部時便不用這法須要催盡至今所以
如此
舊法貶責人若是庶官亦須帶別駕或司馬無有
帶階者今呂子約却是帶階官安置
本朝先未有祠祿但有為某宮某觀使者皆大官
帶之真箇是主管本宮本觀御容之屬其他只
是監當差遣雖嘗為諫議官亦為監當者如監
場酒務之屬自王介甫更新法慮天下士大夫

議論不合欲一切彈擊罷黜又恐駭物論於是創為宫觀祠禄以待新法異議之人然亦難得惟監司郡守以上眷禮優渥者方得之自郡守以下則盡送部中與監當差遣後來漸輕今則又輕皆可以得之矣

問僕射名義文公曰舊云秦時置僕射官專主射恐不然禮曰僕人師扶左射人師扶右即周官大僕之職君薨以是舉其名蓋起於此以其朝夕親近人主後世承誤輙失其眞遂以為宰相號

問落丁口推割産錢是治縣八字法詞訟無情理

者不必判先減書鋪及勸供罪狀不得告許之類葉子昂謂稅只約民間逐限納錢上州縣不留錢

經制錢陳亨伯所創蓋因方臘反童貫討之亨伯爲隨軍轉運使朝廷以其權輕又重爲輕制使患軍用不足創此名以收州縣之財當時大獲其利然立此制時明言軍罷而止其後遂因而不改至紹興四年韓球又創總制錢大略倣經制爲之十一年經界法行民間印典賣契多故倍有所得朝廷遂以此年爲例立額至次年大虧乃令州縣添補解發自後州縣大困朝廷亦

知之因仍至今亨伯創此時其兄弟勸止之不從乃率其子姪哭於家廟以為作俑之罪祖先將不祀矣

唐藩鎮權重為朝廷之患今日州郡權輕却不能生事又却無以制盜賊或曰此亦緣介甫刮剔州縣太甚文公曰也不專是介甫且如那仁宗時淮南盜賊發晁仲約知高郵軍以金帛牛酒使人買覔他去富鄭公欲誅其人范文正公謂他既無錢又無兵却教他將甚麼去殺賊得他和解得去不殘破州郡亦自好只是介父後來又甚州郡禁軍有闕額處都不補錢糧盡欲

解發歸朝廷謂之封樁闕額禁軍錢係提刑司
管
宫中有内尚書主文字文字皆過他處天子亦頗
禮之或賜之坐不係嬪御亦掌印璽多代御批
行出底文字只到三省
唐初宰事先經由中書省中書做定將上得旨再
下中書中書又下門下門下若事可行門下即下尚
書省尚書省但主書填奉行而已故中書之權
獨重及本朝亦最重中書蓋以造命可否進退
皆由之也門下雖有繳駁依舊經由中書故中
書權獨重及神宗朝做唐六典三省皆依此制

而事多稽滯故自渡江以來故事皆歸一獨諸司吏曹二十四曹依舊分頭各屬三省吏人自分所屬而其上之綱領則不分也如有除授則宰執同共議定當筆宰執判過中中書吏人做上去再下中書中書下門下門下下尚書書行給舍繳駁中書行下門下皆用門下省官屬僉押舊時三省事各自白不相侵越不相關知中書自理會中書事尚書自理會尚書事門下自理會門下事

舊制門下省有侍郎有門下侍郎中書省有中書令中書侍郎改官制神宗朝除去侍中中書令

只是置門下中書侍郎後併尚書左右丞門下
中書侍郎四員為參政官或云始者昭文舘大
學士兼同中書門下平章事富鄭公等為之後
改為左右僕射則蔡京王黼輩居是選及改為
左右丞相則某人等為之名愈正而人愈不逮
前
趙表之一生做文官纔到封王安定郡王使用換
武文官不可封王須用武官耶　又令宗正須
以宗室武官為之文官也只做得世間一樣恩
人便以此等制度為百王不易之法
神宗所改官制舊制凡通判太守出去皆帶吏部

員外郎吏部郎中其見居職者則加以判流内銓豈有吏部官而可帶出治州郡者故神宗朝皆改為諸郎如朝奉郎朝散郎朝奉大夫朝散大夫之類所以朝散郎以下謂之員郎盖本員外郎之資叙自朝奉大夫方謂之正郎盖吏部郎中資叙也（通判員郎知州是正郎）朝散郎朝奉大夫之類有二十四階分為三等每等八階以別異雜流有出身無出身人故有前行中行後行（三行皆有員外郎）

問知縣通判知州資叙曰在法做兩任知縣有關陞狀方得做通判兩任通判有關陞狀方得為

知州兩任知州有關陞方得為提刑又有一節
方得為轉運令仕宦者欲免州縣之勞皆經營
六院既為六院便可經營寺監簿丞為寺監簿
丞出來便可得州郡他又不肯作郡便欲經營
郎官郎官非作郡不得除故又經營權郎官郎
自權郎經營卿監長貳則已在正郎官之右矣
又知法中非作縣不得作郡故不作縣者必經
營臨安倅既為此倅則必得郡更不復問先曾
為縣否也人君深居九重安知外面多曲折窐
相雖知又苟且應副親舊若人君得知須與除
去這般體列苟不作縣雖為臨安倅亦不免便

權御監苟不作郡定不得除郎爲御監者亦須
已作郡人方得做不得以寺監丞簿等官權之
則人無僥倖之心矣只緣當初立法不肯公心
明白留得這般掩頭藏倖底路徑所以使人趨
之嘗記歐公說舊制觀文殿學士壓資政殿學
士後來改觀文兩學士都壓資政殿學士初議
者見任者難爲改動歐公以爲此不難已任者
勿改而自今除者始可也以今觀之何須如此
將見任者改定又何妨不過寫換數字而已而
當時疑慮顧忌如此只緣自來立法建事不肯
光明正大只是委曲回護其弊至於今日略欲

觸動一事則議者紛紛然以為壞祖宗法故當時
神宗憤然欲一新之要改者便改至孝宗亦然
但又傷於太鋭欠商量
李文靖公為相嚴毅端重每見人不交一談或有
諫之者公曰吾見豪傑跅弛之士其議論尚不
足以啓發人意今所謂通家子弟每見我語言
進退之間尚周章失措此等有何見識而足與
語徒亂人意耳王文正公呂文穆公皆如此不
害為賢知者豈必人人皆與之語耶宰相只是一
箇進賢退不肖若著一毫私心便不得前輩嘗
言做宰相只是辦一片心辦一雙眼心公則能

進賢退不[illegible]肖聰明則能識得那箇是賢那箇是不肖此兩言盡致宰相之道只怕其所好者亦未必眞賢其所惡者未必眞不肖耳若眞箇知得更何用牢籠且天下之大人才之衆可人人牢籠之耶

唐之僕射即今之特進

猶言似今中書門下省

晦菴先生語録類要卷第十

晦菴先生語錄類要卷第十一

勉齋黄先生門人括蒼葉士龍編次

古今事類

蔡京在政府問人才於族子蔡子應端明之孫以張直柔對甞時注擬令子應招之授以門館張至以師禮自尊一日教其子弟學走子弟云從來先生教某門慢行今習走何也張云乃翁作相久敗壞天下相次盜起先殺汝家人惟善走者可脫何得不習家人以為心風白京京愀然曰此人非病風召與語問所以扶救今日之道及人才可用者張遂言龜山諸人姓名自是京

父子始知有楊先生姓名

問橫渠觀驢鳴如何文公曰不知他底死着許多氣力鳴做甚麼良久却云也只是天理流行不能自已

鄒志完曰道鄉先生嘗赴貶所到某州劉元承爲太守舟人覆云君載鄒正言不敢取一文錢劉遂擁之元承當蔡京用事時煞做好官

橫浦語録載張子韶戒殺不食蟹高抑崇相對故食之龜山云子韶不殺抑崇故殺不可抑崇退龜山問子韶周公何如人對曰仁人曰周公驅猛獸放龍蛇滅國者五十何嘗不殺亦去不仁

以行其仁耳文公曰此特見其非不殺且猶有未盡須知上古聖人制爲網罟佃漁食禽獸之肉但君子遠庖厨不暴殄天物須如此說方切事情

秦檜初罷相出在某處與客握手夜話庭中客偶及富公事秦忽掉手入內客莫知其故久之方出再三謝客云荷見教客亦莫知所謂扣問乃荅云處相位元來是不當起去是渠每出偶投其機故發露如此趙丞相初亦不喜之及其再入全然若無能趙便喜其收歛不做一聲遂一向不疑之亦不知其如此胡康侯全不見得後

來事亦是知人不明又云秦檜之是有骨力措其用之錯或問他何故不就攻戰上做文公曰他是見得這一邊難成功兼秦得之高宗意向亦決不爲戰討客謂富公孫直柔

周敬王四十一年壬戌孔子卒至于宋慶元三年丁巳一千六百七十六年文公是年正旦書於藏書閣下東楹

張以道問向在黄巖見顔魯公的派孫因事到官持魯公告勑五七通來皆魯公親書以黄紙爲之此義如何曰魯公以能書名當因自取書之只用印文亦不足疑本朝蔡君謨封贈其祖告

劉亦自書之蓋其以字名人亦嘗令其自寫也
王介甫嘗作一篇兵論在書院中硯下是時已參
政劉貢父見之值客直入書院見其文遂言庶
官見執政不應直入書院且出少頃廳上相見
王問劉近作劉遂將適間之文意換了言語荅
他王大不樂退而碎其文王蓋諱義説之不奇
故如此然江西人好拗
張子韶人物甚偉在高宗時除講筵嘗有所奏陳
上云朕只是一箇至誠張奏云陛下對羣臣時
如此退居禁中時不知如何上云亦只是箇誠
又問對宫嬪時如何上方經營荅語間張奏云

只此便是不識時高宗容諫故臣下得以盡言
張侍郎一生學佛此是用老禪機鋒
晉元帝祖逖越河所向震動王導使戴若思監其
軍遂無成矣紹興初岳飛軍已向汴都秦檜從
中制之又建炎初宗澤留守東京招徠羣盜數
百萬使一舉而取河北數郡當時事即可整頓
乃爲汪黃二相所制怏怏而死京師之人莫不
號慟於是群盜四出爲山東淮南劇賊
文公病足因息書樓下吟詠古栢行三數遍葉味
道侍立文公云偶看中興小記載句龍如淵入
爭和議時言語若果有此言如何夾持前進以

取中原最可恨者初來魏公既已勉車駕到建康當紹興七年時金主已篡高慶裔粘罕相繼或誅或死劉豫見疑於金二子又大敗而歸北方更無南向意如何魏公纔因呂祉見黜趙丞相忽然一旦發回蹕臨安之議一坐定着竟不能動不知其意是如何因太息久之云爲大臣誤國一至於此自今觀之大爲可恨若在建康則與中原氣勢相接北面顧瞻則宗廟父兄生靈塗炭莫不在目雖欲自已有不能自已者惟是轉臨安南北聲迹寖遠上下宴安都不覺得外面事事變之來皆不及知此最利害方建康

未回蹕時胡文定公方被召泝江而下將至開
車駕已還臨安遂稱疾轉去看來若不在建康
也是徒然出來做得甚事是時有陳無玷者字
筠叟在荆鄂間爲守聞得車駕還臨安即令人
齎錢酒之屬往接胡文定吏人云胡給事赴召
去多日兼江面闊船多如何去尋得守云江面
雖闊都是下船你但望見有逆水上來底船便
是胡給事船已而果然當時講和本意上不爲
宗社下不爲生靈中不爲息兵待時只是怯懼
爲苟歲月計從頭到尾大事小事無一件措置
得是當然到今日所以長久安寧者全是宗社

◎

之靈看當時措置可驚可笑

文公因言陳同父上書乞遷都建康而曰黄帝披山通道未嘗寧居古之人何嘗要安居今宮室臺榭妃嬪媵嬙之盛如此如何動得初高宗本遷都建康了郤是趙忠簡打疊歸來蓋初間金人入寇羣臣勸請高宗避之忠簡力勸得高宗躬往撫師行至平江而止繼而淮上諸將相繼獻捷趙公得人望正在此時已而欲返臨安適張魏公來遂堅勸高宗徑往建康及淮師失律趙公荒窘急勸請高宗移歸臨安自此遂不復動矣看趙忠簡後來也無奈何其勢只與金人

講和是時已遣王倫以二十事使金約不稱臣以濁河為界此便是講和了後來秦檜力排趙公遂以不肯講和之罪歸之使萬世之下趙公得令其名者乃檜力也

施全刺秦檜或謂岳侯舊卒非是蓋舉世無忠義這些正義忽然自他身上發出來秦檜引問之曰你莫是心風否曰我不是心風舉天下都要去殺金人你獨不肯殺金人我便要殺你

文公傷時世之不可為因歎曰忠臣殺身不足以存國讒人搆禍無罪就死後人徒為之悲痛奈何劉莘老死亦不明今其行狀似云死後木匣

取其首或云服藥皆無可考國史此事是先君修止云劉摯梁燾相繼死嶺表天下至今哀之靖康之禍使元城了翁諸人在亦了不得伯謨亦心腹潰了

某嘗謂士大夫不能盡忠言於壽皇真爲自負蓋壽皇儘受人言未嘗有怒色但不樂時止與人分疏辨析耳

坡公作温公神道碑叙事甚略其作富公碑甚詳温公是他已爲行狀若富公則異是富公在朝不甚喜坡公其子弟求爲此文恐未必得而坡銳然許之自今觀之蓋坡公欲得此爲一題目

以發明己意耳其首論富公使北事豈苟然哉
蓋坡公因熙寧元豐間用得兵來狼狽故假此
說以發明其議論爾又曰富公使北之策自知
其下但當時無人承當故不得已而爲之耳非
其志也使其道得行如所謂選擇監司等事一
一舉行則内治既强遠人自服有不待於此矣
今乃增幣通和非正甚矣
魯叔問温公薨時程子以郊禮成賀而不弔如何
曰這也可疑或問賀則不弔而國家事體又重
則不弔似無可疑曰便是不恁地所以蘇東坡
謂子於是日哭則不歌即不聞歌則不哭且如

早作樂而暮聞親屬緦麻之戚不成道既歌則不哭這箇自是一脚長一脚短以其觀之是伊川有些過處所謂三揖而進一辭而退不成道辭亦當三又如罪疑惟輕功疑惟重天下事自是恁地稱停不得

問靖康之禍若得如前輩之賢者一兩人莫可主張否文公曰也難主張胡文定謂龜山使當時早用其言也須救得一半這說得極公道

歲旱時壽皇禁中祈雨有應一日引宰執入侍劉恭甫奏云此固陛下至誠感通然天人之際其近如此若他事一有不至則其應亦當如此願

陛下深加聖慮則天下幸甚恭甫斯語頗得大
臣之體
洗公雅言趙丞相鎮靜德量之懿而諳練事機則
恐不逮秦公張子功以爲不然且曰熹在都司
日忠簡爲相有建議者公必計曰如是則利在
上而害在民如是則害在上而利在民令須如
此行則利澤均而公私便至秦公則僚屬凡有
關白默無一言退而屬諸吏事出皆吏輩所爲
而非復前之所擬矣
孝宗晚年來極爲和易熹因奏對言檢旱事天語
云檢放之弊惟在於後時而失實只這四字盡

得其要領又言經總制錢則曰聞之巧為名色以取之於民其於天下事極為諳悉

因論西夏事曰當時事不可曉看來韓范亦無素定基本只是逐旋做去且如當時覆軍殺將這下方且失利他之勢甚張忽然自來納款求和這全不可曉後來不久元昊遂死不知他不死數年又有甚姦謀大未可知且如當時朝廷必欲他稱臣遂使契丹號令之契丹方自以為功朝廷亦未有所處又却二國自相侵陵不爾則當時又須費力大抵西人勇健喜鬭三五年必一次為邊害本朝韓范張魏公諸人皆只是一

箇秀才於這般事也不大段會只是被他忠義正當故做得恁地

孝宗甚英武劉共甫奏事便殿嘗見一偶馬在殿庭間問王公明公明曰上萬機之暇即跨之以習騎射故也

何一之萬少年習著數論其間有一說云是本朝自李文靖公王文正公當國以來廟議主於安靜凡有建明皆以生事目之馴致後來天下弊事極多此說甚好且如在仁宗朝是甚次第時節國勢却如此緩弱事多不理得英宗即位已自有性氣要改作但以聖躬多病不久晏駕所

以當時謚之曰英及神宗繼之性氣越緊尤欲更新然天下事難得恰好又撞着介甫來承當所以如此作壞文公又曰介甫變法固有以召亂後來又都不別去整理一向放倒將去亦無緣治安

神宗理會得文字極喜陳殿院師錫之文嘗於太學中取其程文閱之每得則貯以錦囊及殿試編排卷子奏御時神宗疑非師錫之文從頭閱至中間見一卷子曰此必陳師錫之文也寘之第三已而果然

問初本朝建國何以不都關中曰前代所以都關

中者以重河左右旋繞所謂臨不測之淵是也
近東獨有函谷關一路通山東故可據以爲險
又關中之山自西而東若横山之險乃山之極
高處横山皆黄石山不生草木及本朝則自横
山以北盡爲西夏所有河山之固與吾共之反
據高以臨我是以不可都也至神宗鋭意欲取
横山蓋得横山則可據高以臨彼然取横山之
要又在永洛故永洛之城夏人以死爭之我師
大敗時神宗聞喪師大慟聖躬由是不豫　又
曰方神宗初即位富鄭公爲相問爲治之要鄭
曰須是二十年不說着用兵二字此一句便與

神宗意不合已而擢用介甫首以用兵等說稱
上旨君臣相得驩甚時建昌軍司户姓某上平
戎策介甫力薦之初為秦鳳路經略司幾宜後
為通遠軍一戰而復熙河捷書聞上大喜解白
玉帶以錫介甫賞其知人又加為龍圖閣待制
以為熙河帥紐於一勝之後廟論一意主於用
兵三敗至於永洛極矣永洛之敗徐禧死之禧
師川之父魯直之妹夫也
范文正為開封府為百官圖以獻因指其遷進遲
速次序曰某為超遷某為左遷如是而為公如
是而為私意頗在丞相呂夷簡夷簡不樂由是

落職出之知饒州未幾呂亦罷相後呂公再入元昊方犯邊乃以范爲經略西事公亦樂爲之用嘗奏記呂公云相公有汾陽之心之德仲淹無臨淮之才之力後歐陽公爲范公神道碑有驩然相忘得戮力平賊之語公之子堯夫不以爲然乃刋去之歐公聞之甚不樂也范公平日胷襟豁達毅然以天下國家爲己任既爲呂公而出豈復更有匿怨之意況公嘗自謂平生無怨惡於一人此言尤可驗忠宣固是賢者然其規模廣狹與乃公不能無間

熙寧三舍法李定所定崇寧三舍法蔡京所定胡

德輝嘗作學記謂學者所以學為忠孝也今欲訓天下士以忠孝而學校之制乃出於不忠不孝之人不亦難乎

問龜山出處曰蔡京晚歲漸覺事勢狼狽亦有隱憂其從子應之自興化來因訪問有甚人才應之愕然曰天下人才盡在太師陶鑄某何人敢當此問京曰不然覺得目前盡是面諛脫取官職去做底人恐山林間有人才欲得知應之曰太師之問及此則某不敢不對福州有張觷柔直者抱負不苟時適到部京遂賓致之為塾客即入書院與柔直傾倒因訪策焉柔直曰今日

救時已是遲了只有收拾人才是第一義龜山自此方有召命柔直後守南劒設方略以拒范汝爲全活一城甚得百姓心其去行在所也買花梳雜碎之物不可勝數使者莫測其意後過南劒老稚迎拜者相屬于道柔直一一拊勞之且以所置物分惠至今廟食郡中柔直與李丞相伯紀厚善其卒也丞相以詩哭之云中原未恢復云何喪斯人

羅秘丞日錄云柔直嘗知鼎州秘丞罷舒州士曹避地於鄉之石牛寨與之素昧平生時方道便柔直入湖南乃寄詩存問云昔聞避世門金馬

何事標名寨石牛千里重湖方鼎沸可能同上岳陽樓則其汲汲人物之意亦可見矣

建炎間勤王之師所過恣行摽掠公私苦之有陳無玷者作某縣宿戒邑人各備器械候聞鍾聲則人執以出後其所居相比排列未幾勤王之師入縣肆縱橫之狀即命擊鍾邑人聞之如其戒以出師徒見其戈矛森列不虞有備相顧失色整師而過秋毫無犯邑人德之

渡江初一番講和金人以河南之地歸我未幾敗盟大舉入寇秦檜知大恐問朝士計策張巨山嵲微誦曰德無常師主善為師善無常主協于

克一檜異之獨留巨山問適間之語巨山曰天下之事各隨時節不可執泥曩者相公與金和者時當講和也今金人輒敗盟則曲在彼我不得不應亦時當如此耳因爲畫策召諸將爲攻戰之計秦大喜即命巨山爲奏稾倉卒不子細起頭有句云伊尹告成湯曰德無常師主善爲師孔子曰陳力就列不能者止遂急書進呈會之又喜遂播天下決策用兵已而劉信叔順昌大捷金人遂退檜復專其功又大喜遂擢用巨山至中書舍人有無名子作詩嘲之一聯云成湯爲太甲宣聖作周任又建寧范汝爲猖獗士

人如歐陽穎士施逵吳琮皆從之又有陸堂謝尚有鄉曲之譽賊言使二人來招我等降矣朝廷遣之賊拘縶久之遂為賊用賊破歐吳皆誅死陸謝施逵以檻車送行在至中途逵謂二人曰吾輩至必死曷若自裁逵乃令人為藥三丸大小形色一同一乃無毒者逵先取服之餘二人服即死逵至行在歸罪二人理官無所考證從末減但編置湖南中途又逃去或為行者或為典庫藏後望淮去北走降金改名宜生登偽科擢用甚峻逵亮犯淮時猶為之奉使此來時邵武黃尚書通老為館伴黃幼與施同筆研雅

相好至是不欲見其人以疾辭遂改命張子公
宜生猶問子公通老安在子公以實對欲和虜
中事不可得時因登六和塔子公領客宜生先
登亟問之曰奉使得無首丘之念乎宜生曰必
來言方終而介使繼至宜生色爲之變既歸即
爲金所誅

逆亮臨江朝臣震怖各津遣其家屬他走亮退家
在都城者惟左丞相陳公康伯起居郎黃公中
二人而已時高宗懲維楊之禍故百官搬家者
皆不同

戴少望云洪景盧楊廷秀爭配享俱出可以無黨

曰不然要無黨須是分别得君子小人分明其肯謂凡事都分做兩邊是底做一邊非底做一邊是底是天理非底是人欲是即守而勿失非即去而勿留此治一身之法也治家則分别一家之是非治一邑則分别一邑之邪正推而一州一路以至天下莫不皆然此直上直下之道若其不分黑白不辯是非而猥曰無黨是大亂之道也

今之學規非胡安定先生所定者自仁宗皇帝置州縣學取湖學規矩頒行之湖學之規必有義理不如是之陋也如第一條謗訕朝廷之類其

出於蔡京行舍法之時有所改易乎當時如節
孝先生爲楚州教官乃罷之而易其黨大抵由
本朝經王氏及蔡京用事後舊章蕩然可勝歎
哉

晦菴先生語錄類要卷第十一

晦菴先生語録類要卷第十二

勉齋黄先生門人 [illegible]蒼葉士龍編次

政術

文公曰主簿之職亦大有事縣中許多簿書皆當管某向為同安簿許多賦税出入之簿某逐日點對僉押以免吏人作弊

文公一日與諸生説下梢去仕宦不可不知須是有旁通簿逐日公事開項逐一了即勾之未了須理會教了方不廢事

理却是心之骨這骨子不端正少間萬事一齊都差了如一箇印刊得不端正看印在甚麼所在

千箇萬箇都喎斜
在法屬官自合每日到某廳共理會事如有不至
者有罪這般法意是多少好某嘗說作縣詞訟
煩多自有箇處置每聽詞狀集屬官都來列位
於廳上看有多少均分與之各自判去到着到
時亦復如此若是眼前易事亦各自斷去若有
可疑等事便留在集衆輕重斷去無有不當則
獄訟如何會壅滯此非獨長官省事而屬官亦
各欲自效兼是初官如簿尉使之决獄聽訟亦
是教誨之意也
某在漳州豐憲送下狀如雨初亦隨事斷幾件後

覺多了恐被他壓倒了於是措置幾隻厨子在
廳上分了頭項送下訟來即與上簿合索案底
自入一厨入案已足自入一厨一日集諸同官
各分幾件去定奪只於廳兩邉設幕次令逐項
敘來歷末後擬判候食時只就郡厨辦數味食
同坐食説即逐人以所定事較量初間定得幾
箇來自去做文章不說着事情某不免先為畫
一樣子云某官今承受提刑司判下狀係某事
一甲家於某年某月某日有甚干照計幾項乙
家於某年某月某日有甚干照計幾項逐項次
第寫令分明一甲家如何因甚麽事爭趣到官

乙家又如何來解釋互論甲家又如何供對已
前事分明了一某年某月某日如何判一某年
某月某日某家於某官訴某官又如何斷以後
幾經番訴並畫一寫出後面却點對以前所斷
當否或有未盡情節擬判在後如此了却把來
看中間有擬得是底並依其所擬斷決合追人
便追人若不消追人便只依其所擬申提刑司
去有擬得未是底或大事可疑却合衆商量如
此則事都了亦無壅滯

胥吏沉滯公事邀求於人不可無術以防之要在
嚴立程限他限日到自然苦苦要索不得做守

令有可以白干沉滯底事便是無頭腦須逐事
上簿逐事要了如得某為守一日詞訟一日着
到合是第九日詞訟某却罷了此日詞訟明日
是休日今日便刷起一旬之內有未了事一齊
都要了大抵做事須是令自家常閑吏胥常忙
方得若自家被他文字來壅了討頭不見吏胥
便來作弊做官須是立紀綱紀綱既立都自無
事某每到官即以此法曉諭定要如此如諸縣
發簿曆到州亦使吾磨底磨得子細審底審得子
細初間吏輩以為如甚緊要在潭州押下縣簿
付磨算司及審計司限到三兩日却不見到根

究出乃是交點司未將上即時決兩吏後來每
每如限雖欲邀索也不敢邀延縣道知得限嚴
也不敢邀索如此等整頓幾件自是省事此是
大綱紀
某爲守如遇支給官員俸給預先示以時日到此
日只要一日支盡更不留未支這亦防邀索之
弊看百弊之多只得嚴限以促之使他大段邀
索不得
勉齋問曰有繼母不恤其夫前妻之子父爲某任其
子貧窶不能自活哀鳴于有司有司以名分不
便只得安慰而遣之竟無如之何曰這般所在

當以官法治之也須是追後母責戒勵若更離間前妻之子不存活他定須痛治因云程先生謂舜不告而娶舜雖不告堯當告之矣堯之告之也以王法治之而已又云昔爲浙東倉時紹興有繼母與夫之表弟通遂爲接脚夫擅用其家業恣意破蕩其子不甘來訴初以其名分不便却之後趕至數十里外其情甚切遂與受理委楊敬仲敬仲深以爲子訴母不便某告之曰曾爲其父思量否其父身死其妻輒棄背與人私通而敗其家業其罪至此若不與之根治則其父得不銜冤於地下乎今官司只得且把他

兒子頓在一邊渠當時亦以爲然後竟拖延畢
竟他終不以爲然某後去官想休了初追之急
其接脚夫即赴井其有罪蓋不可掩
某人爲太守當見客日分先見過客方見同官及
寄居官人問其故曰同官有稟議待商量區處
頗費時節過客多是略見即行若停軛在後恐
妨行色此事可法
禮書已定中間無所不包某欲作一科舉法今之
詩賦實爲無用經義則未離乎說經但變其虛
浮之格如近古義直述大意遂立科取人以易
詩書爲一類三禮爲一類春秋三傳爲一類且

如子年以易詩書取人則此前二年舉天下皆習此三經卯年以三禮取人則前此二年舉天下皆理會此三禮午年以春秋三傳取人則前此二年又舉天下皆理會此春秋三傳如易詩書稍易理會故先用此一類取人如是周而復始其每舉所出策論皆有定所如某書出論某書出策如天文地理樂律之類皆指定令學習而用以為題業味道云此法若行但恐卒未有考官文公曰須先令考官習之

今朝廷盡力養兵而兵常有不足之患自兵農既分之後計其所費知是無日不用兵也

文公因說慢令致期謂之賊云昔在同安作簿時每點追稅必先期曉示只以一幅紙截作三片作小榜徧貼云本廳取幾日點追某鄉分稅仰人户鄉司主人頭知悉只如此到限日近時納者紛然此只是一箇信而已如或違限遭點定斷不恕所以人怕

今人說輕刑者只見所犯之人為可憐憫而不知被傷之人尤可念也且如刧盜殺人者人多為之求生殊不知死者之為無辜如此則是知為盜賊計而不為良民地也若如酒稅僞會子及飢荒為盜之屬猶可以情原其大小輕重而處

之
今人獄事只管理會要從厚不知不問善惡是非
只務從厚豈不長姦惠惡大凡事付之無心因
其所犯考其實情輕重厚薄付之當然可也若
從薄者固不是只云我要從厚則此病所係亦
不輕某在長沙治一姓張人初不知其惡如此
只用所犯追來久之乃出頭適有大赦遂且與
編管後來聞得此人為惡不可言人只平白地
打殺不問門前有一木橋問販者自橋上過以
拄杖拄其橋必捉來吊縛此等類甚多若不痛
治何以懲戒公等他日仕官不問官大小每日

詞狀須置一簿帶字號錄判語到事亦作一簿
發放文字亦作一簿每日必勾了號要一日內
許多事都了方得若或做不辦又作一簿記未
了事日日檢點了方不被人瞞了事今人只胡
亂隨人來理會來與不來都不知豈不誤事

文公因言耿守作浙漕時剙一榜在客位甚好說
用攷課之法逐州縣官不許用援有績可攷自
發薦章如攷課在上挾貴者即降從次等

有人言賑濟利害文公因曰今賑濟之事利七而
害三則當冒三分之害而全七分之利必欲求
全恐併與所謂利者失之矣

為政如無大利害不必議更張議更張則所更之事未成必鬨然成紛擾卒未已也至於大家且假借之故子産引鄭書曰安定國家必大焉先

問程正思言當今守令取民之弊渠能言其弊畢竟無策就使臺官果用其言陳於上前雖戒敕州縣不過虚文而已文公曰今天下事只礙箇失人情便都做不得蓋事理只有一箇是非今朝廷之上不敢辨别這是非如宰相固不欲逆上意上亦不欲忤宰相意今聚天下之不敢言是非者在朝廷又擇其不敢言之甚者爲臺諫習以成風如何做得事

今日之法君子欲為其事以拘於法而不得騁小
人卻徇其私敢越於法而不之顧
姚崇擇十道使患未得人范淳夫唐鑑貶之唐鑑
議論大段好欠商量處多范文正富文忠當
仁宗時條天下事亦只說擇監司為治只此是
要
方今朝廷只消置一相三參政兼六曹如吏兼禮
户兼工兵兼刑樞密可罷如此則事易達又如
宰相擇長官長官擇具寮今銓曹注擬小官繁
劇而又不能擇賢須每道只令監司差除亦好
每道仍只用一箇監司學者因舉陸宣公之言

以爲豈有爲臺閣長官則不能擇一二屬吏爲
宰相則可擇十百具寮文公曰此說極是當時
如洸既濟亦有此說之意

或問井田封建如何曰亦有可行者如有功之臣
封之一鄉如漢之鄉亭侯田稅亦須要均則經
界不可不行大綱在先正溝洫又如孝弟忠信
人倫日用間事播爲樂章使人歌之倣周禮讀
法徧示鄉村聚落亦可以代今粉壁所書條禁

馬子嚴見文公言近有人作假書請托公事者曰
收假書而不見下書之人非善處事者舊見吳
提刑逵公路當官凡下書者須令當廳投下却

將書於背處觀之觀畢方發付其人令等回書
前輩處事詳密如此　又某當官時有人將書
來者亦有法以待之須是留其喫湯當面拆書
若無他方令其去
李椿年行經界先從他家田上量起今之輔弼能
有此心否
問今之神祠無義理者極多若當官處於極無義
理之神祠雖係敕額凡禱祠祈雨之類不往可
否文公曰某當官所至須理會一番如儀案所
具合禱祠神祇有無義理者使人可也
或問為政者當以寬為本而以嚴濟之曰某謂當

以嚴爲本而以寬濟之曲禮謂莅官行法非禮
威嚴不行須是令行禁止若曰令不行禁不止
而以是爲寬則非也
有一朋友作宰通監司等書先説無限道理陳公
亮作帥謂之曰若要理會職事不須如此迂闊
某以爲名言
今人説寬政多是事事不管某謂壞了這箇寬字
文公因説劉子澄好言家世曰某在南康時有一
子弟騎馬踏損人家小兒某訊而禁之子澄以
爲不然某因講西銘凡天下疲癃殘疾惸獨鰥
寡吾兄弟顛連而無告者也君子之爲政且要

主張這一等人遂痛責之大抵人不可有偏倚處

法家者流往者常患其過於慘刻今之士大夫耻為法官更相循習以寬大為事於法之當死者反求以生之殊不知明于五刑以弼五教雖舜亦不免教之不從刑以督之懲一人而天下知所勸戒所謂辟以止辟雖曰殺之而仁愛之實已行乎中今傚法以求生則人無所懲懼陷於法者愈衆雖曰仁之適以害之

某南康臨罷有躍馬于市踏小兒將死某時在學中令送軍院次日以屬知録晚過廨舍知録云

早上所諭已栲治如法某既而不能無疑於其說回至軍院則其冠屨儼然初未嘗經栲掠也遂將吏人及犯者訊次日吏人杖脊勒罷偶一相識云此是人家子弟何苦辱之某曰人命所係豈可寬弛若云子弟得躍馬踏人則後日將有甚於此者矣况州郡乃朝廷行法之地保佑善良折挫豪橫乃其職也縱而不問其可得耶後某罷諸公相餞於白鹿某為極說西銘民吾同胞物吾與也一段今人為秀才者便主張秀才為武官者便主張武官為子弟者便主張子弟其所陷溺一至于此時文公因出謁回取吏人

杖之譙樓下云

吳茂實云政治當明其號令不必嚴刑以為威也曰號令既明刑罰亦不可弛苟惟不任刑罰則所謂號令者徒掛墻壁耳與其不遵法以梗吾治孰若懲其一以戒百與其覆實撿察於其終曷若嚴其始而使之無犯做大事豈可以小不忍為心 言經界及此

為守令第一是民事為重其次則便是軍政今人都不理會

因論監司巡歷受折送曰近法自上任許一次受學者曰看來亦只可量受文公曰某在浙東都

不曾受

黄勉齋言辛幼安帥湖南賑濟榜文只用八字曰劫禾者斬閉糶者配文公曰這便見得他有才此八字若做兩榜便亂道又曰要之只是麄法

銓擇之法只好京官付之監司選人付之郡守各令他隨才擬職州申監司監司申吏部吏部長吏審察聞奏下授其職却令宰相擇監司吏部擇郡守如此則朝廷亦可無事又何患其不得人

陳亮同父謂今要得國富兵强須是分諸路為六段六曹尚書領之諸州有事只經諸曹尚書奏

裁取旨又每一歲或三歲使一巡歷廉察下情
可達文公曰若廣中西川之類使之巡歷則本
曹必有廢弛之患陳曰劇曹則所領者少若路
遠則兵工可為也文公曰此亦是一說
監司薦人後犯贓罪須與他鐫三五資正郎則降
為員郎員郎則降為承議郎以下若已為侍從
或無職名可鐫則鐫其俸或一郊不與奏薦如
此方始得他痛懲地也須怕令都不損他一毫
前輩說話可法某嘗見吳丈公路云他作縣不敢
向假一日假則積下一日事到底自家用做轉
添得繁劇則多踈率不子細豈不害事

恢復之計須是自家喫得些辛苦少做十年或二十年多做三十年豈有安坐無事而大功自致之理哉

某嘗謂恢復之計不難惟移浮靡不急之費以為養兵之資

壽皇合下若有人夾持定十五六年做多少事

恭甫再為潭帥律己愈謹馭吏愈嚴某謂如此方是

今諸路帥臣只曾作一二任監司即以除之有警則又欲其親督戰士此最不便萬一為賊所虜為之奈何彼固不足恤失一帥其勢豈不張大

前輩謂是祖宗用帥取以二路一是曾歷邊郡
一是帥臣子弟曾諳習邊事者此最有理或謂
戎幕宜用文臣三四員此意亦好盖經歷知得
此等利害向後皆可為帥然必須精選而後任
不可泛濫也

某嘗謂今做監司不如做州郡做州郡亦如做一
邑事體却由自家監司雖大於州州雖大於邑
然事都被下面做翻了上面如何整頓

蜀遠朝廷萬有餘里擇帥須用嚴毅素有威名足
以畏壓人心則喜亂之徒不敢作矣

為稅官若是父兄宗族舟船過只得稟白州府請

别委官檢稅豈可直拔放去所以祖宗曾立法
許相回避 又曰臨事須是分毫莫放過如某
當官或有一相識一親戚之類如此越自分明
不肯放過

屯田須是分而屯之統帥屯某州總司屯某州漕
司屯某州屯田即以户部尚書爲屯田使使各
考其屯之多少以爲殿最則無不可行者今則
不然每欲行一文字則經由數州僉押各相牽
制事何由成

吾輩今經歷如此異時若有尺寸之柄而不能爲
斯民除害去惡豈不誠可罪耶某嘗謂今之世

姑息不得却直須共他理會庶幾善弱可得存
立
辛亥歲文公在臨漳正月十三日下學坐定職事
講書畢曰郡守以承流宣化為職不以簿書財
計獄訟為事某自到此未知人物賢否風俗厚
薄今已九月矣知得學校底蘊遂欲留意學校
採訪鄉評物論延請黄知録見他有恬退之節
欲得表率諸生又延請前輩數人入學欲同表
率使士人識些向背稍知為善之方與一邦之
人共趨士君子之域仰體朝廷教養作成之美
意不謂作之不應弄得來都没合殺了教授受

朝廷之命分教一邦其責任不為不重合當自行規矩而今容許多爭辯職事人在學枉請了官物都不成學校士人先要識箇廉退之節禮義廉恥是謂四維而今都寡廉鮮恥了雖能文要何用某雖不肖深為諸君恥之

或謂諸公論置二大帥以統諸路之帥如何曰不消如此只是擇得一箇人了君相便專意委任他却使之自擇參佐事便歸一今若更置大帥以監臨之少間必有不相下之意徒然紛擾須是得一箇人委任他聽他自漸漸理會許多軍政將來自有調理

論財賦曰財用不足皆起於養兵十分八分是養
兵其他用度只在二分之中古者刻剝之法
本朝皆備所以有靖康之亂已前未有池揚江
鄂之兵止張宣撫兵某某人兵今增添許多兵合
當精練禁兵汰其老弱以爲廂兵

胡侍郎言吏人不可使他知我有恤他之意此說
極好又曰小處可恤大不可恤

勉齋言廖子晦作宰不廷參當時忤了上位但此
一節最可服曰廷參不是然待上位來爭到
底時也不是

黄仁卿將宰萬安論及均稅錢曰今說道稅不出

鄉要之稅有輕重如何不出鄉得今若是教稅不出州時庶稍均得文公曰稅不出鄉只是古人一時間尋得這說去防那一時之弊而今耳裹聞得卻把作大說話但只均稅錢也未盡須是更均稅物方得且如溫州納稅一錢可以當此間十錢如今須是均那稅物　又曰往年在漳州見有退稅者不是一發退了謂如春退了稅後秋又要退苗卻不知別郡如何然畢竟是名目多後恁地據某說時而今只是教有田底出米有地底出絹只作兩鈔官司亦作一倉一場如此百姓與官司皆無許多勞攘

三十年一番經界方好又曰元稹均田圖惜乎不見今將他傳來考只有那兩疏却無那圖然周世宗一見而喜之便欲行想見那圖大段好嘗見陸宣公奏議後面說那口分世業其纖悉畢盡古人直是恁地用心而今人若見均田圖特也須是只把作鄉司職事看了定是不把作書讀而今如何得有箇陸宣公樣秀才

文公曰林勲本政書每鄉開具若干字號田田注人姓名是以田爲母人爲子說得甚好

而今史官不相總統只是各自去書書得不是人亦不敢改更是他書了亦不將出來據他書敍

那裏知他是與不是便是他今雖有那日曆然皆兼官無暇去修得而今須是差六人鎖放那裏教他專一去修方得如近時作那高宗實録却是教一人當一年這也不得且如這一事頭在去年尾在今年那書頭底不知尾那書尾底不知頭都不成文字而今如立傳某常時來看說得詳底又都只是寫那行狀其略底又恰如春秋樣更無本末可攷或有差除去了底這一截又只休了如何地稽考據某看來須合分作六項人管一事謂如刑事便去關那刑部文字看他那用刑皆有年月恁地把來編類便成次

底那五者皆然後編一年成了都合歛來如元年五月一日有甚事這一月內事先後便皆可見且如立傳他那日曆上薨卒皆有年月在這當印板行下諸州索那行實墓誌之屬來都令運司更即差一人督促史院都去督促運司有不到底又劄下去催來恁地便編得成箇文字而今實錄他門也是將日錄做骨然都皆不曾着實用心有時考不得後將一牒下州縣去討那州縣不成也不管恁地如何解有理會

一朋友言某官失了稅簿曰此豈可失了此是根本無這箇後如何稽考所以周公建官便皆要

那史所謂史便是掌管那簿底
今世產賦百弊砧基簿只人戶私本在官中本天
下無一處有稅賦本末更無可稽尋處
福建賦稅猶易辦浙中全是白撰橫斂無數民不
聊生丁錢至有二千五百者由此人多去計會
中使作宮中名字以免稅向見辛幼安說糞船
亦插黃旗子某初不信後提舉浙東親見其事
嘗有人充保正來論某當催秋稅某人當催夏
稅某怪之以為催稅只一般何爭夏稅從而問
之乃知秋稅苗產有限為是催夏稅是和買絹
最為重苦蓋始者一疋官支得六百錢後來變

◎

而今人先納絹後請錢已自費力了後又無錢
可請只白納絹今又不納絹只令納價錢其數
又重催不到者保正出之一番當後則為之困
矣故福建不如江西江西不如江東江東又不
如浙東浙東又不如浙西越近都越不好
某嘗謂而今江浙間除了和買丁錢重處減些少
使一家但納百十錢只依而今稅賦後放教寬
着如此時便是小太平前輩嘗言本朝稅輕於
什一而今何啻數倍緣上面要許多用令縣中
若省解小月樁州府定來打罵某在漳州解發
銀子折着星兩運司也一發文字下來取被某也

不能管得判一箇可殺一笑字聽他門自去理會

伊川先生嘗言要復井田封建及晚年卻言不必井田便也是看破了且如封建自柳子厚之屬論得來太過也是行不得漢初要封建後來便恁地狼狽若使如主父偃之論天子使吏治其國而內其貢稅如此便不必封建也得今且把一百里地封一親戚或功臣教他去做其初一箇未必便不好但子孫未必皆賢若有一箇無稽時不成教百姓論罷了一箇國君只坐視他害民又不得卻如何區處何況人也自不肯

去今且教一箇錢塘縣尉封他作靜江國王鬱
林國王他定是不肯去寧是作錢塘縣尉唐時
理會一番襲封刺史入都不肯去符秦也曾如
此來人皆戀京師快活後都不肯去卻要遣人
押起這箇決是不可行若以大勢論之聖人封
建卻是正理但以利害言之害多而利少
林擇之說今之士人所聚多處風俗便不好太學
不如州學州學不如縣學縣學不如鄉學曰太
學眞箇無益於國家教化之意何在向見陳魏
公說亦以爲可罷
文公因說禮讓爲國章良久嘆息曰今日不能制

民之產已自不是民自去買田又更去收牙稅
是甚說話古人禁民聚斂今卻張官置吏惟恐
人不聚斂如此卻何以責人廉遜
文公曰某在漳州有訟田者契數十本自崇寧起
來事甚難考其人將正契藏了更不可理會某
但索四畔衆契比驗四至昭然及驗前後所斷
情僞更不能逃者
嘗有官人斷爭田事被其擾了案其官人卻來那
穿款處考出
壽皇初要令官户作保正其時蔣侍郎作保正遂
大書保正蔣芾後來此令竟不行

或病訟牒之多曰與他研窮道理分別是非曲直自然訟少若厭其多不與分別則愈見多事

而今救荒甚可笑自古救荒只有兩説第一是感召和氣以致豐穰其次只有儲蓄之計若待他飢餓時理會更有何策東邊遣使去賑濟西邊遣使去賑濟只討得逐州幾箇紫綾冊子云某處已如何措置某處已如何經畫元無實惠及民因問向來先生措置如何文公曰亦只是討得紫綾冊子更有何策

為學是自博而反之約為治是自約而到其博

問差役雇役孰優曰互有得失今所謂雇役優者

即謂不擾稅人然聚浮浪無根着之人在那裏
又多害事所謂差役便者即謂稅人自顧藉愛
惜然其為之者多有破家蕩産之患蓋緣既作
他衙前少間庫廚却教他管他自備這物事以
供應官員大有不便如祖宗時却有坊場河渡
以補之謂之優重也

客有說社倉訟事曰如今官司鶻突無理會委送
官屬不知可否更無分曉某在潭州時州中僚
屬朝夕相見却自知得分曉只縣官無由知得
後來區處每月版帳錢令自輪次解來當日留
住試以公事又怕他鶻突寫來却為立下格式

云今蒙使府委送某事如何一某人於某年某
月日於某處理某事某州如何斷一又於某時
於某處再理某官如何斷一某今看詳此事理
如此於條合如何結絕如此人之能否皆不得
而隱

今科舉之弊極矣如鄉舉里選之法此是第一義
今不能行只是就科舉法中與之區處且變着
如今經義格子使天下士子各通五經大義
舉試春秋一舉試三禮一舉試易詩書禁懷挾
出題目寫出注疏與諸家之說而斷以己意策
論則試以時務如禮樂兵刑之屬如此亦不爲

無益欲革奔競之弊則均諸州之解額稍損太
學之額太學則罷月書季考之法皆限之以省
試獨取經明行脩之人如此庶幾矣
頃嘗欲因奏對言一事而忘之諸州軍兵衣絹或
非本州所有則以上供錢對易於出產州軍最
為煩擾如潭州舊與信處二州對易每歲本州
為兩州抱認上供錢若干盡數解納而兩州絹
絶不來太守歲遣書饋懇請恬不為意或得三
分之一間發到一半極矣然絹紕薄而價高常
恐軍人怨詈喊噪以錢貼支始得無事歲以為
苦興化取之台州更迭回遠此事最不難理會

如漳州不出絹信處二州有之何不令兩州以
所合發納上供錢輸絹左藏只令漳州以錢散
軍人豈不兩便軍人皆願得錢蓋絹價每三千
省而請錢得五千省故也此亦當初立法委曲
勞擾之過改之何妨

官秦置守尉監漢有郡守刺史刺史如今之監司
專主按察至漢亦令刺史掌兵遂侵郡守之權
兼治吏事而刺史之權獨重後來或置或否某
嘗說不用許多監司每路只置一人復刺史之
職正其名曰按察使令舉刺州縣官吏其下郤
置判官數員以佐之如轉運判官刑獄判官農

田判官之類農田專主婚田轉運專主財賦刑
獄專主盜賊刑獄則刺史總之猶重諸判官之
權資叙視通判而刺史視太守判官有事欲奏
聞則刺史為之發奏刺史不肯發則許判官自
徑申御史臺尚書省以分刺史之權蓋刺史之
權獨專則又不便若其人昏濁則害貽一路百
姓無出氣處故又須略重判官之權諸判官下
郡置數員屬官如職幕官之類如此則事權歸
一太守自治州事而刺史得舉刺一路豈不簡
徑省事而無侵擾耗蠹之弊乎　問今之主管
資格亦視通判文公曰然但權輕不能有所為

只得奉承運使而已若分為判官俾得專達則其權重而監司亦不敢妄作矣

程子曰為政須要有綱紀文章謹權審量讀法平價皆不可闕所謂文章者便是文飾那謹權審量讀法平價之類

今之法家惑於罪福報應之說多喜出人罪以求福報夫使無罪者不得直而有罪者得倖免是乃所以為惡爾何福報之有書曰欽哉欽哉惟刑之恤哉所欽恤者欲其詳審曲直令有罪者不得免而無罪者不得濫刑也今之法官惑於欽恤之說以為當寬入之罪而出其死故凡罪

之當殺者必多為可出之塗以俟奏裁事多減
等是乃賣弄條法而受賕者耳初何欽恤之有
今之律令謂法不能決者則俟奏裁今乃明知
其罪之當死亦莫不為可生之塗以生之惟獨
壽皇不然其情理重者皆殺之
而今官員不論大小盡不見客敢立定某日見客
某日不見客甚至月十日不出不知甚麼條貫
上如此是禮乎法乎可怪不知出來與人相應
接少須有甚辛苦處使人之欲見者等候不能
得見或有急幹欲去有甚心情等候欲呑不可
欲吐不得其苦不可言此等人所謂不仁之人

心都顛然無知拆着不痒掐着不痛矣小官下
位嘗被上位如此而非之矣又至他榮顯又自
不知矣因言黄漕每日先見過往人客了然後
請職事官相見盖恐幕職官禀事多時過客不
能久候故也某在潭州見前後初一十五例不
見客諸司皆然某遂破例令皆相見又文公在
潭州每日一請學士人見於學中官員見於府
署

平易近民為政之法

當官文書簿曆須逐日結押不可拖下

前輩撿驗皆有書當官者不可不知極多樣

彭仲剛子復作台州臨海縣理會役法甚善朝廷
措置役法者如何措置終是不公且如鄉有寬
狹寬鄉富家多狹鄉富家少狹鄉富家漸漸自
足一被應役無不破家蕩產極可憐憫彭計一
縣有幾鄉鄉有闊狹某鄉多富家某鄉少富家
都中分富家以畀兩鄉令其均平其有不均處
則隨其道里遠近分割裨補令其恰好人甚便
之雖非法令之所得爲然使民宜之亦終不得
不變也
役法所在不同看來只用倍法若產錢滿若干當
爲保正外又計其餘產滿若干當爲保長若產

錢倍多則兩番爲保正如此則無爭又有所在利於爲保正不利爲保長者并通四方之風俗情爲如何了得

今之爲相者朝夕疲精神於應接書問之間更何暇理會國事世俗之論遂以此爲相業有一人爲略欲分別善惡杜絶干請分諸闕於部中得以免應接之煩稍留心國事則人爭非之矣

某嘗說今世之士所謂巧者乃是大拙無有能以巧而濟者都是枉了空費心力只有一箇公平正大行將去其濟不濟天也只有一箇正其誼不謀其利明其道不計其功其他費心費力用

智用數牢籠計較都不濟事都是枉了
溫公作相日有一客位牓分三項云訪及諸君若
覩朝政闕遺庶民疾苦欲進忠言請以奏牘聞
於朝廷某得與同僚商議擇可行者取旨行之
若但以私書寵喻終無所益若光身有過失欲
賜規正則可以通書簡分付吏人傳入光得內
自省訟佩服政行至於理會官職差遣理雪罪
名凡干身計並請一面進狀光得與朝省衆官
公議施行若在私第垂訪不請語及此皆前輩
做處
有旨令諸縣造船召匠計之所費甚鉅有請教於

張直柔者張曰此事甚易可作一小者計其丈尺廣狹長短即是推之則大者可知後所費十減三四勉齋築城亦先自築一料計其所費亦用此法

晦菴先生語録類要卷第十二

晦菴先生語録類要卷第十三

勉齋黄先生門人　括蒼葉士龍編次

科舉

包顯道言科舉之弊曰如他經尚是就那文義上說最是春秋不成說話多是求言外之意說得不是模樣某謂此皆是侮聖人之言卻不如至介甫索性廢了較强文公又笑曰嘗有一人作時變通論皆說要復古至論鄉舉里選卻說要須歇三十年科舉後卻行要待那種子盡了方行得說得來也是

文公因說舉業笑曰某年少時只做得十五六篇

義後來只是如此發解及第人但不可不會作
時文及其得也只是如此今人却要求爲必得
豈有此理

或問父母責望不可不應舉作時文又有穿鑿之
患不審當如何文公曰略用體式而櫽括以至
理

科舉累人不淺人多爲此所奪但有父母在仰事
俯育不得不資乎此故不可不勉爾其實甚奪
人志

學者以書謁文公有棄科舉之說文公曰今之士
大夫應舉干祿以爲仰事俯育之計亦不能免

公生事如何曰粗可伏願曰更須自酌量

刑法

或問本朝之刑與古雖相遠然也近重如不甚輕役人之類曰也是但律較輕勑較重律是從古來底勑乃是本朝底而今用時勑之所無方且用律本朝自徒以下罪輕古時流罪不刺面只如而今白面編管自唐五代方是黥面决脊如折杖却是自太祖方創起這却較寬

問律起何時曰律是從古來底逐代相承修過今也無理會了但是而今那刑統便是古律下面注底便是周世宗造如宋莒公所謂應從而違

堪供而鈌此六經之亞文也所謂律者如漢書
所引律便是但其辭古難曉如當時數大獄引
許多辭便如而今之欵引某罪引某法爲斷後
本朝便多是用唐法
問五刑不贖之意曰是穆王方有贖法嘗見蕭望
之言古不贖刑某甚疑之後來方省贖刑不是
古
問勑令格式如何分別曰此四字乃是神宗朝定
法令時綱領也本朝止有編勑後來命羣臣脩
定元豐中執政安燾等上所定勑令上喻燾曰
設於此而逆彼之至謂之格設於此而使彼效

之謂之式禁於未然謂之令治其已然謂之敕
脩書者要當知此蓋神宗天資絶人觀此數語
極是分别得好格如五服制度某親當某服某
服當某時各有限極所謂設於此而逆於彼之
至之謂也式如磨勘轉官求恩澤封贈之類只
依箇樣子寫去所謂設於此而彼效之之謂也
令則條令禁制某事不得爲某事違者有罰之
類所謂禁於未然者敕是已結此事依條斷遣
之類所謂治其已然者格式令在前敕在後則
有教之不改而後誅之之意令但欲尊敕字以
居前令格式在後則與不教而殺者何異殊非

當時本旨

處變 權變附

蔡季通被罪臺評及文公文公餞罷起樓下西序行數回即中位打坐葉賀孫遂歸精舍告諸友輔漢卿筮之得小過公弋取彼在穴曰先生無虞蔡所遭必傷即同輔萬季弟至樓下文公坐睡甚酣因諸生偶語而覺即揖諸生諸生問所聞蔡丈事如何曰州縣捕索甚急不曉何以得罪因與萬正淳說早上所問孟子未通處甚詳繼聞蔡已遵路防衛頗嚴諸友急往中途見別文公舟往不及聞蔡留邑中皆詹元善調護之

文公初亦欲與經營包顯道因言禍福已定徒
爾勞擾文公嘉之且云顯道說得自好未知當
局如何是夜諸生坐樓下圍爐講問而退後聞
蔡編管道州乃沈繼祖文字主意誣文公也一
日文公往清安寺候蔡蔡自府乘舟就貶過靖
安文公出寺門接之坐僧方丈寒暄外無嗟勞
語以連日所讀參同契所疑扣蔡蔡應答洒洒
少待諸人醵酒至飲皆醉文公間行列坐寺前
橋上飲回寺又飲先生醉睡

或問周都豐鎬則王畿之内當有西北之戎如此
則稍甸縣都如之何其可為也文公曰周禮一

書聖人作爲一代之法爾到不可用法處聖人
須别有權變之道
子畏於匡顔淵後子曰吾以汝爲死矣如何文公
曰孔子恐顔淵遇害故有此語顔子答曰子在
回何敢死者顔子謂孔子既得脱禍吾可以不
死矣若使孔子遇害則顔子只得死救之也或
問顔路在顔子許人以死何也曰事偶至此只
得死此與不許友以死之意别不許以死在未
處難以前乃可如此處已遇難却如此説不得
有人問尹彦明今有南子子亦見之乎曰不敢見
他曰聖人何爲見之曰須磨不磷涅不緇則見

之不妨

問父死非其罪子亦可仕否曰不可孫曾如何曰世數漸遠終是漸輕亦有可仕之理但不仕者正也可仕者權也

義剛

文公每徒行報謁步速而意專不左右顧及無事領諸生出則徘徊顧瞻緩步微吟

文公有疾諸生省問必正冠坐揖各盡其情略無倦接之意諸生有未及壯年者待之亦周詳

文公病少愈旣出寢室客至必見見必降階肅之去必送至階下

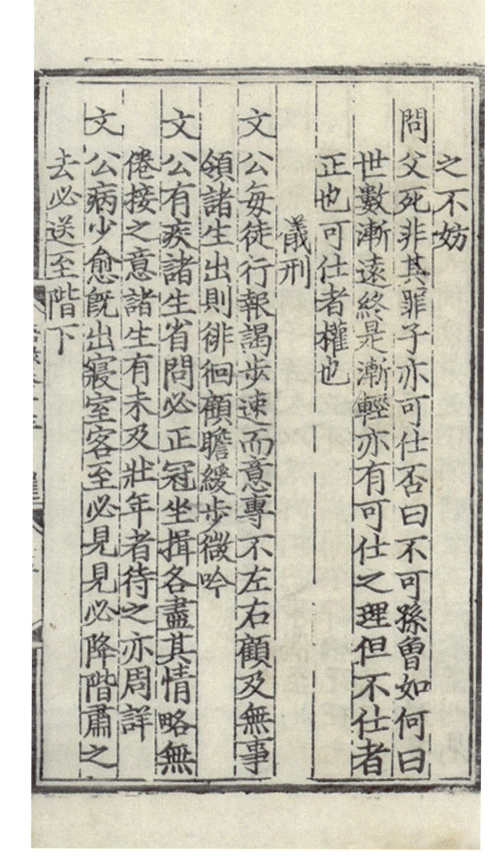

諸生夜聽講退不送或有客則降階送之文公於客退必立視車行不復顧然後退而解衣及應酬他事或客方登車猶相面或有以他事禀者不領之或前客纔發車而尚留之客輙有所禀議亦令少待

文公對客語及本監司守將必稱其官

文公有疾不出令諸生入卧内相見云某病此番甚重向時見文字也要議論而今都怕了諸友可自努力全靠某不得

黄直卿勸文公且謝賓客數日以養疾文公曰天生一箇人便須管天下事若要不管須是如楊

氏爲我方得其又却不曾去學得這般學

有學者每相揖畢則縮左手袖中文公曰公常縮着一隻手是如何似不是舉止模樣

衣服當適於體康節向溫公說某今日當着今時之服亦未是

文公於父母墳墓所託之鄉人必加禮或曰敵已以上拜之

文公病或勸晚起曰某自是不能晚起雖甚病纔見光亦便要起尋思文字纔稍晚起覺似宴安酖毒便似箇懶惰底人心裏便不安須是早起了却覺心下鬆爽

或人勸文公當此之時宜略從時文公答之曰但
恐如草藥煉得無性了救不得病耳
說話須一字是一字一句是一句便要見是非孔
子曰聽其言也厲
某尋常莫說前輩只是長上及朋友循循說道理
底便不敢說他說得不是只將他說去研究及
自家曉得卻見說得不是某尋常最居人後又
曰某尋常最得此力
每常令兒子門作事只是說大綱與他以爲那小
小處置也易曉不須說也得後來做得不滿人
意處未有不由那些子不要區處處起

文公令小童添炭撥開火散亂文公曰可拂斂了

我不要人恁地因謂諸生曰此便是燒火之不敬所以聖人教小兒洒掃應對件件要謹某外家子姪未論其賢否如何一出來便齊整緣是他家長上元初教誨得如此只一人外居氣習便不同

警戒 鑒誠附

文公荅呂子約書曰目下蹉過了合做底親切工夫虛度了難得少壯底時日

不可倚靠師友又曰某不敢自昧實以銖累寸積以得之又曰不可等待又曰須是有頭有尾成

箇物事不可涉其波流即休又曰學者須耐煩
耐辛苦
凡是名利之地自家退以待之便自安穩纔要只
管向前便危險
門人有與人爭訟者文公責之曰欲之甚則昏蔽
而忘義理求之極則爭奪而至怨仇
文公謂葉賀孫曰也只是莫巧公鄉間有時文之
習易得巧
文公病諸生功夫悠悠曰今人做一件沒緊要底
事也着心去做方始會成如何悠悠會做得事
且如學寫字底人念念在此則所見之物無非

是寫字底道理又如唐賈島學作詩只思推敲
兩字在驢上坐只把手作推敲勢大守出有許
多車馬人從渠更不見不覺犯了節只此二字
計甚利害他直得恁地用力所以後來做得詩
亦極是精高吾人學問是大事小事却今悠悠
若存若亡更不着緊用力反不如他做得緊要
可謂倒置諸公切宜勉之
文公因泛言交際之道曰先人嘗有雜録冊子記
李仲和之祖見居三衢與包孝肅同讀書一僧
舍每出入必經由一富人門二公未嘗往見之
一日富人俟其過門邀之坐二公托以他事不

入他日復招飯意勤甚李欲往包公正色與語
曰彼富人也吾徒異日或守鄉郡今妄與之交
豈不爲他日累乎竟不往後十年二公果相繼
典鄉郡文公因嗟歎前輩立己接人之嚴蓋如
此方二公爲布衣所志已如此此古人所謂言
行必稽其所終慮其所弊也或言有爲鄉邑者
泛接部内士民如布衣交甚至狎昵後來遇事
入手頗有掣肘處文公曰爲邑長此等事當有
限節若脫略繩墨本流之弊必至於此包李之
事可爲法也

進取得失之念放輕却將聖賢格言處研窮考究

◎

若恁地似做不做如捕風捉影有甚長進今日是這箇人明日亦是這箇人

季繹勸蔡季通酒止其泉南之行蔡決於文公文公笑而不答良久曰身勞而心安爲之利少而義多者爲之

文公因問諸生庚甲慨而曰歲月易得後生不覺老了

文公曰某自十六七時下工夫讀書彼時四畔無津涯只自恁地硬着力去做至今日雖不足道但當時也是喫了多少辛苦多讀了書今人卒作便要讀到某田地也是難要須積累着力方

得某今老而將死所望者但欲朋友勉力學問
而已
教導後進須是嚴毅然有以興起開發之方得只
恁嚴徒拘束之亦不濟事
人之生不幸不聞過大不幸無耻此兩句只是一
項事知耻是由内心以生聞過是得之於外人
須知耻方能聞過而改故耻爲重
文公曰某老矣無氣力得説因病看也看不得了
行也行不盡了説也説不辨了諸公勉之
文公曰某見今之學者皆似箇無所作爲無所圖
底人相似人之爲學當如救火追亡猶恐不及

如自家有箇光明寶藏被人奪去尋求趕捉必要取得始得今學者只是悠悠地無所用心所以兩年三年五年七年相別再來相見只是如此

三十年前長進三十年後進得不多

財猶臟也近則汚人豪傑之士耻言之

有待坐而困睡者文公責之李敬子曰僧家言常常提起此志令堅强則坐得身直亦不昏困才一縱肆則嗒然頹放矣文公曰固是道家修養亦怕昏困常要直身坐謂之生腰坐若昏困倒靠則是死腰坐矣因舉小南和尚少年從師參

禪一自偶靠倚而坐其師見之叱曰得恁地無脊梁骨小南憤然自此終身不靠坐又舉徐處仁太宰知北京日早晨會僚屬治事訖復穿衆會坐設廳上徐多記覽多說平生履歷州郡利害政事得失及前言往行終日危坐僚屬甚苦之嘗暑月會坐有秦兵曹瞌睡徐厲聲曰某在此說話公却瞌睡豈以某言爲不足聽耶未論某是甚官只論鄉曲亦是公文人行安得如此叫客將取秦兵曹坐倚子來

問色容莊最難曰心肅則容莊陳才卿因說九容次早見文公才卿以右手拽涼衫左袖口偏於

一邊文公曰夜來說手容恭公却如此才卿赧
然急入手鞠躬曰忘了文公笑曰爲己之學有
忘耶向徐節孝初見胡安定退頭容少偏安定
厲聲云頭容直節孝自思不特頭容要直心亦
要直自此更無邪心學者須是如此方得

出處

問孟子不見諸侯召之則不往見之何也曰且如
孟子將朝王王使人來曰寡人如就見者也有
寒疾不可以風朝將視朝孟子本待要去見他
才見來喚召便稱疾不肯往蓋孟子以賓師自
處不可召之也故曰古者不爲臣不見又曰欲

有謀焉則就之又曰迨斯可以見矣皆此意也
或問孔子當孟子時如何曰孔子自有作用然亦
須稍加峻厲又問孔子若見用顏子亦出否曰
孔子若用顏子亦須出來做他次一等人
有一朋友微諷文公云先生有天生德於予底意
思却無微服過宋之意文公曰某又不曾上書
自辯又不曾作詩謗訕只是與朋友講習古書
說這道理更不教做却做何事因曰論語首章
言人不知而不慍不亦君子乎斷章言不知命
無以爲君子今人開口亦解說一飲一啄自有
定分及遇小小利害便生趨避計較之心古人

刀鋸在前鼎鑊在後視之如無物者蓋緣只見
得這道理都不見那刀鋸鼎鑊又曰死生有命
如合在水裏死須是溺殺此猶不是深奥底事
難曉底話如今朋友都信不及覺見此道日孤
令人意思不佳

論進以禮退以義曰三揖而進一辭而退

文公曰大抵觀聖人之出處須看他至誠懇切處
及洒然無累處文中子說天下皆憂吾獨得不
憂天下皆疑吾獨得不疑又曰窮理盡性吾何
疑樂天知命吾何憂此說是

甲寅年孫自脩見文公曰先生難進易退之風天

下所共知今新天子嗣位乃幡然一來必將大有論建文公笑曰只爲當時不合出長沙在官所有召命又不敢固辭孫又曰今既受了侍從職名却不容便去文公曰正爲如此又笑曰若病得狼狽時也只得去

問龜山何意出來曰龜山做人也苟且是時未免祿仕故胡亂就之苟可以少行其道龜山之志也然來得已不是及至又無可爲者只是說没緊要底事當此之時苟有大力量咄嗟間眞能轉移天下之事來得也不枉既不能然人只是隨衆鶻突及至欽宗即位爲諫議大夫因爭配

亨事爲孫仲益所攻孫言楊某曩與蔡京諸子
遊今衆議攻京而楊某曰愼毋攻居安京長子
攸也云云龜山遂罷又曰蔡京當國時其所收
拾招引非止一種諸般名色皆有及乎淵聖即
位在朝諸人盡攻蔡京且未暇顧國家利害朝
廷若索性貶京過嶺也得一事了今日去幾官
分司西京明日去幾官又移某州後日又移某
州至潭州而京病死自此一年間只理會得一
箇蔡京這後面光景迫促了金人之來已不可
過京有四子攸絛鞗脩鞗尚主曾以書諫其父
徽宗怒令京行遣一家弄得不成模樣更不堪

說攸脩後被斬是時王黼童貫梁師成輩皆斬
此數人嘗欲廢了欽宗故欽宗平日不平之故
也後來高宗初立猶未知辯别元祐熙豐之黨
故用汪伯彥黄潛善不成人才汪黄又小人中
之最下最無能者及趙丞相居位方稍能辯别
亦緣孟后居中力與　高宗說得透了

晦菴先生語録類要卷第十三

晦菴先生語録類要卷第十四

勉齋黄先生門人括蒼葉士龍編次

學術

文公曰涵養窮索二者不可偏廢如車兩輪如鳥兩翼如温公只恁行將去無致知一段

格物二字最好物猶事也須窮格事物之理到盡處便有一箇是一箇非是底便行非底便不行凡自家身心講論文字應接事物各各體驗漸漸推廣地步自然寬闊如曾子三省只管如此體驗去皆須體驗得一箇是非

格物二字聖人是要人就事物上理會且自一念

之微以至事事物物若靜若動凡居處飲食言語無不是事無不有箇天理人欲逐一驗過雖在靜處須驗箇敬肆敬是天理肆是人欲居處便驗恭與不恭執事須驗敬與不敬有人專就寂然不動上理會遇事則七顛八倒有人專就事上理會於根本上全無功夫須是徹上徹下表裏洞徹如居仁便自能由義由義便是居仁敬以直內便能義以方外能義以方外便是敬以直內

今讀語孟不可便道精義都不是都廢卻須借他做箇階梯去尋求將來自見得道理知得他是

非方是自已所得處要辯得他似是而非處須
以義理裁培用功久之自能辯得
且窮實理令有切已工夫若只泛窮天下之理不
務切已即是遺書所謂遊騎無所歸矣
須培擁本根令豐壯以此去理會學問如三代以
下書古今世變治亂存亡皆當理會
廖子晦言山居頗適讀書罷臨水登山覺得甚樂
文公曰只任閑散不可須是讀書又言上古無
閑民其說甚多不曾記錄大意似謂閑散是虛
樂不是實樂
文公曰學者須是有業次且如讀堯舜典曆象日

月星辰律度量衡五樂五禮之類禹貢山川洪範九疇須一一理會令透又如禮書冠昏喪祭王朝邦國許多制度逐一講究今人只做得西漢以下工夫無人就堯舜三代原頭處理會來

又曰且如做舉業亦須苦心理會文字方可决科讀書若不苦心去求不成業次終不濟事

問戒謹恐懼以此涵養固善然行之於事所謂開物成務之幾當如何文公曰此却在博文此事獨脚做不得須是讀書窮理又曰只是原頭正發處自正只是這路子上往來

呂伯恭自言少時多愛使性氣纔且使令者不如

意便躁怒後讀論語至躬自厚而薄責於人遂
更不復如此
博文約禮聖門教人只此兩事須是互相發明約
禮底工夫深則博文底工夫愈明博文底工夫
多則約禮底工夫愈密矣
文公嘗謂輔廣曰且自做工夫學者最怕因循莫
說一下便要做成今日知得一事亦得行得一
事亦得只不要間斷積累之久自解做得徹去
若有疑且須自去思量不要倚靠人待去問若
無人可問時不成便休人若除得箇倚靠人底
心學也須會長進

後人讀書多於無捉摸處用工某舊日理會道理
亦有此病後得李先生說令去聖經中求義某
後來刻意經學推見實理始信前日諸人之誤
也
初學須是自處於無能遵禀前輩說話漸見實處
大抵中年以後爲學且須愛惜精神如某在官
所亦不敢屑屑留情細務正恐耗了精神忽有
大事來則無以待之也
要於聖賢語上精加攷究從而分别輕重辯明是
非見得襞然有倫是非不亂方是所謂文理密
察自此應事接物各當事幾而不失之過不失

之不及此皆精於義理之效

文公曰須是精攻而躬行之使凡一言一行皆出乎此理則這邊自重所謂仰不愧俯不怍浩然之氣亦從是生若用工如此方有進處若如此進時一齊俱進聖賢見處雖卒未可遽盡然進進不已隨力量自當有到處

讀書須讀到不忍捨處方是見得真味若讀之數過略曉其義即厭之欲別求一書則是於此一卷書猶未得趣也舊日讀書方其讀論語時不知有孟子方讀學而第一不知有為政第二今日看此一段明日更且看此一段看來看去直

待無可看方換一段看久自然洞貫方爲浹洽時下雖是鈍滯便一件了得一件將來却有盡理會得時若撩東搭西徒然看多事事不了日暮途遠將來荒忙不濟事舊日見李先生說理會文字須令一件融釋了後方更理會一件融釋二字下得極好亦是眞曾經歷來便說得如此分明

經之有解所以通經經既通無事於解借經以通乎理耳理得則無俟乎經今意思只滯在此則何時得脱然會通也某嘗說讀書須細看得意思通融後都不見注解但見正經幾箇字方好

又曰且如大學一書有正經有解有或問看來看去不用或問只看注解久之又只看正經又久之自有一部大學在我胸中而正經亦不用矣然不用某許多工夫亦看他底不出不用聖賢許多工夫亦看聖賢底工夫不出

未須理會他經先於論語孟子中專意看他切不可忙虛心觀之不須先自立見識徐徐以俟之莫立課程某二十年前得上蔡語錄觀之初用銀硃畫出合處及再觀則不同矣乃用粉筆三觀則又用墨筆數過之後則全與元看時不同矣

看文字須虛心玩理今且以小說明之有一人欲
學相氣色真師與一串五色絲令入暗中認之
云辨得此五色出方能相氣色也看聖人意旨
亦是如此精專方得之到自得處不從說來
今之學者本是困知勉行底資質却要學他生知
安行底工夫便是生知安行底資質亦用下困
知勉行工夫况是困知勉行底資質
大抵學問須先警省且如瑞巖和尚每日常自問
主人翁惺惺否又自答曰惺惺今時學者却不
能如此
程子說窮理却謂不必盡窮天下之理只是理會

得多後自然貫通

義理身心所自有失而不知所以復之富貴身外之物求之惟恐不得縱使得之於身心無分毫之益況不可必得乎若義理求則得之能不喪其所有可以爲賢爲聖利害甚明人心之公每爲私欲所蔽所以更放不下但常常以此兩端體察若見得時自須猛省急擺脫出來

知行常相須如目無足不行足無目不見論先後知爲先論輕重行爲重

脩身大法小學備矣義理精微近思錄詳之

學者須是爲己聖人敎人只在大學第一句在明

明德上以此立心則如今端己斂容亦爲己也讀書窮理亦爲己也做得一件事是實亦爲己也聖人教人持敬只是須着從這裏說起其實若爲己後自然着敬又曰學者只是不爲己故日間此心安頓在義理上時少安頓在閑事上時多於義理却生於閑事却熟

聖賢事迹一一可考而行若舍六經之外求所謂玄妙之說則無之

如今要緊只是將口讀底便似身行底說出底便是心存底

大凡人要說去從師然未及從師之時也須自着

力做工夫及六七分到得閑緊要說話易長進
若是平時不曾用力終是難從頭下手
今須先正路頭明辯爲己爲人之别直見得透却
旋旋下工夫則思慮自通知識自明踐履自正
積日累月漸漸熟漸漸自然若見不透路頭錯
了則讀書雖多爲文日工終做事不得比見浙
間朋友或自謂通左傳通史記將孔子置在一
壁却將左氏司馬遷之文鑽研推尋謂這箇是
盛衰之由這箇是成敗之端反而思之干你身
已甚事你身已有多少底事合當理會有多少
病痛未曾去却來說甚盛衰興亡治亂這箇直

是自欺

學習須只管在心常常習若習得專一定是脫然

通解

問橫渠言十五年學恭而安不成明道曰可知是學不成有多少病在文公曰人便是被一箇氣質局定變得些子了又更有些子又云聖人發憤忘食樂以忘憂發憤便忘食樂便忘憂直是一刀兩段千了萬當聖人固不在說但顏子得聖人說一句直是傾腸倒肚便都了更無許多廉纖纏繞絲來線去問橫渠只是硬把捉故不安否文公曰他只是學箇恭自驗見不曾熟不

是學箇恭又學箇安

爲學須是理會到十分是始得如人射一般須是要中紅心如今直要中的少間猶且不中的若只要中帖中槩少間却是胡亂發枉了氣力二百步外去若不曾中的只是枉矢如今且要分別是非是底直是是非底直是非少間做出便會是若依希底也喚是便了下梢只是非

須是要做第一等人若決是要做第一等人若才力不逮也只做得第四五等人今合下便做第四五等人說道就他才地如此下梢成甚麼物事

須是先理會本領端正其餘事物漸漸理會到上面若不理會本領了假饒你百靈百會若有些子私意便粉碎了只是這私意如何卒急除得如顏子天資如此孔子也只教克己復禮其餘弟子雖不同莫不以此意望之如冉求仲由當初他豈是只要做到如此聖人教由求之徒莫不以曾顏望之無奈他何才質只做到這裏如可使治其賦可使爲之宰他當初也不止是要恁地

學者如本領是了少間如兩漢之所以盛是如何所以衰是如何三國分併是如何唐初間如何

興起後來如何衰以至於本朝大綱自可理會若有工夫更就裏面看某之諸生度得他脚手也未可與拈弄許多只是且教他就切身處理會如讀虞夏商周之書許多聖人亦有說兵刑說賞罰只是這箇不是本領曾子臨終叮嚀說及君子所貴乎道者三動容貌斯遠暴慢矣正顔色斯近信矣出辭氣斯遠鄙倍矣籩豆之事則有司存上許多正是大本大原如今所理會許多正是籩豆之事曾子臨死教人不要去理會這箇夫子焉不學則[illegible]常師之有惟是孔子都曾理會來到孟子[illegible]是不說到這細碎

上答滕文公喪禮只說諸侯之禮吾未之學也
吾嘗聞之矣齊疏之服饘粥之食自天子達於
庶人這二項便是大本大原

或問顏子如何克己復禮文公曰公且思量顏子
如何心肯意肯克己復禮自家因何不會心
肯意肯去克己復禮這處須有病根先要理會
這路頭方好理會所以克之之方須是識得這
病處須是見得此些少功名利達真箇是輕克己
復禮真箇是重真箇是不恁地不得

伊川曰孟子才高學之無可依據學者須學顏子
入聖人爲近有用力處文公曰學者要學得不

錯須是學顏子孟子說得麄不甚子細只是他
才高自至那地位若學者學他或會錯認了他
意思若顏子說話便可下手做孟子底更須解
說方得
質敏不學乃大不敢有聖人之資必好學必下問
若就自家杜撰更不學更不問已是凡下了聖
人之所以爲聖也只是好學下問如舜自耕稼
陶漁以至爲帝無非取諸人以爲善孔子說禮
吾聞諸老聃云這也是學老聃方知這一事
學者言目下且看先生動容周旋以自檢先生所
著文義却自歸去理會文公曰文義即是目下

所行底如何把文義別做一般看若不去理會文義終日只管相守閑坐如何有這道理文義乃是躬行之門路躬行即是文義之事實

看文字不可恁地看過便道了須是時復玩味到得義理與踐履處融會方是自得這箇意思與尋常思索而得意思不同

文公曰一動一作一坐一立一飲一食都有是非是底便是天理非底便是人欲如孔子失飪不食不時不食割不正不食不多食無非天理如口腹之人則多也食不正也食不時也食失飪也食便都是人欲便都是逆天理

有道理只管進只管細便好只管見上面只管有一重方好如一物相似剥一重又有一重又剥一重剥到四五重剥得許多重都盡方見眞實底今人不是不理會義理只是不肯子細只守着自底便了是是非非一向都没分别

如看道理辨是非又須自高一着方判决得别人說話如堂上之人方能看堂下之人若身在堂下如何看見子細

凡看文字須要人在裏面猛衮一番要透徹方能得他脱離若只略略地看過恐終久不能得他脱離此心又自不能放下也

自家一身是天造地設已盡擔負許多道理纔理會得自家道理則事物之理莫不在這裏一語一默一靜一動一飲一食皆有理纔不是便是違這道理若盡得這道理方成箇人方可以拄天踏地方可無負此生若不盡得此理只是空生空死空具許多形骸空受許多道理空喫了世間人飯若見得道理世上許多閑物事都沒要緊要做甚麼

問忠信所以進德也脩辭立其誠所以居業也知至至之知終終之可與存義也文父曰上面忠信與脩辭立誠便是材料下面知至知終推有

實了方能如此大抵以忠信爲本
忠信只是實若無實如何會進如播種相似須是實有種子下在泥中方會日日見發生若拋箇空殼下在裏面如何會發生即是空道理須是實見得若徒將耳聽過口說過濟甚事忠信所以爲實者且如孝須實是孝方始那孝之德日進一日如弟須實是弟方始那弟之德日進一日若不實却無根了如何會進今日覺得恁地明日便漸能熟明日方見有一二分後日便見有三四分意思自然覺得不同亙其誠誠依舊便是上面忠信脩辭是言語照管得到那裏面

亦須照管得到居業是常常如此不少間斷德是得之於心業是見之於事進德是自覺得意思日强似一日振作似一日不是外面事只是自見得意思不同業是德之事也德則欲日進業要終始不易居是存而不失之意可與幾是見得前面道理便能日進向前去存義是守這箇義只是這箇道理常常存在這裏可是心肯意肯之義譬如昨日是無奈何勉强去爲善今日是心肯意肯要去爲善

如今理會道理且要識得箇頭若不識得箇頭只恁地散散逐段說不濟事若識得頭上有源頭

下有歸着看聖賢書便句句看實句句爲自家
身己說如此去[illegible]門以此明學要知這源頭是甚麼
只在身己上[illegible]可見道理盡是自家固有底仁
義禮智皆[illegible]之若[illegible]之端緒泉之始達這
箇是源頭見[illegible]學方可看聖賢
說話恰如人[illegible]實言語作引路
一般不然徒[illegible]外面閑話聖賢
說話家人[illegible]這些[illegible]過那邊去便都無
些子着身己都是要將[illegible]去爲別人全不干自
家身己緊處這邊來便是自工夫這正是[illegible]
爲人之學

且如見說毋不敬便定定着毋不敬始得見說思無邪便定定着思無邪始得書上說毋不敬自家口讀毋不敬身心自恁地怠慢放肆詩上說思無邪自家口讀思無邪心裏卻胡思亂想這便不是讀書又如說足容重須着重是天理合下付與自家須當重自家若不重便自壞了天理手容恭須着恭是天理付與自家便當恭自家若不恭便自壞了天理目容端須着端是天理合下付與自家便當端自家若不端便自壞了天理口容止須着止是天理合下付與自家便當止自家若不止便自壞了天理聲容靜須

着靜是天理合下付與自家便當靜若不靜便自壞了天理以至頭容直氣容肅立容德色容莊皆然把聖賢說話將來學便是要補塡得元初底教好又如說非禮勿視自是天理付與自家雙眼不曾教自家視非禮勿視非禮便不是天理非禮勿聽自是天理付與自家雙耳不曾教聽非禮才聽非禮便不是天理非禮勿言自是天理付與自家一箇口不曾教自家言非禮才言非禮便不是天理非禮勿動自是天理付與自家一箇身心不曾教自家動非禮才動非禮便不是天理

須就源頭看教大底道理透闊開基廣開址如要
造百間屋須要有百間屋基緣這道理本同甲
有許多乙也有許多丙也有許多
秀才未說道要他理會甚麼高深道理也須知得
古聖賢所以垂世立教之意是如何古今盛衰
存亡治亂事體是如何從古來人物議論是如
何這許多眼前底全不識如何做士人今世之
所習雖做得官貴窮公相也只是箇淺見識底
人若依古聖賢所教做去雖極貧賤身自躬耕
而胸次亦浩然視彼污濁卑下之徒曾犬彘之
不若

如今人也須立箇志趣始得還當自家要做箇甚麽人是要做聖賢是只要苟簡做箇人天教自家做人還只教恁地便是了閑時也須思量着聖賢還是元與自家一般還是有兩般天地交付許多道理與人不獨厚於聖賢而薄於自家自家是有這四端是無這四端只管在塵俗裏面衮還曾見四端頭面還不曾見

林子淵問知止而有定至慮而後能得文公曰知與行工夫須着並到知之愈明則行之愈篤行之愈篤則知之益明二者皆不可偏廢又須先知得方行得所以大學先說致知中庸說智先

於仁勇而孔子先説智及之然後學問謹思明辯力行不可闕一

蔡季通説盡心謂聖人此心才見得盡則所行無不盡故程子云聖人無事於力行文公曰固是聖人有這般所在然所以爲聖人也只説好問默而識之好古敏而求之那曾説知了便了

楊通老問浩然之氣文公不荅久之曰公若留此數日只消把孟子白去熟讀他逐句自解一句自家只排句讀將去自見得分明卻好來商量若驀地問後待與説去也徒然康節先生人謂其學於李挺之每有扣請必曰願先生只開其

端勿盡其意他大意只要待自思量得之大凡事理若是自去尋討得出來直是別

文公語黃敬之曰這道理也只是如此看須是自家自奮迅做去始得看公大病痛只在箇懦弱須是便敢向勇猛果決合做便做不要安排不要等待不要靠別人不要靠書籍言語只是自家自點檢公曾看易易裏說陽剛陰柔陰柔是極不好

學者爲己底直是若切事都是自家合做底事如此方可不如此定是不可今有若學者因甚恁地若他只爲見這箇物事是自家合做底事如

◎

人喫飯是緣自家肚飢定是要得喫又如做家
主要錢使他在外面百方做計一錢也要將歸
家這是爲甚如此這只是爲自家自身上事如
此爲學如何會無所得
許多道理孔子恁地說一番孟子恁地說一番都
恁地懸空掛在那裏自家須自去體認得
學者言在家衮衮但不敢忘書冊亦覺未免間斷
文公曰只是無志若說家事又如何汩沒得自
家如今稍高底人也須會擺脫得過山間坐一
年半載是做多少工夫只恁地也立得箇根脚
若特往應事也無害較之一向在事務裏衮是

爭那裏去公今三五年不相見又只恁地悠悠
人生有幾箇三五年
元亨利貞仁義禮智金木水火春夏秋冬將這四
箇只管涵泳玩味儘好
問張子謂使心意勉勉循循而不能已過此幾非
在我者是如何文公曰學者只要勉勉循循而
不能已才能如此便後面雖不用大段着力也
自做去如推一箇輪車相似才推得轉了他便
滔滔自去所謂學而時習之不亦悅乎者正謂
悅後不待着力而自不能已也
文公論人之爲學如今之兩下相似兩既下後到

處滋潤其氣易得蒸鬱才略晴被日頭略照又蒸得雨來前日亢旱時只緣久無雨下四面乾枯縱有些小雨都滋潤不得故更不能蒸鬱得成人之於義理若見得後又有涵養底工夫日日在這裏面便意思自好理義也容易得見正如雨蒸鬱得成後底意思若是都不去用力者日間只恁悠悠都不曾有涵養工夫設或理會得些小道理也滋潤他不得少間私慾起來又間斷了正如亢旱不能得雨相似也

大為學須是己分上做工夫有本領方不作言語說若無存養盡說得明自成兩片亦不濟事況未

必說得明乎要須發憤忘食痛切去身分上做
工夫莫荏苒歲月可惜也
大凡爲學有兩樣一者是自下面做上去一者是
自上面做下來自下做上者便是就事事旋旋
尋箇道理湊合將去得到上面極處亦是一理
自上面做下者便是先見得箇大體却自此而
觀事物見其莫不有箇當然之理此所謂自大
本而推之達道也若做工夫者也須從大本上
面理會將去便好昔明道在扶溝謂門人曰爾
輩在此只是學某言語盍若行之謝顯道請問
焉却云且静坐葉味道因云雷在地中復先王

以至日閉關商旅不行后不省方在學者分上說便是要安靜涵養這些子善端耳文公曰若着實做工夫要知這說話也不用說若會做工夫便一字也來這裏使不着此說甚不欲說與人却恐學者聽去便做空寂認了且如程門中如游定夫後來說底話大段落空無理會處未必不是在扶溝時只恁地聽了

子善因言平日學問次第文公曰此心自不用大段拘束他他既在這裏又要向那裏討他要知只是爭箇醒與睡着耳人若醒時耳目聰明應事接物便自然無差錯處若被私欲引去便一

似睡着相似只要與他喚醒來才醒便無事矣
子善因云釋氏有豁然頓悟之說不知使得否不
知倚靠得否文公曰某也見叢林中有言頓悟
者然後來看這人也只尋常如陸子靜門人初
見他時常云有所悟後來所為却更顛倒錯亂
看來所謂豁然頓悟者乃是當時略有所見覺
得果是淨潔快活然稍久則却漸漸淡去了何
嘗倚靠得來子善云舊時也有這般狂底時節
以為聖人便即日可到到後來果如先生所云
漸漸淡去到今日只得逐旋捱去然早上聞先
生賜教云諸生工夫不甚超詣某退而思之不

知如何便得超詣文公曰只從大本上理會亦
只逐旋挨去自會超詣
此心虛明萬理具足外面理會得者即是裏面本
來有底只要自大本推之達道耳
本領上欠工夫外面都是閑須知道大本若立外
面應事接物底道理都是大本上發出
凡人看文字初看時心尚要走作道理尚見得未
定猶沒奈他何到看得定時方入規矩又只在
印板上面說相似都不活不活則受用不得須
是玩味反覆到得熟後方始會活動方有受用
處若只恁生記去這道理便死了

讀書窮理當體之於身凡平日所講貫窮究者不知逐日常見得在吾心目間否不然則隨文逐義趕趂期限不見悅處恐終無益

問書當如何看文公曰且看易曉處其他不可曉者不要强說縱說得出恐未必是當時本意近世解書者甚衆往往皆是穿鑿如吕伯恭亦未免此也

横渠行狀述其言曰吾學既得於心則脩其辭命辭無差然後斷事斷事無失吾乃沛然精義入神者豫而已矣他意謂須先說得分明然後方行得分明今人見得不明故說得自儱侗如何

到行處分明

爲學須是切實爲己則安靜篤實承載得許多道理若輕揚淺露如何探討得道理縱使探討得說得去也承載不住

林中恭問下學之要受用處文公曰潑倚卓在屋下坐便是受用若貪慕外面高山曲水便不是受用底因舉詩云貧家淨掃地貧女好梳頭下士晩聞道聊以拙自修前人只恁地說了

向有人見尹和靖云諸公理會得箇學字否只是學做箇人人也難做如堯舜方得是做得箇人

學者理會道理當深潛沉思讀書初勤敏着力子

細窮究後來却須緩緩温尋反復玩味道理自出又且不得貪多欲速直須要熟工夫自熟出

只守着一些地做得甚事須用開闊看去天下萬事都無阻礙方可

功夫要趲期限要寬

爲學纖毫絲忽不可不察若小者分明大者越分明

或謂性相近習相遠惟上智與下愚不移書中謂惟聖罔念作狂惟狂克念作聖若如此則又有移得者如何文公曰上智下愚不移如狂作聖則有之既是聖人決不到作狂此只是甚言不可不學

學者問聖人十年功夫文公曰不須理會這箇且理會志于學能志學許多科級須當還我

問下學上達聖人恐不自下學中來文公曰不要高了聖人高後學者如何企及說得聖人低越有意思

虛心順理當守此四字

致知誠意是學者兩箇關致知乃夢與覺之關誠意乃惡與善之關透得致知之關則覺不然則夢透得誠意之關則善不然則惡致知誠意以上功夫較省逐旋開去至於治國平天下地步愈闊却須要照管得到

聖賢言語大約似乎不同然未始不貫只如夫子言非禮勿視聽言動出門如見大賓使民如承大祭言忠信行篤敬這是一副當說話到孟子又却說求放心存心養性大學則又有所謂格物致知正心誠意至程先生又專一發明一箇敬字若只恁看似乎參錯不齊千頭萬緒其實只一理學者曰區區於文字間只見得異實下工夫則貫通之理始見文公曰然只是就一處下工夫則餘者皆兼攝在裏聖賢之道如一室然雖門戶不同自一處行來便入得但恐不下工夫耳

學者須嚴密理會銖分毫析
泛觀博取不若熟讀而精思
務反求者以博觀爲外馳務博觀者以內省爲狹
隘墮於一偏此皆學者之大病也
師友之功但能示之於始而正之於終耳若中間
二十分工夫自用喫力去做既有以喻之於始
又自勉之於中又其後得人商量是正之則所
益厚矣不爾則亦何補於事
下學者事也上達者理也理只在事中若眞能盡
得下學之事則上達之理便在此
問博學與近思莫相妨否文公曰博學是都要理

會過近思是注心著力處博學是箇大規模近思是漸進工夫如明明德於天下是大規模格物正心誠意脩身齊家便是次序亦着學豈可道理會得一件其他不必理會然亦須理會一件了又理會一件

今之學者自是不知爲學之要學只要窮得這道理便是天理雖聖人不作天理自在天地間天高地下萬物散殊流而不息合同而化天地間只是這箇道理流行周徧不應說道聖人不言這道理便不在這道理自是長在天地間只借聖人來說一遍過且如易只是箇陰陽之理而

已伏羲始畫只是畫此理文王孔子只是發明
此理吉凶悔吝亦是從此推出且如書載堯舜
禹許多事業與夫都俞吁咈之言無非是此理
爲學之道須先存得這箇道理方可講究若居處
必恭執事必敬與人必忠要如顏子直須就視
聽言動上警戒到復禮處仲弓出門如見大賓
使民如承大祭是無時而不主敬如今亦不須
較量顏子仲弓如何會如此只將他那事就自
家切己處便做他底工夫然後有益
聖賢千言萬語只是要行得守得
文公謂杜叔高曰學貴適用

康節從李挺之學數而曰但舉其端勿盡其言容某思之他是恐人說盡了這便是有志底人

爲學只在明明德一句惕然一念自覺其非便是明之之端君子存之存此而已小人去之去此而已

文公曰一年離經辨志古注離經斷句離經是讀得成句辨志是知得這箇是爲己那箇是爲人這箇是義那箇是利三年敬業樂羣敬業是知得合當如此做樂羣便是知得滋味好與朋友切磋五年博習親師博習是無所不習親師是與他師相近了七年論學取友論學是論得有

頭緒了取友是知賢者而取之此之謂小成九年知類通達句子云倫類不通不足謂善學而今學者但是不能推類到得知類通達是無所不曉故能强立不反這幾句都是上兩字說學下兩字說所得處

問格物是爲學始入道處當如何着力文公曰遇事接物之間須一一去理會始得不成是精底去理會粗底又放過了大底去理會小底又不問了如此終是有欠缺但隨事隨物皆一一去窮理自然分明

人只有箇天理人欲此勝則彼退彼勝則此退無

中立不進退之理凡人不進便退譬如劉項相拒於滎陽成皐間彼進一步則此退一步此進一步則彼退一步初學者則要牢劄定脚與他捱捱得一毫去則逐旋捱將去此心莫退終久須有勝處甚氣象

開卷便有與聖賢不相似處豈可不自鞭策

立志要如飢渴之於飲食才悠悠便是志不立

學者要親細務莫令心麄

昔汪尚書見焦先生問爲學如何焦先生只說一句曰先立乎其大者

道之爲體其大無外其小無内無一物之不在焉

故君子之學既能尊德性以全其大便須道問學以盡其小其曰致廣大極高明温故而篤厚則皆尊德性之功也其曰盡精微道中庸知新而崇禮皆道問學之事也學者於此固當以尊德性爲主然於道問學亦不可不盡其力要當使之有以交相滋益互相發明則自然該貫通達而於道體之全無欠缺處矣 玉山講義

文公因論爲學曰愈細密愈廣大愈謹確愈高明

晦菴先生語録類要卷第十四

晦菴先生語録類要卷第十五

勉齋黄先生門人括蒼葉士龍編次

持養

問氣質弱者如何養到剛勇文公曰只是一箇勉强然化氣質最難

只說涵養於未發而已發之失乃不能制是有得於靜而無得於動只如制其已發而未發時不能涵養則是有得於動而無得於靜也

李延平先生云賴天之靈常在目前文公曰只是君子戒謹所不睹恐懼所不聞便自然常存顔子非禮勿視聽言動亦是如此

人須是有廉恥孟子曰恥之於人大矣恥便是羞惡之心人有恥則能有所不爲今有一等人不能安貧其氣銷屈以至立脚不住不知廉恥亦何所不至因舉前輩詩云見人輙有求所以百慝非因言今人只見曾子唯一貫之旨遂得道統之傳此雖固然但曾子平日是箇剛毅有力量壁立千仞底人觀其所謂士不可以不弘毅可以托六尺之孤可以寄百里之命臨大節而不可奪晉楚之富不可及也彼以其富我以吾仁彼以其爵我以吾義吾何慊乎哉底言語可見雖是做工夫比顔子較鈍然緣他資質剛毅

先自把捉得定故能傳夫子之道又如論語說富貴不以道得之不處貧賤不以道得之不去然後說君子去仁惡乎成名必先教取舍之際界限分明然後可做工夫不然則立脚不定安能有進又云學者不於富貴貧賤上立得定則是入門便差了也

講學固不可無須是去自己分上做工夫若只管說不過一兩日都說盡了只是工夫難且如人雖知此事是不可爲忽然無事又自起此念又如臨事時雖知其不義不要做又却不知不覺自去做了是如何又如好事初心本自要做又

却終不肯做是如何盖人心本善方其見善欲爲之時此是眞心發見之端然纔發便被氣禀物欲隨即蔽固不教他發此須是自去體察存養看来此最是一件大工夫

程子曰學要鞭辟近裏着已而已博學而篤志切問而近思言忠信行篤敬立則見其參於前在輿則見其倚於衡只此是學質美者明得盡查滓便渾化却與天地同體其次惟莊敬以持養之及其至一也明得盡者一見便都明了更無查滓其次惟是莊敬持養以消去其查滓而已所謂持養亦非是作意去穿鑿以求其明只此

心常敬則久自明矣
人昏便不是明纔知那昏時便是明也
有人喜做不要緊事如寫字作詩之類初是念念
要做更過捺不得若能將聖賢言語來玩味見
得義理分曉則漸漸覺得此重彼輕久久不知
不覺自然剝落消殞去
天理人欲之分只爭些子故周先生只管說幾字
然辨之又不可不早故橫渠每說豫字
文公見劉淳叟閉目坐曰淳叟待要遺物物本不
可遺
先須致知而後涵養或問伊川言未有致知而不

在敬者如何文公曰此是大綱領
要窮理須是着意不着意如何會理會得分曉
文公謂林叔和曰根本紐工夫無歸宿處如讀書
應接事物固當用功不讀書不應接事物時如何
如其窄狹則當涵泳廣大氣象如其頹惰則當涵
養振作氣象
問伊川謂敬是涵養一事敬不足盡涵養否曰五
色養其目聲音養其耳義理養其心皆是養也
根本須是先培壅涵養持敬便是栽培
古人四十強而仕者前面許多年亦且養其善端
若一下便出來與事物袞了豈不壞事人於迷

迹之復其善端之萌亦甚微故須莊敬持養然後能大不然復亡之矣故復之象曰先王以至日閉關

文公因學者少寛舒意曰公讀書恁地緊密固好若一向蹙密下梢却展拓不開明道一見謝顯道曰此秀才展拓得開下梢可望又曰於辭氣間亦見得人氣象如明道語言固無甚激昂看來便見寛舒意思

若見得入頭處緊也不可慢也不得若識得些路頭須是莫斷了若斷了便不成待得再新整頓起來費多少力如雞抱卵看來抱得有甚煖氣

只被他常常恁地抱得成若把湯去湯便死了
若抱繞住便冷了

敬以直內義以方外這箇常在目前此乃治公之要法如博文約禮却說得寬且說人生天地間裏面便具許多物事少間發出便是義然人之資禀不同聖人又教人去讀書不讀書時所謂敬便走在別路去義亦不是敬須是博文既博文若不踐履便讀得博也不過資口耳於身何益敬又須約禮敬義文禮直從心裏下工夫出至此備矣其次則須曉得義利之辯箇坑十人跌了九箇平時口頭說得天花亂墜纔到這裏

便委曲遮護心口不相應都不濟事又其次則
勉焉孜孜斃而後已莫說日暮途遠便休了盡
得這六條方做得一箇人又曰第五關極是難
過人須有箇超然底意思要超然於事物之表
且天命流行富貴貧賤死生壽夭自有一定不
易道理看你將來受得那箇如論語一書聖人
只管於這一邊向人說如稱顏回庶幾於道却
只是屢空是見得他能忍得貧子貢不受命只
管積財但能億則屢中耳又如恥惡衣惡食戚
語從這細微處便爲他磨去了今人須立箇小
小界限如自家有屋粗可住生計不至空乏便

◎

自足了外此豈吾之所當念又曰千萬照管這
處打不過那上面四件便是盡得也只是閑說
文公謂洭長孺曰叔權謂長孺他日觀氣質之變
以驗進道之淺深此說最好大凡人須子細沈
靜大學謂知止而後有定定而後能靜周先生
所以有主靜之說如蒙艮二卦皆有靜止之體
洪範五事聽曰聰聰作謀謀屬金金有靜密意
思人之爲謀亦欲靜密貌曰恭恭作肅肅屬水
水有細潤意思人之舉動亦欲細潤聖人所以
爲聖人只是動靜不失其時時止則止時行則
行聖人這般所在直是做得好自家先恁浮躁

如何發得中節又曰老子之術自有退後一着事也不攙前去做說也不曾說將出但任你做得狼狽了自家徐出以應之如人當紛爭之際自去僻靜處坐了任其如何彼其利害長短一一都冷看破了從旁下一着定是的當此固是不好底術數然較之今者浮躁之人彼又較勝因舉老子語云豫兮若冬涉川猶兮若畏四鄰儼若客渙若冰將釋子房深於老子之學曾參學之有體而無用

問治心脩身之要雖知事理之當爲而念慮之間多與日間所講論者相違答曰且恁地做去只

是如今且說箇熟字這熟字如何便得到這地位到得熟地位自有忽然不自知處不是被你便要得且是不知不覺得如此

涵養中自有窮理工夫窮其所養之理窮理中自有涵養工夫養其所窮之理兩頭都不相離纔見成兩處便不得

或問閑邪主一如何曰主一似持其志閑邪以無暴其氣閑邪只是要不得入主一守之於内二者不可有偏正内外交養之道也

文公曰讀書閑暇宜於静室安坐庶幾心平氣和可以思索義理問伊川見人静坐如何便歎其

善學文公曰這却是一箇總要處

喜怒哀樂未發已發只是一項工夫未發固要存養已發亦要審察遇事時時復提起不可自怠生放過底心無時不存養無事不省察

所謂窮理大底也窮小底也窮少間都成一箇物事所謂持守者人不能不牽於物欲纔覺得便收得來久之自然成熟非謂截然自今日始也

涵養本源思索義理

存養是靜工夫靜時是中以其無過不及無所偏倚也省察是動工夫動時是和纔有思爲便是動發而中節無所乖戾乃和也其靜時思慮未

萌知覺不昧乃復所謂見天地之心靜中之動也其動時發皆中節止於其則乃艮之不獲其身不見其人動中之靜也窮理讀書皆是動中工夫

文公曰操存涵養不可不緊進學致知不可不寬

問每日做工夫處曰工夫只是常惺惺如程子所謂主一之謂敬謝氏所謂常惺惺法是也然這裏便有致知底工夫程子曰涵養須用敬進德須在致知須居敬以窮理若不能敬則講學工夫無安頓處

爲學工夫

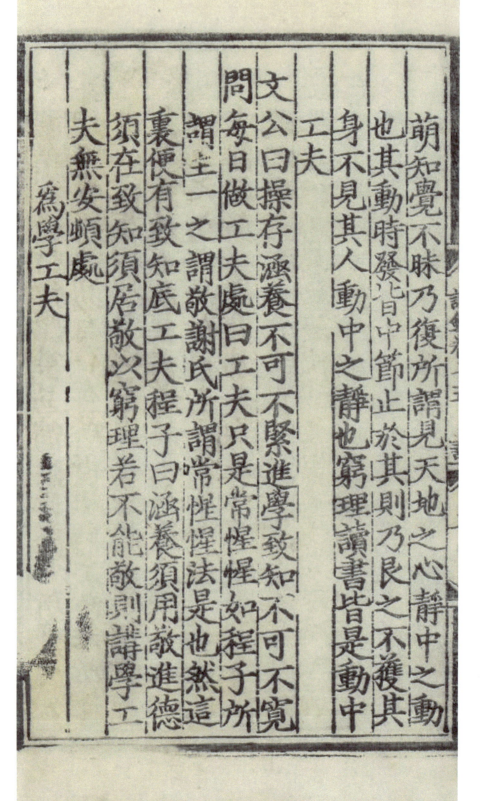

或問所守所行似覺簡易然茫茫未有所獲文公曰既覺得簡易自合有所得却曰茫茫無所獲者如何答曰比之以前爲學多岐今來似覺簡易耳愚殊不敢望得道只欲得箇入頭處文公曰公之所以無所得者正坐不合簡易揚子云支離蓋所以爲簡易人須是博學之審問之謹思之明辯之篤行之然後可到簡易田地若不如此用工夫一蹴便到聖賢地位大假易了古人何故如此博學審問謹思明辯篤行乎夫是五者無先後有緩急不可謂博學時未暇審問審問時未暇謹思謹思時未暇明辯明辯時未

暇篤行五者從頭做將下去微有少差耳初無先後也他日自然簡易去孟子曰博學而詳說之將以反說約也語云博我以文約我以禮便是先博然後至約如何便先要約得人若先以簡易存心不知博學審問謹思明辯篤行將來便入異端去

有人專理會躬行此亦是孤

文公與學者言操存與窮格不解一上做了如窮格工夫亦須銖積寸累工夫到後自然貫通若操存工夫豈能常操其始也操得一霎時旋旋到一食時或有走作亦無知之何能常常警覺

久久自能常存自然光明去
嚴立功程寬着意思久久自當有味不可求欲速
之功也
張敬夫高明他將謂人都似他纔一說時更不問
人曉會與否且要說盡他箇故他門人敏底只
學得他說話若資質不逮依舊無捉摸某則性
鈍讀書極是辛苦故尋常與人言多不敢為高
遠之論蓋為是身親曾經歷過故不敢以此責
人耳學記曰進而不獲其安使人不由其誠今
教者之病多是如此
上而無極太極下而至於一草一木一昆蟲之微

亦各有理一書不讀則缺了一書道理一事不窮則缺了一事道理一物不格則缺了一物道理須着逐一件與他理會過

某舊讀書看此一書只看此一書那裏得恁地工夫錄人文字今當截頭截尾劄定脚根將這一箇意貼在上面上下四旁都不管他只見這物事在面前任他孔夫子現身也還我理會這箇了直須抖擻精神莫要昏鈍如救火治病然豈可悠悠歲月

陳安卿曰數年來見得日用分明件件是天理流行無一事不是合做底更不容挨推閃避撞着

這事以理斷定小心盡力做到尾去此心磨刮
出來後便漸漸堅定雖有難事亦不見其難前
面只見如水到船浮不至甚有悭澁那與點底
意顏子樂底意漆雕開信底意中庸鳶飛魚躍
底意都在面前禮儀三百威儀三千無一事而
非天理流行易三百八十四爻時義無非刮析
箇天理流行前聖後哲只是一貫而所以爲理
之大要只在人倫身上功夫切處只在主敬文
公曰悉地之說也容易只恐學心落在無涯可
測之處某平生便是不愛人說與點論語一部
自學而時習之至堯曰都是做工夫處不成只

說與點便將許多都掉了聖賢說事親要如此事君便要如此事長便要如此言便要如此行便要如此都是用工夫處通貫浹洽自然見得在眼前若都掉了只管說與點正如喫饅頭只撮箇尖處不喫下面許多餡子都不見許多滋味了向來此等無人曉得說出來也如今說得多了也是好笑不成模樣近來覺得這樣話都是閑說不是眞積實見昨廖子晦亦說與點及鬼神反覆問難轉見支離沒合殺聖賢教人無非下學工夫一貫之旨如何不便說與曾子直待他事事曉得方說與他子貢是多少聰明到

後來方與說汝以予爲多學而識之者與此意
是如何萬理只是一理學者且要去萬理中千
頭萬緒都理會四面湊合來自見得是一理不
去理會那萬理只管去理會那一理說與黙顔
子之樂作如何程先生語録事事都說只有一
兩處說此何故說得恁地少今學者說得恁地
多只是空想象程先生曰學者識得仁體實有
諸己只要義理栽培恐人不曉栽培更說如求
經義皆栽培之意吕晋伯問伊川語孟且將緊
要處看如何伊川曰固是好若有所得終不浹
洽後來晋伯終身坐此病說得孤單入禪學去

聖賢立言垂教無非着實如博我以文約我以禮如尊德性而道問學致廣大而盡精微極高明而道中庸溫故而知新敦厚以崇禮如博學之審問之謹思之明辯之篤行之如君子食無求飽居無求安敏於事而慎於言就有道而正焉等類皆此意也大抵看道理要得寬平廣博平心去理會若實見得只一兩段亦自見得許多道理不要將一箇大抵言語都來罩了其間自有輕重不去照管說大抵說得太大說小底又說得沒巴鼻安卿又問做工夫是要見總要處否曰不要說總會如博我以文約我以禮博文

便是要一一去理會那曾說總會處又如深造
之以道欲其自得之也深造以道便是一一用
工到自得方是總會處如顏子克己復禮亦須
是非禮勿言非禮勿動非禮勿視非禮勿聽不
成只守箇克己復禮將下面許多都除了如公
說易只大綱說三百八十四爻皆天理流行若
恁地一部周易只一向便了聖人何故作許多
十翼從頭說大哉乾元萬物資始至哉坤元萬
物資生聖賢之學非老氏比老氏說通於一萬
事畢其他都不說少間和那一又都要無了方
好學者固是要見總會處如今只說箇總會處

◎

如與點之類只恐孫曾沒合殺下稍流入釋老去如何會者詠而歸底意思文公因語安卿申前說曰若把這些子只管守定在這裏則相似山林苦行一般便都無事可做了所謂潛心大業者何謂哉安卿對曰已知病痛大段欠了下學工夫又曰近日陸子靜門人寄得數篇詩來只將顏淵曾點數件事重疊說其他詩書禮樂都不說如公下學也只是揀箇尖利底說麄鈍底掉了今日下學明日便要上達如孟子從梁惠王以下都不讀只揀告子盡心來說只消此兩篇其他五篇都刪了緊要底來讀閑慢底便不

讀精底便理會粗底便不理會讀書恁地揀擇
不得如論語二十篇只揀那曾點底意思涵泳
都要蓋了單單說箇風乎舞雩詠而歸只做箇
四時景致論何用說許多事前日江西朋友來
要尋箇樂處某說只是自去尋尋到那極苦澀
處便是好消息來人須是尋到那意思不好處
這便是樂底意思來却無不做工夫自然到樂
底道理而今做工夫只是平常恁地去理會不
要把做差異做了粗底做粗底理會細底做細
底理會不消得揀擇論語孟子若恁地揀擇了
史書及世間粗底書又如何地看得

胡叔器曰安之在遠方望先生指一路脉去歸自尋曰見行底便是路那有别底路來道理星散在事物上都無總在一處底而今只得且把論孟中庸大學熟看如論語上看不出少間只就孟子上看得出孟子上底只是論語上底不可道孟子勝論語只是自家以前看不到而今方見得到又問優游涵泳勇猛精進字如何文公曰也不須立定牌牓也不須恁地起草只是做將去有時是這處理會得有時是那處理會得少間便都理會得只是自家見識到別無法學須是撤開心胷事事逐箇都與理會過未理會

得底且放下待無事時復將來理會少間無事
理會不得
陳安卿問己分上事已理會但應變處更望提誨
曰今且常理會常未當理會變常底許多道理
未曾理會得盡如何便要理會變聖賢說許多
道理平鋪在這裏且要闊心胸平去看通透後
自能應變不可硬捉定一物便要討常討變而
今也須如僧家行腳接四方之賢士察四方之
事情覽山川之形勢觀古今興亡治亂得失之
迹這道理方見得周徧不是塊然守定這物事
在一室關門獨坐底聖賢聖賢無所不通無所

不能那事理會不得如中庸天下國家有九經
便要理會許多物事如武王訪箕子陳洪範自
身之視聽言貌思極至於天人之際以人事則
有八政以天時則有五紀稽之於卜筮驗之於
庶證無所不備如周禮一部載周公許多經國
制度那裏便有國家當自家做只是古聖賢許
多規模大體也要識蓋這道理無所不該無所
不在且如禮樂射御書數許多周旋升降文章
品節之繁豈有妙道精義在只是也要理會得
熟若熟時道德便在上面又如律曆刑法天文
地理軍旅官職之類都要理會雖未能洞究其

精微然也要識箇規模大槩道理方浹洽通透若只守這些子捉在這裏把許多都做閑事便都無事了如此只理會得門內事門外事便理會不得所以聖人教人須要博學審問謹思明辨篤行之子曰我非生而知之者好古敏以求之者也文武布在方冊在人賢者識其大者不賢者識其小者夫子焉不學而亦何常師之有聖人雖是生知然也事事理會過無一之不講這道理不是只就一件事上理會見得便了學時要無所不學理會時却是逐一件上理會去凡事雖未理會得詳盡亦有箇大要處雖詳審

處未能得而大要已被自家見了今公只就一
線上窺見天理便說天理只恁地了便要去通
那萬事不得須撒開心胸去理會天理大所包
亦大且如五常之教自家而言只有箇父子夫
婦兄弟纔出外便有朋友朋友之中事上煞多
及身有一官君臣之分便定這裏面又煞多事
都合講過他人未做工夫底亦不敢向他說如
公於己分上已自見得若不說與公又可惜了
他人於己分上不曾見得泛而觀萬事固是不
得而公已有箇本領却只捉定這些子便了也
不得今只道是持敬收斂身心日用要合道理

無差失固是好然出而應天下事應這事得時又應那事不得學之大本中庸大學已說盡了大學首便說格物致知爲其要物格知至便是無所不格無所不知物格知至方能意誠心正身脩推而至於家齊國治天下平滔滔去都無障礙

陳安卿錄乃是文公夢奠前一年說話最爲親切熟玩此條即劉静春所謂實倒不可爲者豈不流爲空疎無用之學乎

歐公言作文有三般好思量撿上馬上廁上他只是做文章尚如此況求道乎而今人只打閑

子時思量冊子不在心便不在如此濟得甚麽

文公問陳安卿更有甚説話安卿對曰看得學者做工夫所以步步縝密者蓋緣天理流行於日用之間千條萬緒無有間斷若工夫少有不密便是天理有欠缺處曰也是恁地理只在事物之中做工夫須是密然亦須是就那疏處歛向密又就那密處展放開若只說道要縝密又却局促了問放開底樣子如何曰亦只是見得天理是如此人欲是如此便做將去李堯卿曰廖子晦常謂無時而不戒謹恐懼則天理無時而不流行有時而不戒謹恐懼則天理有時而不

流行此語如何曰不恁地也不得然也不須將
戒慎恐懼說得太重也不是恁地驚恐只是常
常提撕認得是這物事常常存得不失今人只
見他說這四箇字重便作臨事驚恐看了如臨
深淵如履薄冰也只是順這道理恁地兢謹把
捉去不成便恁地驚恐學問只要此心常存聖
賢之所以異於人亦只是此心存與不存而已
聖人所以不勉而中不思而得從容中道者只
是此心常存理常明故能如此賢人所以異於
聖人衆人所以異於賢人工夫亦只爭這些子
某常說人無有極則處便是周孔也不成說道

我是從容中道不要去戒謹恐懼他那工夫亦自未嘗停息良久復問安卿適間所說天理人欲正謂如何對曰天下事事物物無非是天理流行曰如公所說只是想像箇天理流行卻無下面許多工夫中庸說尊德性了又卻說道問學極高明了又卻說道中庸致廣大了又卻說盡精微溫故了又卻說知新敦厚了又卻說崇禮這五句是爲學用工精粗全體說盡了如公所說卻只是偏在那尊德性上揀那便宜多底去做道問學底許多事卻把作無緊要看了恁他只是占便宜自了之學相次出門做一事不

得便看窒礙今人之患在於務末而不究其本
公今只去理會那末而皆颺下了那末也不得
如今時變日新而無窮他日之事安知非吾輩
之責乎若是少間事勢之來當應也只得應若
只是自了便待工夫做得二十分到終不足以
應變到那時却也怕人說道不能應變也牽强
去應應得便只成杜撰既是杜撰便只是人欲
又有誤認作天理處若應變不合義理則平日
許多工夫依舊都是錯了公僻在遠方無師友
講明又無四方賢士相接又不知遠方事情又
不知古今人事之變所以將這一邊都暗昧了

一日之間事變無窮小而一身有許多事一家
亦有許多事大而一國又大而天下事業恁地
多都是要人與他做不是人做卻教誰做不成
我只管得自家底若將這樣學問去應時如何
通得許多事情做出許多事業學者須是立定
此心泛觀天下之事精粗巨細無不周徧下梢
打成一塊方是一箇物事方可見於用不是揀
那精底放在一邊揀那粗底放在一邊嘗見胡
文定答曹吉甫書所謂人只要存天理去人欲
後面一向稱只都不與之分析這便是前輩不
會爲人處這箇正好捉定與他剖判始得所謂

天理人欲只是一箇大綱如此下面尚煞有條目在這箇須就事物上辯別那箇是天理那箇是人欲不可恁地空說將大綱來罩却儱侗無界限恐一向暗昧更動不得如做器具固是教人要做得好不成要做得不好好底便是天理不好底便是人欲然亦大槩是如此且如做這湯瓶須是知如何是好如何是不好如今只儱侗說道好及我問你好處是如何做你又却不曉如何恁地得公今只將平日觀書中於古人事看得何處是何處不是何處可疑自見得是如何於平日處事甚麼處是舉數段來便見得

所以爲天理所以爲人欲安卿曰向年居喪有
數事未知是否如兄弟兩人同居喪事自首至
終皆是自擔當全不責備舍弟也是合做底又
言臨葬尊長皆欲揀擇年月某皆不問但是事
辦後自卜一日而爲之文公問是同居否曰然
曰這樣天理又是硬了堯卿曰尊長皆說得下
曰幸而無齟齬耳堯卿曰若有不能相從則當
如何曰不妨更加委曲安卿又言大祥後一日
同族長上致禮相待某堅避之乃有拂其意處
如何文公曰不喫也好但禮經有云君賜之食
則食之父之友與之食則食之始嘗疑此後思

之但是當時允意食之此後不食耳若有酒醴則辭

曰看過道理則恁說過一遍便了都不濟事須是常常把來思量始得看過了後又把起來思量一遍十分思量不透又且放下待意思好時又把起來看恁地將久自然解透徹延平先生嘗言道理須是日中理會夜裏却去靜處思量方始有得某依此說去做真箇是不同

諸生說書畢文公曰諸公看道理皆尋得一線路脉着了但於操守處更加工夫周貴卿曰非不欲常常持守但志不能帥氣臨事時又變遷了

◎

文公曰只是亂說豈是由他自去正要待他去
時撥轉來爲仁由己而由人乎哉止吾止也往
吾往也
陳安卿因論爲學工夫大槩在身則有心心之體
爲性心之用爲情外則目視耳聽手持足履在
事則自事親事長以至於待人接物洒掃應對
飲食寢處件件都是合做底文公曰講論時是
如此做工夫須是着實大凢道理聖人都說盡
了論語中有許多詩書中有許多須是一一理
會過程先生謂或讀書講明道義或論古今人
物而別其是非或應接事物而處其當否如何

而爲孝如何而爲忠以至天地之所以高厚逐一去理會不可放過不只是窮一箇便都了經

先生曰窮理者非謂必盡窮天下之理又非謂只窮得一理便到但積累多後自當脫然有悟處又曰自一身之中以至萬物之理理會得多自當豁然有箇覺處今人務博者却要盡窮天下之理務約者又謂反身而誠則天下之物無不在我此皆不是且如百件事理會得五六十件了這三四十件雖未理會也大槩可曉了

格物致知是極麄底事天命之謂性是極精細底事但致知格物便是那天命之謂性底事下等

事便是上等工夫

問尋常遇事時也知此爲天理彼爲人欲及到做時乃爲人欲引去事已却悔曰此便是無克己功夫這樣處極要與他掃除打併方得如一條大路又有一條小路明知合行大路然小路前有箇物引着自家不知不覺行從小路去及至前面榛棘荒穢又却生悔便是天理人欲交戰之幾須是遇事之時便與克去不得苟且放過此須明理以先之勇猛以行之若是上智聖人底資質他不用着力自然循天理而行不流於人欲若賢人之資次於聖人者到得遇事時固

不會錯只是先也用分别教是而行之若是中人之資須大段着力無一時一刻不照管克治始得曾子仁以爲己任不亦重乎死而後已不亦遠乎又曰戰戰兢兢如臨深淵如履薄氷而今而後吾知免夫小子直是恁地用工方得

晦菴先生語録類要卷第十五

晦菴先生語録類要卷第十六

勉齋黄先生門人括蒼葉士龍編次

論經傳子史古今文

詩序不足信向來見鄭漁仲有詩辯妄力詆詩序其間言語雖太甚以爲皆村野妄人所作始者亦疑之後來子細看一兩篇質之史記國語然後知詩序之果不足信因是看行葦賓之初筵抑數篇序與詩全不相似以此看其他詩序其不足信者煞多以此知人不可亂説便都被人看破了

大率詩人假物興辭將上句引下句如行葦勿踐

履戚戚兄弟莫遠具爾行葦是比兄弟勿字乃興莫字此詩自是飲酒會賓之意序者却牽合作周家忠厚之詩遂以行葦爲周家仁及草木如酌以大斗以祈黃耇亦是歡洽之時祝壽之意序者遂以爲養老乞言豈知祈字本是祝頌其高壽無乞言之意也

抑詩中間煞有妙語亦非刺厲王如於乎小子豈是以此指其君兼厲王是暴虐大惡之主詩人不述其事實只說謹言節語況厲王無道謗訕者必不容武公如何恁地指斥曰小子却是國語以爲武公自警之詩却是可信大率古人作

詩與今人作詩一般其間亦自有感物適情吟
詠性情幾時盡是譏刺他人只緣序者之例篇
篇要作美刺説將詩人意思盡穿鑿壞了且如
今人見人纔做事便作一詩歌美之或譏刺之
是甚麽道理如此一似里巷無知之人故亂稱
頌諛説把持放鵰何以見先王之澤何以爲情
性之正

詩中數處皆應答之詩如天保乃與鹿鳴爲唱答
行葦與既醉爲唱答蟋蟀與山有樞爲唱答破
斧是答東山之詩瞻彼洛矣是臣歸美其君裳
裳者華是君報其臣桑扈鴛鴦皆然唐自是晉

末改號國名自作序者以爲刺僖公便牽合謂此晉也而謂之唐乃有堯之遺風本意豈因此而謂之唐是皆鑿說但唐風自是尚有勤儉之意作詩者是一箇不敢放懷底人說今我不樂日月其除又說無已太康職思其居到山有樞是答者便謂子有衣裳弗曳弗婁宛其死矣他人是愉子有鐘鼓弗鼓弗考宛其死矣他人是保這是答他不能享些快活恁地苦澁

詩序亦有一二有憑據如清人碩人載馳諸詩是也昊天有成命中說成王不敢康又何須牽合作成王業之王自序者恁地附會便謂周公作

此以告成王他既作周公告成功便將成王字穿鑿說了又幾曾是郊祀天地被序者如此說後來遂生一場事端有南北郊之事此詩自說昊天有成命又不曾說着地如何說道祭天地之詩設使合祭亦須幾句說及后土如漢郊祀詩祭其神便說其事若用以祭地不應說天不說地

東萊詩記論得子細只是大本已失了更說甚麽向嘗與之論此清人載馳一二詩　可信渠却云安得許多文字證據某云無證而可疑者只當闕之不可據序作證渠又云只此序便是證

某因云今人不以詩說詩却以序解詩是以委
曲牽合必欲如序者之意寧失詩人之本意不
恤也此是序者大害處

商頌簡奧

九罭分明是東人願留之詩只緣詩序有刺朝廷
不知之句故後之說詩者委曲附會費多少辭
語到底鶻突某嘗謂死後千百年須有人知此
意自看來直是見得聖人之心又曰寬厚溫柔
詩教也若如今人說九罭之詩是責其君之辭
何處得寬厚溫柔之意

詩比興比是以一物比一物而所指之事常在言

外興是借彼一物以引起此事而其事常在下句但此意雖切而却淺其意雖闊而味長

或問大序言一國之事係一人之本謂之風析衛爲邶鄘衛何如曰詩之樂也亦如今之歌曲音各不同衛有衛音鄘有鄘音邶有邶音故詩有鄘音者謂之鄘有邶音者謂之邶若大雅小雅則亦如今之商調宮調作歌曲者亦按其腔調而作爾大雅小雅亦古人作樂之體格按大雅體格作大雅按小雅體格作小雅非是做成詩後旋相度其辭目爲大雅小雅也大率國風是民庶所作雅是朝廷之詩頌是宗廟之詩又云

小序漢儒所作有可信處絶少大序好處多然
亦有不滿人意處
問詩傳分別六義處有未備曰不必只管滞泥且
看詩意義如何古人一篇詩必有一篇意思且
要理會得這箇因說柏舟之詩只說到靜言思
之不能奮飛緑衣之詩說我思古人實獲我心
嘗謂止乎禮義所謂可以怨便是喜怒哀樂發
而皆中節處推此以觀則子之不得於父臣之
不得於君朋友之不相信皆當以此意處之如
屈原之懷沙赴水賈誼言歷九州而相其君何
必懷此都也便都過當了古人胷中發出意思

◎

自好看看三百篇詩則後世之詩多不足觀
問柏舟詩言靜言思之不能奮飛似猶有未平
意曰也只是如此說無過當處既有可怨之事
亦須還他有怨底意思終不成只如平時却與
土木相似只看舜之號泣于旻天更有甚於此
者喜怒哀樂但發之不過其則耳亦豈可無聖
賢處憂患只要不失其正如綠衣所云這般意
思又分外好
詩也有會做底有不會做底如君子偕老詩云之
子不淑云如之何此是顯然譏刺他了到第二
章又全然放寬了豈不是亂道如載馳詩役有

首尾委曲詳盡非大段會底說不得又如鸞鳴做得極巧更含蓄意思全然不露如清廟一倡三嘆者人多理會不得注下分明說一人倡三人和之今解者又須要胡說亂說

鄭詩雖淫亂然出其東門一詩却如此好又如女曰雞鳴意思亦好讀之真不知手之舞之足之蹈之也

詩如今恁地注解了自是分曉易理會但須是沉潛諷詠玩味義理咀嚼滋味方有所益若只章章看過一部詩只三兩日可了但不得滋味也記不得全不濟事古人說詩可以興須是讀了

有興起處方是
書序恐不是孔安國作漢文麁枝大葉今書序細
膩只似六朝時文字小序斷不是孔子作
其嘗疑書注非孔安國作蓋此傳不應是東晉方
出而其文又皆不甚好不似西漢人文
禹貢時治水只理會河患餘處亦不大段用工夫
河水之行不得其所故泛濫及他處觀禹用工
却只在冀以及兗青徐雍却不甚來南方積石
龍門所謂作十載乃同者正在此處龍門至今
横石斷流水自上而下其勢極可畏向未經鑿
治時正道不甚通一派西衮入關陝一派東衮

往河東故此為患最甚禹自積石至龍門着工夫最多河東行者多在黄泥地中故只管推流淤塞故道漸狹值上流急不泄便致横流他處

洪範一篇首尾都是歸皇極上去盖人君以一身爲至極之標準最是不易又須斂是五福所以斂聚五福以爲皇極之本又須是敬五事順五行厚八政協五紀以結裹箇皇極又須以三德使事物之接剛柔之辯須區處交合宜稽疑便是考之於神庶證便是驗之於天五福是體之於人這下許多是維持這皇極又曰正人猶言中人是平平底人是有常產有常心底人

如八庶徵若不細心體識如何見得肅時雨若肅是恭肅便自有滋潤底意思所以便說時雨順應之乂時暘若乂是整治便自有開明底意思謀時寒若謀是藏密便自有寒結底意思聖時風若聖是通明便自有爽快底意思漢儒之說必以爲有是應必有是事多雨之徵必推說道是某時做某事不肅所以致此爲此必然之說所以教人難盡信但古人意思精密只於五事上體察是有此理如王荆公又却要一齊都不消說感應但把若字訓如似字做譬喻說了荆公因是也說道此事不足驗然而人主自當戒

◎

謹如漢儒必然之說固不可如荆公全不相關之說亦不可古人意思精密恐後學未易到耳

書中可疑諸篇若一齊不信恐倒了六經如金縢亦有非人情者雨反風禾盡起也是差異成王又如何恰限去啓金縢之書然當周公納策於匱中豈但二公知之盤庚更没理會如經傳所引用皆此書之文但不知何故說得皆無頭且如今要告諭民間一二事作得幾句如此他曉得曉不得只說道要遷更不說道自家如何要遷如何不可以不遷萬民是因甚不要遷要得人遷也須說出利害今更不說

呂刑一篇穆王如何說得散漫直從苗民蚩尤爲始作亂起若說道是古人元文如何出於孔氏者分明易曉出於伏生者都難理會

孔壁所出尚書如大禹謨五子之歌胤征泰誓武成冏命微子之命蔡仲之命君牙等篇皆平易伏生所傳皆難曉如何伏生偏記得難底至於平易底全記不得此不可曉如當時誥命出於史官屬辭須說得平易若盤庚之類再三告戒者或是方言或是當時曲折說話所以難曉

書有兩體有極分曉者有難曉者某恐盤庚周誥多方多士之類是當時召來而面命之面教告

之自是當時一類說話至於旅獒畢命微子之命君陳君牙冏命之屬乃是當時修其辭命所以當時百姓都曉得者有今時老師宿儒之所不曉今人之所不曉者未必當時之人不曉其義也

康誥酒誥是武王命康叔之辭非成王也如朕其弟小子封又曰乃寡兄勗猶今人言劣兄也故五峯編此書於皇王大紀不屬成王而載於武王紀也至若所謂惟三月哉生魄周公初基作新大邑于東國洛至乃洪大誥治自東坡看出以爲非康誥之辭而梓材一篇則又有可疑者

如稽田垣墉之喻却於無胥戕無胥虐之類不相似至於欲至於萬年惟王子子孫孫永保民却又似洛誥之文乃臣戒君之辭非酒誥語也

凡數自一至五五居中自九至五五亦居中戴九履一左三右七五亦居中又曰若有前四者則方可建極前四者乃一五行二五事三八政四五紀是也後四者却自皇極中出六三德是皇極之權人君所向用五福所畏用六極此曾南豐所說諸儒所說惟此說好

看尚書漸漸覺得曉不得便是有長進若從頭至尾解得便是亂道高宗彤日是最不可曉者西

伯戡黎是稍稍不可曉者太甲大故亂道故伊
尹之言緊切高宗稍稍聰明故說命之言細膩
又曰讀尚書有一箇法半截曉不得曉得底看
曉不得底且闕之不可强通强通則穿鑿
書言四岳只是一人四岳是總十二牧者百揆是
總九官者
惟三月哉生魄一段自是脫落分曉且如朕弟寡
兄朂武王自告康叔之辭無疑蓋武王周公康
叔同吁作兄豈應周公對康叔一家人說話安
得吁武王作寡兄以告其弟乎蓋寡者是向人
稱我國我家長上之辭也只被其中有作新六

邑于周數句遂牽引得序來作成王時書不知此是脫簡且如梓材前面乃是君戒臣之辭而後截又皆是臣戒君之辭要之此二篇斷然是武王時書若是成王不應多引文王而不及武王且如今說着太祖必及着太宗

易中剛柔終始動靜往來只七八十字移換上下添助語是多少精微有意味見得彖象極分明

問卦下之辭爲彖彖辭左傳以爲繇辭何也曰此只是彖辭故孔子曰智者觀其彖辭則思過半矣如元亨利貞乃文王所繫卦下之辭以斷一卦之吉凶此名彖辭彖斷也陸氏音中語所謂彖

之經也大哉乾元以下孔子釋經之辭亦謂之
彖所謂彖之傳也爻之辭如潛龍勿用乃周公
所繫之辭以斷一爻之吉凶也天行健君子以
自强不息所謂大象之傳潛龍勿用陽在下也
所謂小象之傳皆孔子所作也天尊地卑以下
孔子所述係辭之傳通論一經之大體凡例無
經可附而自分上繫下繫也左氏所謂繇字從
系疑亦是言係辭係辭者於卦下繫之以辭也
凡彖辭象辭皆押韻
問易有太極是生兩儀兩儀生四象四象生八卦
文公曰此太極郤是爲畫卦說當未畫卦前太

極只是一箇渾淪底道理裏面包含陰陽剛柔奇耦無所不有及各畫一奇一耦是生兩儀再於一奇畫上加一耦此是陽中之陰又於一奇畫上加一奇此是陽中之陽又於一耦畫上加一奇此是陰中之陽又於一耦畫上加一耦此是陰中之陰是謂兩儀生四象

問歐公疑係辭非孔子作文公曰繫辭文言若是孔子作如何郤有子曰某嘗疑此等處

易之象理會不得如乾爲馬而乾之卦中專說龍如此之類皆不通

易有象辭有占辭有象占相混之辭

文公謂孔子之易與文王之易略有不同伏羲易自是伏羲易文王易自是文王易孔子易自是孔子易如乾之四德他當初只是説大亨利於貞不以分配四時孔子見此四字好始分作四件説

陳安卿問曰先天圖曰陽在陰中陽逆行陰在陽中陰逆行陽在陽中陰在陰中皆順行何謂也

文公曰圖左邊屬陽右邊屬陰左自震一陽離兌二陽乾三陽爲陽在陽中順行右自巽一陰坎艮二陰坤三陰爲陰在陰中順行坤無陽坎艮一陽巽二陽爲陽在陰中逆行乾無陰兌離

一陰震二陰爲陰在陽中逆行

安卿又問先天圖心法也圖皆自中起萬事萬化生乎心也曰其中間白處便是太極三十二陰三十二陽便是兩儀十六陰十六陽便是四象八陰八陽便是八卦

又問圖雖無文終日言之不離乎是何也曰一日有一日之運一月有一月之運一歲有一歲之運大而天地之始終小而人物之生死遠而古今之世變皆不外乎此只是一箇盈虛消息之理本是箇小底變成大底到那大處又變成小底如納甲法乾納甲坤納乙艮納丙兑納丁震

納庚巽納辛離納壬坎納癸亦是這箇又如火珠林君占一屯卦則初九是庚子六二是庚寅六三是庚辰六四是戊午九五是戊申上六是戊戌亦是此又如道家以坎離爲眞水火爲六卦之主而六卦爲坎離之用自月初三爲震上弦爲兌望日爲乾望後爲巽下弦爲艮晦爲坤亦不外此又曰乾之一爻屬戊坤之一爻屬己留戊就己方成坎離蓋乾坤是大父母坎離是小父母

文公因言損益卦象遷善字輕改過字重遷善如慘淡之物要使之白改過如黑之物要使之白

用力自是不同遷善如見人做得一事强人我
心不安即便要遷之若改過須大過勇猛始得如
山下有澤損君子以懲忿窒慾必是降下山以
塞其澤
啓蒙初間因看歐公文集内或問易大衍遂將考
筭得出以此知諸公文集雖各成一家自有好
處緣是這道理人人同得看如何也自有人見
得到底
陳安卿言麻衣易以巽為手取義於風之舞文公
蹙眉曰亂道如此之甚最亂道是麻衣易
文公言麻衣易乃是南康熊戴主簿作某親見其人

甚稱此易得之隱者問之不肯言其人某適到其家見有一冊雜錄乃戴公自作其言皆與麻衣易大略相類及戴主簿死子弟將出所作易圖乃知其戴公所作也

易傳言理甚備象數却欠在

問易與經世書同異文公曰易是卜筮經世是推步是一分爲二二分爲四四分爲八八分爲十六十六爲三十二又從裏面細推去

天地間只有陰陽二者而已便會有消長今太玄有三箇了如冬至是天元到三月便是地元七月便是人元夏至却在地元之中都不成箇物

事

潛虛只是吉凶臧否平王相休囚死潛虛後截是
張行成續不押韻見得

歐陽公見五代有僞作祥瑞故併與古而不信如河圖洛書論語自有此語而歐公不信祥瑞併不信此而云繫辭亦不足信且如今石頭上出日月者人取爲石屛又有石上分明有如松樹者亦不足怪河圖洛書亦何足怪

東坡說易說性命全然惡模樣如說書卻有好處如說帝王之興受命之祥如河圖洛書元鳥生民之類固有是理然非以是爲先恨學者推之

過詳流入讖緯而後人舉從而廢之亦過矣這
是說得好處
周禮一書好看廣大精密周家法度在此但未敢
令初學看
周禮中多說事之綱目如屬民讀法其法不可知
司馬職乃陳車徒如戰之陣其陣法亦不可見
矣
今謂周官非聖人之書至如比閭族黨之法正周
公建太平之基本在此他這箇一如棊盤相似
枰布定後其子方有放處
問禮書文公曰惟儀禮是古全書若曲禮玉藻諸

篇皆戰國世及漢儒所裒集王制月令内則是
成書要好自將說禮物處如内則王制月令諸
篇附儀禮成一書如中間却將曲禮玉藻又附
在末後不說禮物處如孔子閒居孔子燕居表
記緇衣諸篇却自成一書樂記文章頗粹怕不
是漢儒做自與荀子史記是一套怕只是荀子
作

橫渠所制禮多不本諸儀禮有自杜撰處如温公
却是都本儀禮最爲適古今之宜

儀禮疏說不分曉温公禮有疎漏處高氏送終禮
勝温公禮

林擇之曰自通典後也無人理會禮如本朝但有陳祥道陸佃輩理會來文公曰陳祥道理會得也穩陸農師也有好處但杜撰處多如儀禮云下達用鴈注疏云用在下人通兩家之意可用鴈某疑不是如此恐是自天子下達庶人皆用鴈後來見農師也如此說便是他也有好處但簡略難看

南北朝是甚麼時節那士大夫間禮學猶不廢有考禮者說得也自好

周禮不是說禮之條目其間殺有文字如八法八則三易三兆之類須各自別有書

問儀禮傳記是誰做文公曰、傳是子貢作記是子貢以後人作

樂記大段形容得樂之氣象當時許多形名度數是人人曉得不消說出故只說樂之理如此其妙今來許多度數都沒了却只有許多樂之意

某向定婚禮親迎用溫公入門以後則從伊川大槩如此

大學是一箇腔子而今却要塡教實著如他說格物自家須是去格物後塡教實如他說誠意自家須是去誠意後亦塡教實

小學多說那恭敬處少說那防禁處

弟子職一篇若不在管子中亦亡矣此或是他存得古人底亦未可知或是自作竊疑是他作内政時士之子常爲士因作此以教之想他平日這樣處都理會來然自身又却在規矩準繩之外

問春秋曰此是聖人據魯史以書其事使人自觀之以爲鑒戒耳其事則齊威晉文有足稱其義則誅亂臣討賊子若欲推求一字以爲聖人褒善貶惡專在於是切恐不是聖人之意

春秋有書天王者有書王者此皆難曉或以爲不稱天貶之某謂若衡天王其惡自見宰咺以爲

冢宰其亦未敢信其他如莒去疾莒展輿齊陽
生恐只據舊史文若謂添一字減一箇字
是褒貶其不敢信威公不書秋冬闕文也或謂
貶天王之失刑不成議論可謂亂道夫子平時
稱顏子不遷怒不貳過至作春秋却因魯威而
及天王所謂桑樹着刀穀樹汁出魯威之殺天
王不能討罪惡自著何待於去秋冬而後見乎
又如貶滕稱子而滕遂至於終春秋稱子豈有
此理今如朝廷立法降官者猶經赦叙復豈有
因滕子之朝威遂併其子孫而降爵乎
近時看春秋者皆是計較利害大義却不曾見如

唐陸淳與本朝孫明復他雖未能深於聖經然觀其推言治道凜凜然可畏終是得聖人箇意思春秋之作蓋以當時人欲橫流遂以二百四十二年行事寓其褒貶恰如今之事送在司法相似極是嚴謹一字不輕易若如今之說只是箇權謀智略兵機譎詐之書耳聖人晚年痛泣流涕筆爲此書豈肯恁地纖巧豈至恁地不濟事

或謂左氏是左倚相之後故載楚事較詳國語與左傳似出一手然國語使人厭看如齊楚吴越說處又精采如周魯自是無可說左氏必不解

是左丘明如孔氏所稱殺是正直底人如左傳之文自有縱橫意思史記却說左丘失明厥有國語或云左丘明左丘其姓也左傳自是左姓人作又如秦始有臘祭而左氏謂虞不臘矣是秦時文字分明

道看一事後人費共千萬說話與出脫其實此等事甚分明如司馬昭之弑高貴鄉公他終不成親自下手必有人抽戈用命如賈充成濟之徒如曰司馬公畜養汝等正爲今日今日之事無所問也看左傳載靈公欲殺盾今日要殺殺不得明日要殺殺不得只是一箇人君要殺一臣最

易爲力恁地殺不得也是他大段壓了今來許
多說話自是後來三晉既得政撰造掩覆反有
不可得而掩者矣
問三傳優劣曰左氏曾見國史考事頗精只是不
知大義專去小處理會往往不曾講學公羊穀
梁考事甚疎然理義却精此二人乃是經生傳
得許多說話都不曾見國史
左氏一部書文章浮豔更無事實蓋周衰時自有
這一等迂闊人觀國語之文方見周之衰也
人言何休爲公羊忠臣某嘗戲呂伯恭爲毛鄭之
佞臣

呂居仁春秋亦甚明白如某詩說相似

左氏有一箇大病好以成敗論人遇他做得來好時便說得好做得來不好時便說他不是都不折之以理之是非但敘事左氏却多是公穀却都是胡撰他去聖人遠只去想象胡說

黃義剛曰莊公見潁考叔而告之悔此是天理已漸明却好開明義理使其心豁然知有天倫之親今却教他恁地去做則子母全恩依舊不出於直理子母之間雖能如初而私欲固蔽未曾瑩然其所以終能保全而不復開其隙者特幸耳文公曰恁地看得細碎不消恁地某便是不

呂伯恭博議他都是做這般議論恁地細碎不濟事這是他且欲全子母之恩以他重這盟誓未肯變故且教他恁地做且全得大義未暇計較這箇又何必如此去論他

文定春秋說夫子以夏時冠月以周正紀事謂如公即位依舊是十一月只是孔子改正作春正月某不敢信若恁地時二百四十年夫子只證得箇行夏之時四箇字據今周禮有正月有正歲則周實是元改作春正月夫子所謂夏之時只是為他不順欲改從建寅

問胡氏春秋曰胡春秋大義正但春秋自難理會

如左氏尤有淺陋處如君子曰之類病痛處甚多林黃中嘗疑之却見得是又曰胡春秋傳有牽強處然議論有開合精神

論語一書當時門人弟子記聖人言行動容周旋揖讓進退至爲纖悉如鄉黨一篇可見當時此等禮數皆在至孟子時則漸已放棄如孟子一書其說已寬亦但見其大綱而已

蜚卿問論語之言無所不包而其所以示人者莫非操存涵養之要七篇之指無所不究而其所以示人者類多體驗充廣之端曰孔子體面大不用恁地說道理自在裏面孟子多是就發見

處盡說與人終不似夫子立得根本住所以程子謂其才高學之無可據依要之夫子所說包得孟子孟子所言出不得聖人疆域且如夫子都不說出但教人恁地去做則仁便在其中如言居處恭執事敬與人忠果能此則心便在到孟子則不然曰惻隱之心仁之端也今人乍見孺子將入於井皆有怵惕惻隱之心都教人就重上推究自後世觀之孔顏便是漢文帝之躬修元默而其效至於幾致刑措孟子便如唐太宗天下之事無所不爲極力去做而其效亦至於幾致刑措

孟子比孔子時說得高然孟子道性善言必稱堯
舜見孟子說得實
讀孟子非惟看他義理熟讀之便曉得作文之法
首尾照應血脉通貫語意反覆明白峻潔無一
字閑人若能如此作文便是第一等文章
問孟子論語集注先生引前輩之說而增損改易
本文其意如何曰其說有病不欲更就下面安
注脚
孟子莊子文章皆好列子在前便有迂僻處左氏
亦然皆好高少事實
集注乃集義之精髓

家語雖記得不純却是當時書孔叢子是後來撰出

但將論語子夏之言看甚嚴毅

問荀揚王韓四子曰凡人看書自有箇規模自有箇作用處或流於申韓或歸於黃老或有體而無用或有用而無體不可以一律觀韓退之於大體處見得於作用施爲處却不曉緣他費工夫去作文而於經綸實務不曾究心所以作用不得如論文章自屈原荀卿孟軻司馬遷相如揚雄之徒却把孟軻與數子同論可見無見識不成議論荀卿全是申韓觀成相一篇可見他

當時庸君暗主戰鬬不已憤悶惻怛深欲提其耳而誨之故作此篇卒歸於明法制執賞罰而已揚雄全是黃老某嘗說雄最無用真是一腐儒他到急處只是投黃老如反離騷取老子道德之言可見這人更無說王通於作用處曉得急欲見之於用但要做周公事業便去上書要興太平又知時勢之不可爲則急退而續詩書續元經又要做孔子事業不知孔子之時接乎三代有許多典謨訓誥之文有許多禮樂法度名物度數數聖人之典章猶在於是取而纘述方做得家具成王通之時有甚麼禮樂法度乃

欲取漢魏以下者爲之書則欲以七制命議之屬爲續書詩則欲取曹劉沈謝者爲續詩只是急要做孔子又無證佐故粧點這幾箇人來做堯舜湯武皆經我刪述便顯得我是聖人胡亂捉人來爲聖爲賢殊不知秦漢以下君臣人物斤兩已定你如何能加重然王通比荀揚又敻別通極開爽說得廣闊緣他於事上講究得精故於世變興亡人情物態更革沿襲施爲作用先後次第都曉得識得仁義禮樂有用處若用於世必有可觀可惜不曾向上透一着於大體處有欠闕所以如此他死時極後生只得三十

餘歲微許多書時只二十餘歲孔子七十方繫易作春秋而王通未三十皆做了聖人許多事業氣象去不得了宜其死也雖云其書是後人假托不會假得許多須真有箇人坯撲如此方粧點得成假使懸空白撰得一人如此則能撰之人亦自有見識非凡人矣

或問揚子與韓文公優劣曰各自有長處韓文公見得大意已分明但不曾去子細理會如原道之類不易得也揚子為人深沉會思索如陰陽消長之妙他直是推求然而如太玄之類亦是拙底工夫道理不是如此蓋天地間只有箇奇

耦奇是陽耦是陰春是少陽夏是太陽秋是少
陰冬是太陰自二而四自四而八只恁推去自
是不得而揚子去添作三謂之天地人事事要
分作三截又且有氣無朔有日星而無月恐不
是道理亦如孟子既說性善聖人想自說了不
待後人說矣看他裏面推求得辛苦卻於上面
說此道理亦不透徹看他學必本於老氏如惟
清惟淨惟淵嘿之語皆是老氏意思韓文公於
仁義道德上看得分明其綱領已正卻無他這
箇近於老子底說話又問文中子如何曰文中
子之書恐多是後來人添入真僞難見然好處

甚多他一一似聖人恐不應恰限有許多事相
湊得好如見甚裔條之類不知如何恰限有這
人告道他都是粧點來又恐粧點不得許多然
就其中惟是論世變因華處說得極好
又問程子謂揚子之學實韓子之學華是如何曰
只緣韓子做閑雜言語多故謂之華若揚子雖
亦有之然不如韓子之多
荀子儘有好處勝似揚子然亦難看又曰不要看
揚子他說話無好議論亦無的實處荀子雖然
有錯說得到處也自實不似他恁地虛胖
韓文公似只重皇甫湜以墓誌付之李翺只令作

行狀翺作得行狀忉怛諟作得墓銘顚蹶李翺
却有些本領如復性書有許多思量歐公亦只
稱韓李
問伊川謂西銘乃原道之祖如何文公曰西銘更
從上面說來原道言率性之謂道西銘連天命
之謂性說了又問原道定名虛位如何文公曰
後人多譏議之但某嘗謂如此說也無害蓋此
仁也此義也便是定名此仁之道此仁之德此
義之道義之德則道德是揔名乃虛位也且須
知他此語爲老子說方得蓋老子謂失道而後
德失德而後仁失仁而後義失義而後禮失禮

而後智所以原道後面云吾之所謂道德合仁義言之也須先知得他爲老子說方得　又問曰軻之死不得其傳程子曰非其實見得不能爲此語而劉屏山以爲孫聖道絕後學何如文公笑曰屏山只要說釋子道流皆得其傳耳又問十論之作於夫子全以死生爲言似以此爲大事了文公久之乃曰他本是釋學但只是翻騰出來說許多話耳

莊子是箇大秀才他都理會得只是不把做事觀其第四篇人間世及漁父篇以後多是說孔子與諸人語只是不肯學孔子所謂智者過之也

如說易以道陰陽春秋以道名分等語後來人如何下得他直似快刀利斧劈截將去字字有落着

老子勞攘莊子也乖莊子跌蕩老子收斂莊子都將許多道理掀翻說不拘繩墨莊子去孟子不遠其說不及者亦是不相聞今亳州明道宮乃老子所生之地莊子生於蒙在淮西間孟子只往來齊宋鄒魯以至於梁而止不至於南時南方多異端如孟子所謂陳良楚產也說周公仲尼之學於中國又如說南蠻鴃舌之人非先王之道是當時南方多異端

孔叢子說話多類東漢人文其氣軟弱又全不類
西漢人文若西漢初有此等語何故不略見於
賈誼仲舒所述到東漢方突出來皆不可曉
文中子續經如小兒豎屋然世儒旣無高明廣
大之見因遂尊崇其書
賈誼新書此其平日記録草藁也其中細碎俱有
治安策中所言亦多在焉
文中子書其言太粧點所以使人難信如說諸名
卿大臣皆是隋末所未有者兼是他言論大綱
雜霸凡事都要硬做如說禮樂治體之類都不
消得從正心誠意做去又如說安家所以安天

下存我所以為蒼生都是爲自誇張做雜伯鐵

墓又如〻敘許多說話盡是誇張考其年數與

唐殺遠〻何唐初許多名卿相處一箇人恁地

自標致〻史傳中如何都不見說

家語中說話猶得孔叢子分明是後來文字弱甚

天下〻少偽書開眼看得透自無多書可讀

文公方〻韓文考異而與者至因曰韓退之議論

正規模闊大不如柳子厚較精密如辯鶡冠子

及說列子在莊子前及非國語之類辯得皆是

柳文較古〻〻却易學學便相似不似韓文規模闊

學柳文也得但會衰〻了人文字

之除崔舉戶部侍郎制最好但只有此別更無
不知如何
退之與大顛書歐公云實退之語東坡却罵云爲
退之家奴隸亦不肯如此說但是陋儒爲之復
假歐公語以自蓋然觀集古錄歐公自有一跋
說此書甚詳東坡蓋未見此錄耳看得來只是
錯字多歐公是見他好處其中一兩段不可曉
底都略過耳東坡只是將他不好處來說
呂伯恭子約宗太史公之學以爲非漢儒所及某
嘗痛與之辯子由古史言馬遷淺陋而不學疏
略而輕信此二句最中馬遷之失伯恭極惡之

如伯夷傳孔子已說求仁而得仁又何怨他一傳中首尾皆是怨辭盡說壞了伯夷子由古史皆刪去之盡用孔子之語作傳豈可以子由爲非馬遷爲是可惜子約死了此論至死不曾明聖賢以六經垂訓炳若丹青無非仁義道德之說今求仁義不於六經而反信疏略淺近之子長亦惑之甚矣

屈原一書近偶閱之從頭被人解錯了自古至今說謬相踵更無一人能破之者而又爲說以增飾之看來屈原本是一箇忠誠惻怛愛君底人觀他所作離騷數篇盡是歸依愛慕不忍捨去

懷王之意所以拳拳反復不能自已何嘗有一句是罵懷王來亦不見他有褊躁之心後來沒出氣處不柰何方投江殞命而今人句句盡解做罵懷王枉屈說了屈原只是不曾平心看他語意所以如此

楚詞注下事皆無這事是他曉不得後却就那語意撰一事爲證却都失了他那正意如淮南子山海經皆是如此

問黄門古史一書曰此書儘有好處如論莊子三四篇譏議夫子處以爲决非莊子之言是後人截斷莊子本文攙入此其攷據甚精密但今觀

之莊子此數篇亦甚鄙俚

退之南豐之文却是布置某看二家之文復看坡文覺得一段中欠了句一句中欠了字又曰黃明之文衰遠不及坡文只有黃樓賦一篇其歐陽公雖平淡其中却自美麗有好處有不可及處却不是闒茸無意思　又曰歐公如賓主相見平心定氣說好話相似坡文如說不辯後對人鬧相似都無恁地安詳范太史文只是據見定說將去也無甚做作如唐鑑雖是好文字然多照管不及評論總意不盡只是文字本體好然無精神所以有照管不到處無氣力到後面

都說了

聖人言語皆枝枝相對葉葉相當不知怎生排得恁地齊整今人只是心麄不子細窮究若子細窮究來皆字字有落着東坡文字明快老蘇文雄渾儘有好處如歐公曾南豐昌黎文豈可不看柳文雖不全好亦當擇合數家之文擇定無二百篇下此則不須看恐低了人手段但採他好處以為議論是矣若班馬孟子則是大底文字

學者以所業呈文公曰東萊教人作文當看獲麟解也是其間多曲折又曰某愛看陳無已文他

文字也多曲折謂諸生曰韓柳文好者不可不看

漢初賈誼之文質實晁錯說利害處好答制策便亂道仲舒之文緩弱其答賢良策不答切處至無緊要處又累數百言東漢文章尤更不好漸淪於對偶如楊震輩皆爲讖緯張平子非之然平子之意又却要理會風角鳥占何愈於讖緯陵夷至於三國兩晉則文氣日卑矣

古人作文作詩多是模倣前人而作之蓋學之既久自然純熟如相如封禪書模倣極多柳子厚見其如此却作貞符以反之然其文體亦不免

乎蹈襲也
漢末以後只做屬對文字直至後來只管弱如蘇
頲着力要變變不得直至韓文公盡掃除了方
做得成古文然當時亦無人信他故其文亦變
不盡到得陸宣公奏議只是雙關做去又如子
厚亦自有雙關之文文氣衰弱直至五代竟不
能變到尹師魯歐公幾人出來一向變了所以
做古文自是古文四六自是四六却不衮雜
康衡傳司馬温公史論稽古録范唐鑑皆不可不
讀
文公嘗與後生說若會將漢書及韓文熟讀不到

不會做文章舊見某人作馬政策云觀戰奇也觀戰勝又奇也觀騎戰勝又大奇也這雖華麗其間卻有好意思如今時文要立兩脚這是多少衰氣

老蘇門只就孟子學作文不理會他道理然其文亦實是好

後人專做文字亦做得衰不似古人前輩云言衆人之所未嘗任大臣之所不敢多少氣象

范淳夫文字純粹下一箇字便是合當下一箇字東坡所以服也東坡輕文字不將爲意若做文字時只是胡亂寫去

道理有眼前底道理平易自在說出來底便好說
得出來崎嶇底便不好
文公讀文鑑曰伯恭文鑑去取之文如某平時不
熟者也不敢斷他有數般皆某熟看底今擇得
無巴鼻如詩好底都不在上面却載那衰颯底
把作好句法又無好句法把作好意思又無好
意思把作勸戒又無勸戒
南豐作宜黄筠州學記說得古人教學意出
東萊有左氏說亦好是人記錄他言語
胡文定一尊菩薩乃戲言此語不雅語見胡氏家
傳錄

子由古史論得來又忒煩前後都不相照想是子
由老後昏眩說得恁地其嘗作說辯之不曾終
了若東坡便不如此他每每兩牢籠說若上這
一邊說時那一邊害處都藏着不敢說破子由
便說得無理會因曰蘇氏之學喜於縱恣跌蕩
東坡嘗作某州學記言井田封建皆非古但有
學校尚有古意其間言舜遠矣不可及矣但有
子產尚可稱他便是敢恁地說千古萬古如何
知得無一箇人似得舜
東萊文鑑編得泛然亦見近代之文如沈存中律
曆一篇說渾天亦好

王氏新經有好處蓋其極平生心力豈無見得着
處如改古注點句數處皆好此等文字某嘗欲
看一過與摭撮其好者而未能
東萊有麗澤詩編大綱亦好但自據他之意揀擇
大率多喜深巧有意者若平淡詩則多不取問
此亦有接續三百篇之意否曰不知他也須有
此意
子由古史序說聖人其爲善也如水之必寒火之
必熱其爲不善也如騶虞之不殺此等議論極
好程張以後文人無及之者蓋聖人行事皆是
胸中天理自然發出來不可已者不待勉強有

爲爲之如陳君舉周禮說有畏天命即人心之
語皆非是聖人意因說歐陽公文字大綱好處
多晚年筆力亦衰曾南豐文議論平正耐點檢
李泰伯文亦明白好看老蘇議論雖不是然文
字亦明白洞達
本朝國紀好看雖略然大綱都見長編太詳難
看熊子復編九朝要略不甚好國紀乃徐端立
編
金人亡遼録女眞請盟背盟録乃汪端明撰
商鞅以帝王道說秦孝公溫公謂鞅無那帝王底
道理遂除去前一截又如子房招四皓伊川先

生取之以爲得納約自牖之義謚公亦削去陳平說高祖云項王能敬人故多得廉節之士大王嫚侮人故廉節之士多不爲用然廉節之士終不可得臣請得數萬斤金以間疎楚君臣這便是商鞅說孝公帝王底一般他知高祖决不能不嫚侮以求廉節之士但直說未必肯從故以此說嚇之却說如此而温公也削去若有此一髮便是他說得有意思今若削去都無情意他平白無事教他討許多金來用間高祖定是不肯如此等類盡削去如何得善善惡惡是是非非皆着存在這裏世間自有許多事若是不好

底便不載時孔子一部春秋便都不是了那裏面何所不有

通典好一般書向來因朝廷理會制度某道通典亦是一件事後來只恁休了又曰通典亦自好設科又曰通典中間數卷議亦好

問致堂管見初見之甚喜後見南軒集中云病敗不可言又以專爲秦檜詆豈有言天下之理而專爲一人者文公曰儘有好處但好惡不相掩耳又問曰如首章三晉事人多不以爲然自今觀之只是怕溫公耳文公曰誠是怕溫公但如周王不分封也則無箇出場

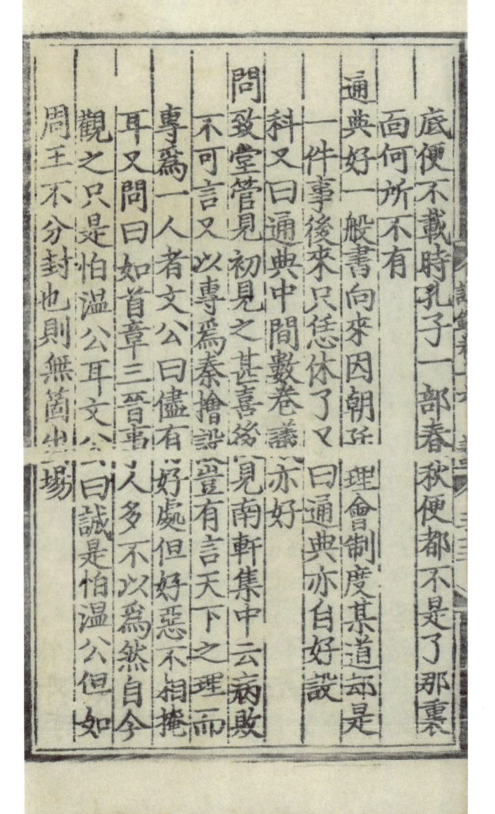

聖製經乃是諸書節略本是鄧武一士人作將來
獻梁師成要覓官爵及投進累日不見消息忽
然一日内降一書云御製聖製經令天下皆誦
讀是時既禁史學更無人敢讀史有一士人犯
法黥在中都因計會在梁師成手裏直書院打
併書冊齊整師成喜之遂與之補官一日傳聖
駕來幸師成家師成令此人打併裝疊書冊此
人以經史次第極可觀師成來點檢見史亦列
卓上因大駭急移下去云把這般文字來做甚
麼此非特不好此想只怕人主取去看興衰治
亂之端爾

玉顏自古爲身累肉食何人與國謀此歐陽文忠公詩也以詩言之是第一等詩以議論言之是第一等議論

某嘗看文字見說得好處便尋他來歷便是出於好人之門

文公嘗記胡五峯說看太宗殺建成元吉事尚有不可憑處如云先一日太宗密以其事奏高祖高祖省表愕然報曰明日當鞫問汝宜早參只將這幾句看高祖且教來日鞫問如何太宗明日便擁兵入內又云上已召裴寂蕭瑀陳叔達欲按其事又云上方泛舟海池豈有一件事恁

麼大兄弟構禍如此其極爲父者如何恁地恰
然無事此必有不足信者
東萊做大事記時已自感疾了一日要了一年若
不死自漢至五代只半年三年自可了此文字
解題殺有工夫只一句要包括一年
出師表文選與三國志所載文字多不同互有得
失五月渡瀘是説前事如孟獲之七禽七縱此
其時也
戴肖望湖南語説却平正只爲説得太容易了兼
求免有意於弄文
伊川易殺有重疊處

呂與叔文集煞有好處他文字極是實說得好處如千兵萬馬飽滿伉壯上蔡雖有過當處亦自說得透龜山文字却怯弱似是合下會得易

或問通書便可以上接語孟否文公曰比語孟較分曉精深結構得密語孟說得較闊

明道言語儘寬平伊川言語初難看細讀有滋味又云某說大處自與伊川合小處却時有意見不同南軒見處高如深屋相似大間架已就只中間少裝折

問太極圖之說曰以人身言之呼吸之氣便是陰陽軀體血肉便是五行其性便是理又其氣便

是春夏秋冬其物便是金木水火土其理便是
仁義禮智信又曰氣自是氣質自是質不可袞
説
無極是有理而無形如性何嘗有形太極是五行
陰陽之理皆有不是空底物事
伊川好學論十八歲時作明道定性書二十二三
時作是時遊山許多詩好
而今看文字古聖賢説底不差近世文字惟程先
生張先生康節説底不差至如門人之説便有
病中間節中庸集略更節不成又有説得一節
是第二節差了底雖是如此然而看得多覺得

殺有益

問西銘只是言仁孝繼志述事曰是以父毋比乾坤主意不是說孝只是以人之易曉者明其所難曉者耳

其自丱角讀論孟自後欲一本文字高似論孟者竟無之

問貞悔曰貞悔出洪範貞是正底是體悔是過底動則爲悔　問一貞八悔曰如乾夬大有大壯小畜需大畜泰內體皆乾是一貞外體八卦是八悔餘倣此

伏生以康王之誥合於顧命今除却序文則文勢

自相連接

包顯道言揚子直論孟子四端也說得未是文公笑曰他舊去晁以道家作館晁教他校正闢孟子說先被晁以道說入深了因此與孟子不足後來所以抵死要與他做頭底這只是箇拗人才拗便不見正理諸葛誠之嘗言孟子說性善說得來緩不如說惡較好說惡底較使人戒謹恐懼方去爲善不知怎生見得偏了恁地嶢崎嘗見他執得一本呂不韋呂覽說道裏面煞有道理不知他見得是如何晁以道在經筵講論語畢當解孟子他說莫要講時高宗問他如何

他說孟子與孔子之道不同孔子尊王孟子却教諸侯行王道不是由此遭論去國他當時也是博學負童名但而今將他幾箇劄子來看都不可曉李覯也要罵孟子不知只管要與孟子做頭底是如何且揀箇小底罵也得

胡致堂云通鑑久未成書或言温公利餐錢故遲之温公遂急結末了故唐五代多繁冗見管見

唐肅宗六月甲午

綱目於無正統處並書之不相主客通鑑於正統處須推一箇爲主某又參取史法之善者如權臣擅命前後多書以某人爲某王某公范曄却

書曹操自立爲魏公綱目亦用此例
劉原父補亡記如士相見義公食大夫義儀好蓋
會學人文字如今人善爲百家書者又如學古
樂府皆好意林是專學公羊亦似公羊其他所
自爲文章如雜著等却不甚佳
韻書難理會如昨檢抑字玉篇說文中檢才及邑
皆不見後來在集韻中尋出乃云反印也却在
印部尋得元來無挑才乃如此寫卬
八陣之法每軍皆有用處天衝地軸龍飛虎翼蛇
鳥風雲之類各爲一陣有專於戰鬬者有專於
衝突者又有纏繞之者今之戰者只靠前列後

而人更着力不得前列勝則勝前列敗則敗武侯立石於江邊乃是水之迴洑處所以水不能漂蕩其擇地之善立基之堅如此此其所以爲善用兵也

陰符經恐是唐李筌所爲是他着意去做學他古文何故只自他說起便行於世某向以語伯恭伯恭亦以爲然如麻衣易是戴氏自做自解

秦篆今皆無此本而今只是模本自宋莒公已不見此書

曾景建謂參同契是本龍虎上經是否曰不然蓋是後人見魏伯陽傳有龍虎上經一句遂僞作

此經大槩是體參同而爲故其間有說錯了處
如參同中云二用無爻位周流行六虛二用者
即易用九用六乾坤六爻上下皆有定位唯用
六用九無位故周流遍六虛今龍虎經亦錯說
作虛危去討頭不見胡亂牽合

問陰符經言有絶利一源用師十倍三反晝夜用
師萬倍之說何如文公曰絶利者絶其一二一
源者一其原本三反晝夜者更加詳審豈惟用
兵凡事皆然倍如事半古之人功必倍之之謂
上文言聾者善聽瞽者善視則其專一可知注
陰符者分爲三章上章言神仙抱一之道中言

富國安民之法下言强兵戰勝之術又有人妄
章作三事解釋後來一書吏竊而獻之於高宗
皇帝大喜賜號渾成其人後以强横害物爲知
饒州江其不斷配

參同契爲艱深之辭使人難曉其中有千周萬遍
之說欲人之熟讀而得之也又繫其說以爲欲
明言之恐泄天機欲不説來又却可惜

傳燈錄極陋蓋是真宗時一僧做上之於真宗令
楊大年删過故出楊大年名便是楊大年也曉
不得

漢原廟者原再也猶原蠶之原如今本朝既有大

廟又有景靈宮

稽古録一書可備講筵官僚進讀小兒讀六經了令讀去亦好末後一表其言如蓍龜一一皆驗溫公作

伯恭謂易傳理到語精平易的當立言無毫髮遺恨此乃名言今作文字不能得如此自是牽强處多

晦菴先生語録類要卷第十六

晦菴先生語錄類要卷第十七

勉齋黄先生門人括蒼葉士龍編次

讀書法

文公曰凡讀書但虛心且似未識字底人將本文熟讀（平）看今日看不出明日又看看來看去道理自出不可先立論將聖賢言語來證我說且尋句內意又曰隨文解義又曰讀得通貫後義理自出

看史傳其間有多少不是處見得他不是便有是底在這裏所以無往非學

看易須着四日看一卦一日看卦辭彖象辭一日看

六爻一日統看方子細因吳宜之記不起故云
然
汪端明說沈元用問尹和靖伊川易傳何處切要
尹云體用一源顯微無間此是最切要處後舉
似延平李先生先生曰尹此說固好然須是看
得六十四卦三百八十四爻都有下落方始說
得此話若學者未曾子細理會便與他如此說
豈不誤他某聞之惻然始知前日空言無實全
不濟事自此讀書益加詳細
讀書須要切己體驗不可只作文字看又不可助
長

某所以讀書自覺得力者只是不先立論
文字大題目痛理會三五處須當迎刃而解學者
所患在於輕浮不沉着痛快又曰今人爲學多
只是謾且恁地不肯眞實肯做又曰解經當如
破的
學者若有本領相次千枝萬葉都在湊着這裏看
也須易曉讀也須易記　又曰今人讀書看未
到這裏心已在後面纔到這裏便欲棄了去如
此只是不求自家曉解須是徘徊顧戀不欲去
方會認得
讀書者譬如觀屋若在外面看無緣識得須入去

裏面逐一看過是幾多間架幾多窗櫺看過了
又重看一齊記得方是
須是存心去讀書爲一事方得
看集解時不可遺下緊要字蓋解中有極散緩者
有緩急之間者有極緊要者未下一字時直是
稱輕量重方敢寫出又曰集注直須熟讀記得
凡看文字專看細密處而遺却緩急之間者固不
可專看緩急之間而遺却細密者亦不可今日
之看所以爲他日之用須思量所以看者何爲
非只是懸空言語上理會得許多而已也須是
切己用工讀得來自得之於心則視言語誠如

糟粕然今不可便視爲糟粕也但當自期向到

彼田地耳

讀集注等書只是要日日認過讀新底了又反轉看舊底十分熟後自別有意思又曰如雞伏卵只管日日伏自會成

如語孟六經不就自家身上看便如自家與人對說一般如何不長進聖賢便可得而至也

向時與朋友說讀書也教他去思索求所疑近方見得讀書只是且恁地虛心就上面熟讀久之自有所得亦自有疑處蓋熟讀後自有窒礙不通處是自然有疑方好較量今若先去尋箇疑

◎

便不得又曰這般也有時候舊看論語合下便有疑今却有集注了自可傍本看教心熟少間或有說不通處自見得疑只是今未可先去疑着

某舊時看文字有一段理會未得須是要理會得直是辛苦近日却看得平易要知初間也着如此着力看學者如今只恁地慢慢要進又不敢進要取又不敢取若恁地終不見得道理終於不濟事徒然費了時光須是勇猛向前匹馬單鎗做將去怕箇甚麽彼丈夫也我丈夫也吾何畏彼哉他合下有許多義理自家合下亦有許

多義理他做得自家也做得某近看得道理分明便是有甚利害有甚禍福直是不怕只是見得道理合如此便做將去

文公說大學啓蒙畢自言某一生只看得這兩件文字透見得前賢所未到處若使天假之年庶幾將許多書逐件看得恁地煞有工夫

文公謂某嘗見人云大凡心不公底人讀書不得今看來是如此如解說聖經一向都不有自家身已全然虛心把他道理自看其是非恁地看文字猶更自有牽於舊習失點檢處况全然把一已私意去看聖賢之書如何看得出

◎

看文字有兩般病有一等性鈍底人初來未曾看
看得生辛急看不出固是病又有一等敏銳底
人多不肯子細易得有忽略之意不可不戒
讀大學時心只在大學上讀論語時心只在論語
上更不可又去思量别項這裏一字思量未得
且理會這一字這裏一句思量未得且理會這
一句如某一段更着子細看看着方知未曉處
須待十分曉得無一句一字窒礙方可看别處
去因云横渠語録有一段説讀書須是成誦不
成誦則思不起直須成誦少間思量得起便曉
得這方是浹洽

文公言學者讀書須是於無味處當致思焉至於羣疑並興寢食俱廢乃能驟進因歎驟進二字下得好須是如此或進得些子或進或退若存若亡不濟事

讀書須教首尾貫穿若一番只草草看過不濟事某嘗記舅氏云當新經行時有一先生教人極有條理時禁了史書所讀者只是荀揚莊老列子等書他便將經書劃定次第初入學只看一書讀了理會得都了方看第二件每件須要貫穿從頭到尾皆有次第既通了許多書斯爲取科第之計如刑名度數也各理會得些一天文地

理也曉些五運六氣也曉得些如素問之書也略理會得

文公見任道讀大學云須逐段讀教透默自記得使心口相應古人無多書只是專心暗誦伏生亦只是口授尚書二十餘篇黃霸就獄夏侯勝授尚書於獄中後來著述皆以名聞只被他讀得透徹漢之經學所以有用

文公論看文字只要虛心滌去舊聞以來新見讀書之法先要熟讀須是正看背看左看右看看得是了未可便說道是更須反復玩味

文公問潘子善觀書如何子善自言常苦於粗率

◎

無精密之功不知病根何在文公曰不要討甚病根但知道粗率便是病在這上只便加子細便了今學者亦多來求甚病根某向他說頭痛灸頭腳痛灸腳病在這上只治這上便了更別討甚病根也

張元德問春秋周禮疑難曰此等皆無證佐強說不得若穿鑿說出來便是侮聖言不如且研窮義理義理明皆可徧通矣因曰看文字且先看明白易曉者此語是某發出諸公可記取

廖晋卿請讀何書曰公心放已久精神收拾未定無非走作之時可且收斂精神方好商量讀書

繼謂之曰玉藻九容處且去子細體認待有意
思却好讀書
孟子之書明白親切無甚可疑者只要日日熟讀
須教他在吾肚中轉作千百回便自然純熟某
當初看時要逐句看他但覺得意思促迫到後
來放寬看却有條理然此書不特是義理精明
又且是甚次第好文章某因熟讀後便自此也
知作文之法
問讀書備學之門曰所謂讀書者只是要理會得
箇道理治家有治家道理居官有居官道理雖
然頭面不同又只是一箇道理如水相似遇圓

處圓方處方小處小大處大然亦只是一箇氷
耳
書所以維持此心若一時放下則一時德性有懈
若能時時讀書則此心庶可無間斷矣
讀詩全在諷詠得熟則六義將自分明須使篇篇
有箇下落横渠云書須成誦精思多在夜中或
靜坐得之不記則思不起今學者看文字若記
不得則何縁貫通潘子善云縁性鈍全記不起
曰只是貪多故記不得福州陳正之極魯鈍毎
讀書只讀五十字必二三百遍而後能熟積習
讀去後來却赴賢良要知人只是不會耐苦耳

凡學者須要做得人難做得底事方好若見做不得便不去做任其自然何緣做得事成切宜勉之

文公讀鄭景望文集曰見得學者讀書不子細看他正意便從外面說他是與不是如鄭文郤也純和平正其氣象雖好然所說文字郤是立一箇己見所以昏了正意如說伊尹放太甲一段三五板只說一箇放字所以正伊尹之罪思庸兩字所以雪伊尹之過此皆是閑說正是伊尹至誠懇惻相告戒之意郤都不說此不可謂之善讀書矣

問春秋當如何看文公曰只如看史摸樣潘子善曰程子所謂以傳考經之事迹以經别傳之眞僞此意如何文公曰便是亦有不可考處子善曰其間不知是聖人果有褒貶否曰也見不得子善曰如許世子嘗藥之類如何文公曰聖人亦只是因國史所載而録之耳聖人光明正大不應以一二字加褒貶於人若如此屑屑求之恐非聖人之本意

或問讀史之法曰先讀史記及左氏却看西漢東漢及三國志次看通鑑温公初作編年起於威烈王後又添至共和後又作稽古録始自上古

然共和以上之年已不能推矣獨邵康節推至
堯元年皇極經世書中可見編年難得好者溫
公後於本朝又作大事記若欲看那本朝書當
看長編若精力不及其次則當看國紀國紀只
有長編十分之一耳
問易如何讀曰只要虛其心平易求其義不要執
已見讀其他書亦然又曰易中彖辭最好玩味
說得卦中情狀出
問萬物皆備於我曰未當如此須從孟子見梁惠
王看起却漸漸進步如看論語豈可只理會吾
道一以貫之一句須先從學而篇漸漸浸灌到

純熟處其間義理却自然出又曰學者解論語
多是硬說須習熟然後有箇入頭處
看文字當看大意又看句語中何字最切要孟子
謂仁義禮智根於心只根字甚有意如此用心
義理自出又曰讀書看意玩味方見得義理從
文字中迸出又曰看經傳有不可曉者且要旁
通待其浹洽則當觸類而可通矣
大凡看文字少看熟讀一也不要鑽研立說但要
反覆體驗二也埋頭理會不要求效三也三者
學者當守此
程易傳難看其用意精密道理平正更無抑揚若

◎

能看得有味則其人大段知義理矣蓋易中說
理是預先說下箇未曾有底事故乍看甚難不
若中庸大學有箇準則讀着便令人識蹊徑詩
又能興起人意思皆易看如謝顯道論語却有
啓發人處雖其說或失之過然識得理後却細
密商量令平正也

史亦不可不看通鑑固好然須看正史一部却看
通鑑一代帝紀更逐件大事立箇綱目疏之於
下恐可記得

中年以後之人讀書不要多只少少玩索自見道
理

學者初看文字只見箇渾淪物事久久看作三兩片以至十數片方是長進如庖丁解牛目視無全牛是也

人言讀書當從容玩味此乃自怠之一說若是讀此書未曉道理雖不可急迫亦不可放下猶可也若徜徉終日謂之從容却無做工夫處譬之煎藥須是先用大火煎衮然後以慢火養之却不妨

横渠云置心平易始知詩然横渠解詩多不平易程子說胡安定解易九四作太子事云若一爻作一事只做得三百八十四事此其看易之法

然易傳中亦有偏解作一事者林文軒嘗云伊川解經有說得未的當處此文義間事安能一一皆是若大頭項則伊川底都是此善觀伊川者

陸子靜看伊川低此恐子靜看其說未透耳譬如一塊精金却道不是金非金之不好蓋是不識金耳

讀書無疑者須教有疑有疑者却無疑到這裏方是長進

讀書只恁逐段子細看積累去則一生讀多少書若務貪多則反不曾讀得又曰須是緊著工夫

不可悠悠又不須忙只常抖擻待此心醒則看
愈有力又曰看書并止看一處但見道理如服
藥相似一服豈能得病便好須服了又服服多
後藥力自行

大抵讀書須是虛心方得他聖人說一字是一字
自家只平着心去秤停都使不得一毫杜撰只
順他去某向時也杜撰說得終不濟事如今方
見得分明方知聖人一言一字不吾欺只今六
十一歲方理會得恁地若或去年死也則枉了
自今夏來方覺得纔是聖人說話也不少一箇
字也不多一箇字恰恰地好都不用一些穿鑿

◎

莊子云吾與之虛而委蛇既虛了又要隨他曲
折恁地去今日與諸公說箇樣子久之自見今
人大抵偪塞滿胷有許多伎倆如何便得他虛
亦大是難分明道知至而後意誠蓋未知至雖
見人說終是信不過今說格物且只得一件兩
件格將去及久多後自然貫通信得

讀書以觀聖賢之意因聖賢之意以觀自然之理

大凡讀書且要讀不可只管思只讀到心中開而
義理自出某之始學亦如是耳更無別法

大抵學者只有白紙無字處莫看有一箇字便與
他看一箇如此讀書三年無長進處則如趙州

和尚道截取老僧頭去

讀史當觀大倫理大機會大治亂得失

某舊時看文字甚費力如論孟諸家解有一箱每看一段必撿許多方始就諸說上推尋意脉各見落着然後斷其是非是底都抄出一兩字好亦抄出雖未如今集註簡盡然大綱已定今集註只是就那上刪來但人不着心守見成說只草草看了今試將精義來參看一兩段所以去取底如何便自見得大抵事要思量學要講

讀書須以自家之心體驗聖人之心少間體驗得熟自家之心便是聖人之心

讀書須作焚舟計若初且草讀一過準擬三四遍讀便記不牢又曰讀書須是有精力或曰亦須是聰明曰雖有聰明亦須是靜方運得精神昔見延平先生說羅先生解春秋也淺不似明文定後來隨人入廣在羅浮山住兩三年心靜後說得較透甚初疑解春秋干心靜甚事後來方曉蓋靜則心虚道理方看得出惟明道自是二十歲及第一向出來做官他却自是恁地好

讀書有不曉處劄出將去問人便且讀過去有時讀別處種着有文義與此相關便自曉得又曰書也只是熟讀常常記在心頭便得雖孔子教

人也只是學而時習之若不去時習則都不奈
他何這是孔門弟子編集只把這箇做第一件
若能時習將來自曉得若十分難曉底也解曉
得

程子言有讀了全然無事者有得一二句喜者到
這一二句喜處便是入頭處如此讀將去將久
自解踏看他關捩子倏然悟時聖賢格言自是
句句好須知道那一句有契於心着實理會得
那一句透如此推來推去方解有得

張子曰書所以維持此心一時放下則一時德性
有懈也是說得維持字好盖不讀書則此心無

所用
大學中庸論孟四書道理粲然人只是不去看若
理會得此四書何書不可讀何理不可究何事
不可處
今之談經者有四者之病本卑也而抗之使高本
淺也而鑿之使深本近也而推之使遠本明也
必使全於晦此今日談經之大患
看文字寧詳毋多寧近毋遠寧拙毋巧寧下毋高
讀書須要爲己先須立心聖人教人只在大學第
一句在明明德上以此立心觀書當從大節目
處看程子有言平其心易其氣闕其疑則聖人

之制亦是此類此不可執畫方之圖以定之

周禮不言祭地止於大司樂一處言之舊見陳君舉亦云社稷之祭乃是祭地卻不曾問他大司樂祭地祇之事

人說王荆公穿鑿只是好處亦用還他且如矧惟若疇圻父薄違農父若保宏父定辟古注從父點句如荆公則就違保辟絕句夐出諸儒之表

漢書詔單于無謁無謁字不可曉

舜知象欲殺己而不防夫子知桓魋不能害己而微服此兩事甚相拗故伊川曰相類

問胡氏管見斷武后於高宗非有婦道合稱高祖

太宗之命數其九罪當爲庶人而賜之死切疑之其子廢其母未爲穩文公曰這般便是難理會處在唐室言之則武后當殺在中宗言之乃其母也宰相大臣今日殺其母明日何以相見

又問南軒云別立宗室如何曰以後來言之中宗下了以當時言之中宗未有可廢之罪而今生在數百年之後只據史傳所載不見當時事情亦難懸地斷定

尚書弗弔字當作去聲 召公不說處

作會宗彝作句非是作會是句

問三皇當從何說曰只依孔安國之說然五峯又

之意見矣

且如讀書二禮春秋有制度之難明本末之難見且放下未要理會亦得且如書詩直是不可不先理會又只如詩之名數書之盤誥恐難理會且先讀典謨之書雅頌之詩何嘗一言一句不說道理

讀大學致知誠意兩節若折得透時已自是箇好人其他事一節大如一節病敗一節小如一節

大學如一本行程曆皆有節次今人看了須是行去今日行得到何處明日行得到何處方可漸到那田地若只把在手裏翻來覆去欲望之燕

之越豈有是理
而今看文字須如猛將用兵直是鏖戰一陣如酷
吏治獄直是推勘到底決是不如他方得
後生家好着工夫子細看文字某向來看大學猶
病於未細如今愈看方見得精切因說萌輩諸
老先生長者說話於大體處固無可議若看其
他細碎處大有工夫未到
文公因論讀書須是有自得處到自得處說與人
也不得如某舊讀詩到仲氏壬只其心塞淵終
溫且惠淑慎其身先君之思以勗寡人又既破
我斧又缺我斨周公東征四國是皇哀我人斯

亦孔之將伊尹曰先王肇修人紀從諫弗咈先
民時若居上克明爲下克忠與人不求備檢身
若不及以至于有萬邦茲惟艱哉如此等處直
爲之廢卷慨想而不能已覺得朋友間看文字
難得這意思某二十歲前後已看得大意如此
如今但較精密日月易得匆匆過了五十年
書只貴讀讀多自然曉今只思量得寫在紙上底
也不濟事終非我有只貴乎讀這箇不知如何
自然心與氣合舒暢發越自是記得牢縱饒熟
看過心裏思量過也不如讀讀來讀去少間曉
不得底自然曉得已曉得者愈有滋味若是讀

不熟都無這般滋味而今未說讀得注且熟讀正經行住坐臥心常在此自然曉得嘗思之讀便是學夫子說學而不思則罔思而不學則殆學便是讀讀了又思思了又讀自然有意若讀而不思又不知其意味思而不讀縱使曉得終是臲卼不安一似倩得人來守屋相似不是自家人終不屬自家便喚若讀得熟又思得精自然心與理一永遠不忘某舊亦記文字不得後來只是讀今之記得者皆讀之功也老蘇只取孟子論語韓子與諸聖人之書安坐而讀之者七八年後來做出許多文字如此好他資質固

不可及然亦須着如此讀只是他讀時便只要
摸寫他言語做文章若移此心與這資質去講
究義理那裏得來是知書只貴熟讀别無方法

昔陳烈先生苦無記性因讀孟子學問之道無他
求其放心而已矣忽悟曰我心不曾收拾得如
何記得書遂閉門靜坐百餘日以收放心却去
讀書遂一覽無遺

習文字無意思須是踏翻了船通身都在水中方
看得出

學者云每日看文字只是優游和緩分外看得幾
遍分外讀得幾遍意思便覺不同文公曰而今

使未得優游和緩須是苦心竭力下工夫方得那箇優游和緩須是做得八分九分成了方使得而今說優游和緩只是泛泛而已這箇做工夫須是放大火中煅煉過教他通紅溶成汁瀉成鋌方得今只是略略火面上熁得透全然生硬不屬自家使在濟得甚事須是縱橫舒卷皆由自家方好搦成團捺成匾放得去收得來方可而今全然生硬全不濟事某嘗思之今之學者所以多不得力不濟事者只是不熟平生也費許多功夫看文字下梢頭都不得力者正緣不熟耳只緣一箇不熟少間無一件事理會得

精呂居仁記若蘇説平生因聞升裏轉斗裏量
之語遂悟作文章妙處這箇須是泥爛醬熟縱
横妙用皆由自家方濟得事也

晦菴先生語録類要卷第十七

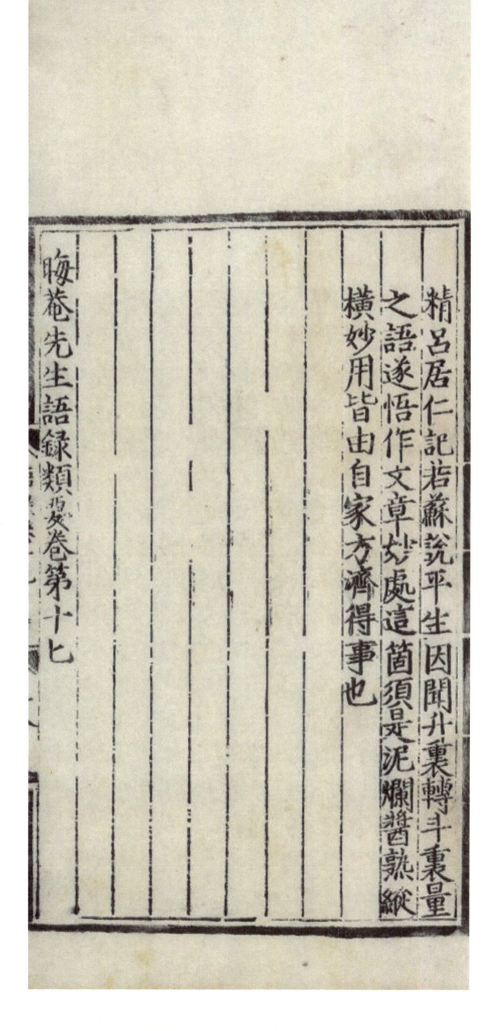

晦菴先生語録類要卷第十八

勉齋黄先生門人括蒼葉士龍編次

議論

戊申六月一日林黄中侍郎來見文公論易有太極是生兩儀兩儀生四象四象生八卦就一卦言之全體爲太極內外爲兩儀內外及互體爲四象又顛倒取爲八卦文公曰如此則不是生却是包也始畫八卦只是箇陰陽奇耦一生兩兩生四四生八而已方其爲太極也未有兩儀由太極而後生兩儀方其爲兩儀也未有四象由兩儀而後生四象方其爲四象也未有八卦

由四象而後生八卦此之謂生若以爲包則是未有太極已先有兩儀未有兩儀已先有四象未有四象已先有八卦矣林曰太極有象且既曰易有太極則不可謂之無濂溪乃有無極之說何也文公曰有太極是有此理無極是無形器方體可求兩儀有象太極則無象林又曰三畫以象三才文公曰有三畫方看見他箇三才模樣非故畫以象之也

文公曰治道別無說若使人主恭儉好善有言逆于汝心必求諸道有言遜于汝志必求諸非道如何會不治這別無說從古來都有見成樣子

直是如此

文公曰黃雄之主所以有天下只是立得志定見得大利害如今學者若立得志定講究義理自分明

孟子豈好辯章文公說大意云此段最好看看見諸聖賢遭時之變各行其道是這般時節其所以正救之者是這樣子這見得聖賢是甚麼樣大力量恰似天地有闕齾處得聖賢出來補教周全補得周全後過得稍久又不免有闕又得聖賢出來補這見得聖賢是甚力量亦有闔闢乾坤之功

問孟子以齊王猶反手未知致周王於何地文公曰此難言可以意會如湯武之事是也春秋定襄間周室猶得至孟子時天命人心已離矣

問通書云極重不可反知其重而亟反之可也文公曰是說天下之勢如秦至始皇强大六國便不可敵東漢之末宦官權重便不可除如紹興初只斬陳少陽便成江左之勢極重則反之也難識其重之機而反之則易

大凡人不曾着實理會則說道理皆是懸空如讀易不曾理會揲法則說易亦是懸空如不曾理會陣法則談兵亦皆說空

戴少望謂顏淵子路死聖人觀之人事鳳鳥不至河不出圖聖人察之天理不復夢見周公聖人驗之吾身夫然後知斯道之果不可行而天之果無意於斯世也文公曰這意思也發得好

劉共父創第規模宏麗文公勸止之曰匈奴未滅何以家爲忠肅意不樂也

春秋初時天王尚略略有戰伐之屬到後來都無了到定襄之後更不敢說着然其初只是諸侯抗衡後來諸侯才不柰何又被大夫出來做及大夫稍稍做不柰何又被陪臣出來做便似唐藩鎮樣其初是節度使抗衡後來平將孔目官

虞侯之屬皆殺了節度使後出來做當時被他握天下之權恣意恁地做後更無人奈他何這自是勢必如此如夫子說禮樂征伐自夫子出一段這箇說得極分曉

春秋十二公時各不同如隱桓之時王室新東遷號令不行天下星散無主莊僖之時威文迭伯政自諸侯出天下始有統一宣公之時楚莊王盛强夷狄主盟中國諸侯服齊者亦皆朝楚服晉者亦皆朝楚及成公之世悼公出來整頓一番楚始退去繼而吳越又強入來爭伯定哀之世政皆自大夫出魯有三家晉有六卿齊有田

氏宋有華向被他肆意做終春秋之世更不奈
何某嘗說春秋之末與初年大不同然是時征
戰亦無甚大殺戮及戰國七國爭雄那時便多
是胡殺如鴈門斬首四萬長平之戰四十萬人
死後來項羽也坑十五萬不知他如何掘坑那
死底都不知不知當時如何對副許多人陳安
卿曰恐非掘坑文公曰嘗見鄧艾伐蜀時坑許
多人載說是掘坑

楊志之問程先生當初進說只以聖人之說爲可
必信先生之法爲可必行不拘滯於近規不遷
惑於衆口必期天下如三代可也文公曰也只

得恁地說如今說與學者也只得教他依聖人言語恁地做去待他就裏面做工夫有見處便自知得聖人底是確然恁地荆公初對奏神宗語亦如此曰臣願陛下以堯舜禹湯爲法今日能爲堯舜禹湯之君則自有臯夔稷契伊傅之臣諸葛亮魏徵有道者之所羞道也說得甚好只是他所學偏後來做得差了又在諸葛魏徵之下

陳安卿問周公誅管蔡自公義言之其心固正大直截由私恩言之其情終有不自滿處所以孟子謂周公之過不亦宜乎文公曰是但他豈得

己爲此哉莫到恁地較好看周公當初做這一
事也大段疎脫他也看那兄弟不過本是怕武
庚畔故遣管蔡霍叔去監他爲其至親可恃不
知他反與武庚爲黨想見武庚日夜去炒管叔
說道周公是你弟欲簒爲天子汝是兄今却只
恁地管叔性太急所以發出這件事出來蔡叔
霍叔性較慢罪較輕所以只因于郭鄰降爲庶
人想見當時被管叔做出這事來驚動許多百
姓想見也怕人鴟鴞鴟鴞既取我子無毀我室
當時也被他害得猛如常棣一詩須是後來做
制禮作樂時作這是先被他害所以當天下平

定後更作此詩故其辭獨哀切不似諸詩和平
讀者宜詳味之
文公出示理會科舉文字曰且得士人讀些書三
十年後恐有人出
原道中舉大學卻不說致知在格物一句蘇子由
古史論舉中庸不獲乎上卻不說不明乎善不
誠乎身二句這兩箇好做對司馬溫公說儀秦
處說立天下之正位行天下之大道卻不說居
天下之廣居看這樣底都是箇無頭學問
以聖賢之意觀聖賢之言以天下之理觀天下之
事

文公喟然歎曰某要見復中原今老矣不及見矣或者說葛王在位專行仁政中原之人呼爲小堯舜 又曰他能尊行堯舜之道要做大堯舜也由他又曰他豈能變夷狄之風恐只是天資高偶合仁政耳

疑難

伊川曰測景以三萬里爲準若有窮然有至一邊已及一萬五千里者而天地之位蓋如初也此言蓋誤所謂升降一萬五千里中者謂冬夏日行南陸北陸之間相去一萬五千里耳非謂周天只三萬里也

堯舜之廟雖不可攷然只以義推之堯之廟當在丹朱之國所謂脩其禮物作賓于王家蓋神不歆非類民不祀非族禮記有虞氏禘黃帝而郊嚳祖顓頊而宗堯一節伊川以爲疑

開寶禮全體是開元禮但略改動五禮新儀其間有難定者皆稱御製以決之如禱山川者又只開元禮內有

程沙隨云古者社以木爲主今社以石爲主非古也

先天圖今所寫者是以一歲之運言之若大而古今十三萬五千六百年亦只是這圈子小而一

日一時亦只是這圈子都從復上推去

春秋書元年春王正月這如何要窮曉得設使聖
人復出也便未易理會在

易幾者動之微吉之先見者也漢書作吉凶之先
見[redacted]似說得是幾自是有善惡

語曰[redacted]匹夫匹婦之爲諒哉自經於溝瀆而人
莫之知也漢書添人字似是

詩殺武篇無兩句不是韻到稼穡匪解自欠了一
句前輩分章都曉不得某細讀方知是欠了一
句

林黃中謂左傳君子曰是劉歆之辭胡先生謂周

◎

禮是劉歆所作不知是如何左傳君子曰最無
意思因舉芟夷蘊宗之一段是關上面甚事
尚書中注家所說錯處極多如棐字並作輔字訓
更曉不得後讀漢書顏師古注云匪棐通用如
書中棐字只合作匪字義如率乂于民棐彝乃
是率治于民非常之事
餕餘不祭父不祭子夫不祭妻古注說不是今思
之只是不敢以餕餘又將去祭神雖其父之尊
亦不以祭其子之卑夫之尊亦不以祭其妻之
卑蓋不敢以鬼神之餘復以祭也
方馬二解儘有好處不可以其新學而黜之如君

賜衣服服之以拜賜句以辟之命銘爲烝彝鼎舊點以辟之爲句極無義辟乃君也以君之命銘彝鼎最是

陸農師點人生十年曰幼句學作一句下做此極有理　又聖人作句爲禮以教人　學記大學之教也句時教必有正業退息必有居學　乃言底可續三載句皆當如此又如不在此位也呂與叔作豈不在此位也後看家語乃無不字當從之大戴禮或有注或無注皆不可曉其本文多錯注亦錯

問伏羲始畫八卦其六十四卦豈文王重之耶文

公曰周禮言三易經卦皆八其別皆有六十四
便見不是文王所畫又問六十四卦名是伏羲
元有抑文王所立曰此不可攷潘子善問據十
三卦所言恐伏羲時已有曰十二卦所謂蓋取
諸離蓋取諸益者言結繩而爲罔罟有離之象
非觀離而始有此也

或問二女果趙氏以果爲侍有所據否文公曰某
嘗推究廣韻從女從果者亦曰侍也

問表記伊川曰禮記多有不經處如至孝近乎王
至弟近乎霸直是可疑如此則王無兄霸無父
也文公曰表記言仁有數義有長短小大此亦

有未安處今但只得如注說　又問孔壁所傳
本科斗書孔安國以伏生所傳爲隸古定如何
曰孔壁所傳平易伏生書多難曉如堯典舜典
皋陶謨益稷是伏生所傳有方鳩僝功載采采
等語不可曉大禹謨一篇却平易又書中點句
如天降割于我家不少延用寧王遺我大寶龜
圻父薄違農父若保宏父定辟與注點句不同
又舊讀罔或耆壽俊在厥服作一句今觀古記
款識中多云俊在位則當於壽字絕句矣又問
盤庚曰不可曉如古我先王將多于前功適于
山用降我凶德嘉績于朕邦全無意義又當時

遷都更不明說遷都之爲利不遷之爲害如中
篇又說神說鬼若使如今誥令如此好一場大
鶻突尋常讀尚書讀了大甲伊訓咸有一德便
鞭過盤庚却讀說命然高宗形日亦自難看要
之讀尚書可通則通不可通姑置之
泰誓序十有一年武王伐殷經云十有三年春大
會于孟津序必差誤說者乃以十一年觀兵尤
無義理舊有人引洪範惟十有三祀王訪于箕
子則十一年之誤可知矣
豐鎬去洛邑三百里長安所管六百里王畿千里
亦有横長處非若今世畫圖之爲方也恐井田

將天地人作三皇伏羲神農黃帝堯舜作五帝云是據易係說當如此要之不必如此且如歐公作秦誓論言文王不稱王歷破史記之說此亦未見得史遷全不是歐公全是蓋秦誓有惟九年大統未集之說若以文王在位五十年之說推之不知九年當從何處數起又有曾孫周王發之說到這裏便是難理會不若只兩存之又如世本所載帝王系但有滕考公而無文公定公此自與孟子不合理會到此便是難曉亦不須枉費精神

或問左氏果是丘明否文公曰左氏叙至韓魏趙

殺智伯事去孔子爭六七十年決非丘明

陳安卿問古者改正朔如以建子月爲首則謂之正月抑只謂之十一月文公曰此亦不可考如詩之月數即今之月孟子七八月之間乃今之五六月十一月徒杠成十二月輿梁成乃今之九月十月周語夏令曰九月成杠十月成梁即孟子之十一月十二月若以爲改月則與孟子春秋相合而與詩書不相合若以爲不改月則與詩書相合而與孟子春秋不相合如秦元年以十月爲首又有正月又似不改月

宣王無書恐當時偶然不載康王無詩竊以爲昊天

天有成命之類便是康王詩

字訓義 名物附

皇極如以爲民極標準立於此四方皆面內而取

法皇謂君太極如屋極陰陽造化之總會樞紐

極之爲義窮極極至以上更無去處

皇極經世以元經會以會經運以運經世

易字只是陰陽

權是稱量教子細着

壹貳叁肆皆是借同聲字柒字本無此字唯有漆

沮之漆漆字草書頗似柒遂誤以爲眞洪氏隸

釋辯不及此

◎

問勇而無剛文公曰剛與勇不同勇只是敢爲剛
有堅强之意
危者欲陷而未陷之辭子静說得是
慮是思之重復詳審者
問時義曰夏日冬日時也飲湯飲水義也
悔便是悔惡向善意　吝是未至於惡只管吝漸
漸入惡
内卦爲貞外卦爲悔貞是正悔是過意凡悔字都
是過了方悔這悔字是過底意亦是多底意思
下三爻便是正卦上三爻便是過多了恐是如
此貞悔亦似今占分甚主客

命猶誥勑性猶職事情猶施設心則其人也

問天與命性與理之別曰天則就其自然者言之命則就其流行而賦於物者言之性則就其全體而萬物所得以爲生者言之理則就其事事物物各有其則者言之到得合而言之則天即理命即性也

性即理也但今說天非蒼蒼之謂據某看來亦捨不得此蒼蒼底

程先生曰在物爲理處物爲義

乾坤易簡易只是一箇要做便做簡是一箇慤地都不入自家思惟意思惟順乾道做將去

自上臨下爲險自下升上爲阻

王鳩淮上有之比此間鳩差小而長常是雌雄不相失然而二箇亦不曾相近而立處常隔丈來地所謂鷙而有別人未嘗見其匹居而乘處

余正甫云宵行自是夜光之蟲夜行於地熠燿言其光耳非螢也

邑今之苔蕢也

問禮子言仁智多舉其用以爲說莫是舉其用使自思其體否文公曰體與用雖是二字本末未嘗相離用即體之所以流行

神即心之至妙處衮在氣裏說又只是氣然神又

是氣之精妙處到得氣又是麄〻精又麄形又

麄至於說寃說鬼皆是說到麄處

智字與知識之知不同智是具是非之理知識便

是識察得這箇物事好惡

上天之載無聲無臭雖是無聲無臭其闔闢變化

之體則謂之易所以能變化闔闢之理則謂之

道其功用著見處則謂之神此皆就天上說及

說到其命于人則謂之性率性則謂之道脩道

則謂之教此是就人身上說上下說得如此子

細可謂盡矣故說神如在其上如在其左右此

又是此理顯著之迹看甚大事小事都離這箇

物事不得上而天地鬼神離這箇不得下而萬物萬事都不出此故曰徹上徹下不過如此形而上者無形無影是此理形而下者有形有狀是此器然有器則有此理有此理則有此器未嘗相離卻不是於形器之外別有所謂理亘古亘今萬事萬物皆只是這箇所以說道但得道在不係今與後己與人

問叶韻文公曰此謂有文有字文是形字是聲文如從水從金從木從日從月之類字是皮可工奚之類從水字故鄭漁仲云文眼學也字耳學也蓋以形聲別之

詩載弄之瓦瓦紡縛也

循物無違爲信循此物事不違其實

夏商周皆訓大殷亦訓大

庚之言更也辛之言新也見月令孟秋之月其日

庚辛注

文王世子曰公與公族燕則異姓爲賓注曰同姓

無賓客之道

誠是有此理中是狀物之體一是不雜

聰察便是智强毅便是勇

橫渠曰志仁無惡之謂善誠善於身之謂信文公

又曰信行相顧之謂

程子曰上天之載無聲無臭其體則謂之易其理則謂之道其用則謂之神文公曰就人一身言之易猶心也道猶性也神猶情也又以就人身者就天地言之天命流行所以主宰管攝是理者即其心也而有是理者即其性也如所以爲春夏爲秋冬之理是也至於發育萬物乃其情也

程易傳曰乾者天之性情文公曰乾健也健之體爲性健之用爲情利貞者性情也是對元亨言之性情猶情性是說本體

義似一柄刀相似

太極只是一箇理字

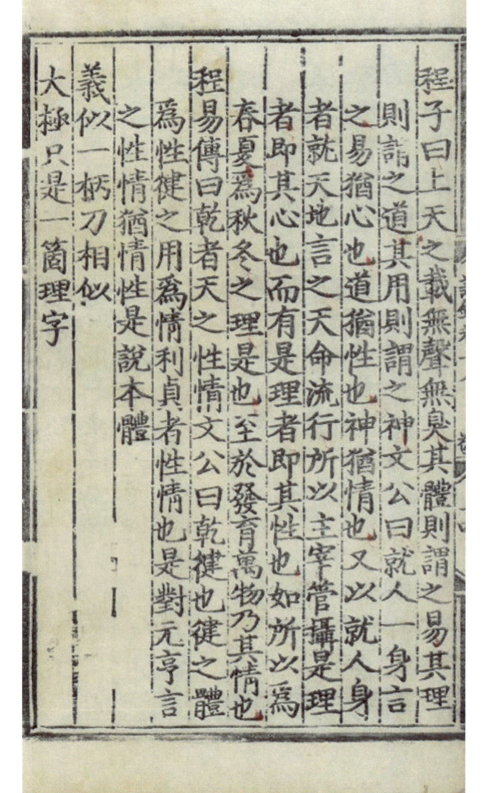

稽顙而後拜稽顙者首觸地也拜字從兩手下

風雷益則遷善當如風之速改過當如雷之夬山下有澤損則懲忿有摧高之象窒慾有塞水之象次第易之卦都如此不曾一一推究

康節天根月窟是指復姤二卦而言

佞是無實之辯

元亨是大通利貞是收斂性情

曾子字人姓皆當在增反

金曰從革是或從或革從者從所鍛制革者又可革而之他其堅剛之質依舊自存故與曲直稼穡皆成雙字

炎上上字作上聲潤下下字作去聲
守口如瓶是言語不亂出防意如城是恐爲外所
誘
智欲圓而行欲方膽欲大而心欲小意謂四者缺
一不可文公曰圓而不方則譎詐方而不圓則
執而不通志不大則卑陋心不小則狂妄江西
諸人便膽大而心不小者也
仁以道理言聖以事業言
致知格物博文也克己復禮約禮也
德者行之本君子以成德爲行言德則行在其中
矣

德是道之實仁是心之德
愛是泛愛欲是要得之心
木豆爲豆銅豆爲登登本作鐙
恕則仁之施愛則仁之用施用兩字移動全不得
這般處只有孔孟能如此下自荀揚諸人便不
能便可移易
問剛毅分別文公曰剛是體質剛强毅却有奮發
作興底氣象
問道義分別曰道義是箇體用道是大綱說義是
就一字上說　義是道中之細分別功是就道
中做得功效出來解正義不謀利明道不計功

天所賦爲命物所受爲性賦者命也所賦者氣也
受者性也所受者氣也
理者有條理之謂也
忠信只是一理自中心發出來便是忠着實便是
信又曰自其發於心謂之忠驗於事謂之信
視不爲惡色所蔽爲明聽不爲奸人所欺爲聰
悔者將自惡而入善吝者將自善而入惡
誠者實有此理
生之理謂性
存之於中謂理得之於心爲德發見於行事爲徝
無心欲字虛有心慾字實有心慾字是無心欲字

◎

之母子此兩字亦通用令人言滅天理而窮人
欲亦使此慾字
淳醇皆訓厚純是不雜
問文公解文義處或用者字或用謂字或用猶字
或直言其輕重之意如何文公曰直言者直訓
如此猶者猶是如此者者是恁地
才有好底有不好底德有好底有不好底德者得
之於己才者能有所爲
問節文之文曰文是裝裹得好如升降揖遜
剛過當爲悔柔過當爲吝
睿有思有不通聖無思無不通

覲是正君臣之禮較嚴天子當依而立不下堂而見諸侯朝是講賓主之儀天子當宁而立在路寢門之外相與揖遜而入

貞是事之始悔是事之終貞是事之主悔是事之客貞是在我底悔是在人底

文公云舊說德者行道而有得於身今作得於心而不失諸書皆未及改此是通例陳安卿曰得於心而不失可包得行道而有得於身文公曰如此較牢固真箇是得而不走失了

阡陌便是井田陌百也阡千也東西曰阡南北曰陌或曰南北曰阡東西曰陌未知孰是但一箇

橫一箇直丘如百夫有遂遂上有涂涂便是陌若千箇涂恁地直橫頭又作一大溝謂之洫洫上有路這便是阡阡陌只是疆界自阡陌之外有空地只閑在那裏先王只是要正其界至商鞅却破開了這阡陌非開創之開乃開闢之開蔡澤傳曰破壞井田決裂阡陌後世人不曉唐時却說寬鄉爲井田狹鄉爲阡陌東萊論井田也引蔡澤傳兩句又却回護說向開創阡陌之意去

時字古字從日從之亦是日之所至蓋日至於午則謂之午時

◎

古者訓日字實也月字缺也月則有缺時日則常
實如此
詩中弗弔字只如字如詩中不弔昊天言不見憫
弔於上帝也
論異端
釋氏言見性只是虛見儒者之言性止是仁義禮
智皆是實事
釋氏棄了道心却取人心之危者而作用之遺其
精者取其粗者以爲道如以仁義禮智爲非性
而以眼前作用爲性是也此只是源頭處錯了
向來見人謟於異端者每以攻之爲樂勝之爲喜

近惟覺彼之迷昧爲可憐而吾道之不振爲可憂誠實痛傷不能自已不知是年老氣衰而然耶抑亦漸得性情之正而然耶

問佛氏之空與老子之無一般否文公曰不同佛氏空豁豁然和有都無了所謂終日喫飯不曾咬破一粒米終日着衣不曾掛着一條絲如老氏猶固是有只是清靜無爲一向恁地深藏固守自爲玄妙教人摸索不得便是把有無做兩截看了

因論張天師文公曰見本朝有南劍太守林積送張天師下獄而奏云其祖乃漢之賊不宜使子

孫褒封一時人皆信之而彼乃獨能明其爲賊
其所奏嘗必有可觀林積者秦師垣時嘗爲侍
郎
某嘗歎息天下有些英雄人都被釋氏引將去且
如昔日南老他後生行脚時已有六七十人隨
他參請於天下叢林尊宿無不徧謁無有可其
意者只聞石霜楚圓之名不曾得去遂特地去
訪他及到石霜頗聞其所爲有不可人意處南
老大不樂徘徊山下數日不肯去見後來又思
量既到此須一見而決如是又數日不得已隨
衆入室揭簾欲入又舍不得拜他如是者一二

遂奮然曰爲人有疑不决終非丈夫遂揭簾徑
入才交談便被石霜降下他這般人立志勇决
如此觀其三四揭簾而不肯天地定决不肯詭
隨人也

佛家有三門曰教曰律曰禪禪家不立文字直截
要識心見性律本法甚嚴毫髮有罪教自有三
項曰天台教曰慈恩教曰延壽教延壽教南方
無傳有此文字無能通者其學近禪故禪家以
此爲得天台教專理會講解慈恩教亦只是講
解

列子語佛氏多用之莊子全寫列子又變俊奇、列

乎終溫純柳子厚嘗稱之佛氏於八地上祭下
工夫
或問佛老楊墨之學如何文公曰楊墨之說猶未
足以動人墨氏謂愛無差等欲人人皆如至親
此自難從故人亦未必信也楊氏一向爲我超
然遠舉視營營於利祿者皆不足道此其爲說
甚高然人亦難學他亦未必盡從楊朱即老子
弟子人言孟子不辟老氏不知但辟楊墨則老
莊在其中矣 後世佛氏之學亦出於楊氏其
初如不愛身以濟衆生之說雖近於墨氏然此
說最淺近未是他深處後來是達磨過來見梁

武梁武不曉其說只從事於因果遂去面壁九年只說人心至善即此便是不用辛苦修行又有人取老莊之說從而附益之所以其說愈精妙然只是不是耳

又有所謂頑空眞空之說頑空者如死灰槁木眞空則能攝衆有而應變然亦只是空耳今不消窮究他伊川所謂只消就迹上斷他便了他旣逃其父母雖說得如何道理也使不得如此自足以斷之矣

問盡心知性不假存養其爲聖人乎佛本不至於存養豈竊希聖人之事哉文公曰盡知存養吾

儒與釋氏相似而不同只是他所行所養所知所盡處道理皆不是吾儒盡心只是盡父子君臣之心須見有是理也如釋氏所謂盡心知性皆歸於空虛其所存養却是閉眉合眼全不理會這道理

雜說

論葬地伊川先生曾說地美神靈安子孫盛又如異時不爲五者

文公一日請門人食荔子因論與化軍陳紫自蔡端明迄今又二百來年此種猶在而甘美絕勝獨無他本天地間有不可曉處率如此

文公因閱報狀見臺中論列章疏嘆曰射人先射
馬擒賊須擒王如何却倒了、
文公誦康節詩曰施爲欲似千鈞弩磨礪當如百
鍊金或問千鈞弩如何曰只是不妄發如子房
之在漢謾說一句當時承當者便須百碎
陸務觀說漢中之民當春月男女行哭首戴白楮
幣上諸葛公墓其哭甚哀云或云今無此俗
龍袞新天子羊裘老故人有意味
方次雲云有主則虛神守其郛無主則實鬼瞰其
室
枸是機枸子建陽人謂之皆距子俗謂之癩漢指

◎

頭味甘而解酒毒人家偶以此木爲柱亦醞酒
不成左右前後有此木亦醞不成
臨安鐵箭只是錢王將此搖動人心使神之
多藏必厚亡老子說得也是好
康節曰思慮未起鬼神莫知不由乎我更由乎誰
此間有術者人來問事心下默念則事無不應
有人故意思別事則便不應或問姓幾畫口中
默數則無不說着不數則不應
說苑中載證父者以爲直及加刑又請代受以爲
孝孔子曰父一也而取二名此是宛轉取名者
之弊

◎

狐性多疑每渡河須氷盡合乃渡若聞氷下有水
聲則疑不敢渡恐氷解也故黃河邊人每視氷
上有狐迹乃敢渡河又狐每走數步則必起而
人立四望立行數步乃復走走數步復人立四
望而行故人性之多疑慮者謂之狐疑　又如
狼性不能平行每行首尾一俯一仰首至地則
尾舉向上胡舉向上則尾疐至地故曰狼跋其
胡載疐其尾

文公因人求墓銘曰吁嗟身後名於我如浮煙人
既死後又更要這物事做甚既是死了待他說
是說非有甚干涉又曰所可書者以其有可爲

後世法令人只是虛美其親若有人功大業則
天下之人都知得了又何以此爲其人爲善亦
是本分事又何必須要恁地寫出
文公嘗經歷諸州見教官多後生入學底多是老
大他如何服得他某思量須是立箇定制非是
四十歲以上不得任教官　又云須是罷了堂
除及注授教官却請本州鄉先生爲之如福州
便教林少穎爲之士子必歸心他教人必不苟
又曰今教授之職只教人科舉時文他心心念
念要爭科名何待設官置吏費廩祿教他做須
是當職底人曉義理教人識這些

黄勉齋告文公以趙友裕復有相招之意文公曰看今時世已自沒可奈何只得隨處與人說得識道理人多亦是幸事

十月雷鳴文公曰恐發動陽氣所以大雪爲豐年之兆雪非豐年蓋爲凝結得陽氣在地來歲發達生長萬物

晦菴先生語録類要卷第十八終

右　文公語錄類要十八卷故
考亭書院堂長潛軒葉氏手編
之書也堂長諱士龍字雲叟弱冠
由括蒼來考亭從　勉齋游因
家焉學成行尊臺郡迎致講說
爲諸生領袖　勉齋殁堂長實

狀其行皆親切必傳其所著書
有論語詳說二十篇行于世又
文集若干卷藏于塾是編取
文公語錄撮要分類以幸學者
初題曰語錄格言凡十有九卷
見者如獲重寶且刊行矣 殿

講進齋徐公幾絶愛其簡切且
門類尤便尋繹更爲題曰語錄
類要內獨省去第十九卷蓋不
欲使學者驟言兵也近年書市
本兵燬不復存天祥家藏 殿講
手校本蠹壞將不可考乃重校

刻之鳴呼　文公平日格言大
訓具在成書至於門人一時問
荅之語前後記者五十餘家其
淺深疎密或不同　勉齋在當
時已不能不以為病堂長此編
豈易易能哉非明不足以有別

非精不足以有索也昔　尚書
後村劉公克莊嘗言初勉齋名重
一世門人高第甚衆旣殁篤守
師說不畔者惟陳漳州趙荊門
士人中惟葉雲叟一二人視此
編猶信大德壬寅二月朔後學

武夷詹天祥君履書

◎

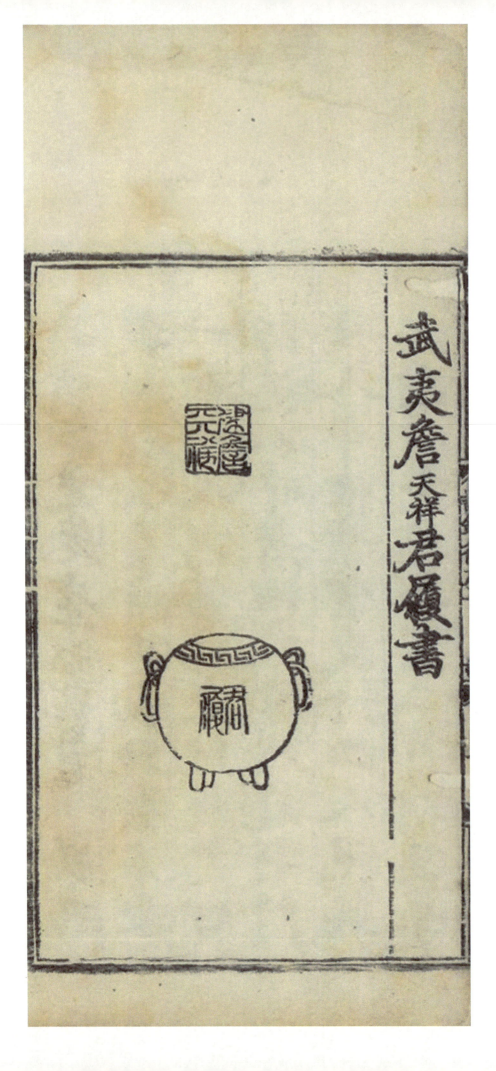

右晦菴先生語録類要乃葉君雲叟所集先生講道時與諸儒論辯門弟子問荅皆先聖賢傳授道學之要類編分爲十有八卷嘉

惠後學儼幸宦乎大賢之
郭常謁祠下景仰私淑中
心拳拳成化戊子冬赴
京考績道經灤水訪舊友
新城宰江君岦是編見示

捧讀喜甚待次年回求錄

弗果竟復任訪求得之於

先生九世孫餘杭少尹某

所錄藁本如獲拱璧詳加

考校補其闕遺正其訛謬

捐已俸貲命工重刊以廣
其傳俾後進之士講習之
熟於先生註述經傳之理
亦有以貫通而造其精微
之蘊豈小補云旹

成化庚寅秋九月吉旦

直隸徽州府婺源縣知縣

覃懷韓儼謹識

儒士汪道全書

古歙黃文敬刊